oekom

Wir danken HiPP für die Förderung der Übersetzung und des Lektorats.

HiPP
Das Beste aus der Natur.
Das Beste für die Natur.

ClimatePartner°
klimaneutral
Verlag | ID: 128-50040-1010-1082

Selbstverpflichtung zum nachhaltigen Publizieren
Nicht nur publizistisch, sondern auch als Unternehmen setzt sich der oekom verlag konsequent für Nachhaltigkeit ein. Bei Ausstattung und Produktion der Publikationen orientieren wir uns an höchsten ökologischen Kriterien. Dieses Buch wurde auf 100 % Recyclingpapier, zertifiziert mit dem FSC-Siegel und dem Blauen Engel (RAL-UZ 14), gedruckt. Auch für den Karton des Umschlags wurde ein Papier aus 100 % Recyclingmaterial, das FSC ausgezeichnet ist, gewählt. Alle durch diese Publikation verursachten CO_2-Emissionen werden durch Investitionen in ein Gold-Standard-Projekt kompensiert. Die Mehrkosten hierfür trägt der Verlag.

Mehr Informationen finden Sie hinten im Buch und unter:
http://www.oekom.de/allgemeine-verlagsinformationen/nachhaltiger-verlag.html

Bibliografische Information der Deutschen Nationalbibliothek:
Die Deutsche Nationalbibliothek verzeichnet diese Publikation in der Deutschen Nationalbibliografie; detaillierte bibliografische Daten sind im Internet über http://dnb.d-nb.de abrufbar.

Deutsche Erstausgabe

Deutsche Ausgabe publiziert mit der Erlaubnis von: Acres U. S. A.
Erstmals publiziert auf Englisch unter dem Titel »Poisoning Our Children«,
ISBN 978-1-601-73140-1.

oekom verlag, Gesellschaft für ökologische Kommunikation mbH
Waltherstraße 29, 80337 München

Satz und Layout: Tobias Wantzen, Bremen
Korrektorat: Maike Specht
Lektorat: Bernward Geier; Laura Kohlrausch, oekom verlag
Druck: GGP Media GmbH, Pößneck

Printed in Germany
ISBN 978-3-96238-013-7

FSC
www.fsc.org
RECYCLED
Papier aus Recyclingmaterial
FSC® C014496

ANDRÉ LEU

Die Pestizidlüge

Wie die Industrie die Gesundheit unserer Kinder aufs Spiel setzt

Aus dem Englischen von Sonja Schuhmacher
und Naemi Schuhmacher

Inhaltsverzeichnis

Widmung und Dank

Für meine Frau Julia: für über 40 Jahre der Liebe und Partnerschaft bei all unseren Abenteuern. Ohne Deine Unterstützung hätten sie nicht gelingen können. Und wir haben noch viele Abenteuer vor uns, auf die wir uns freuen können.

Für unsere Söhne Asha und Nick: Ihr seid auf der unmöglichen Farm aufgewachsen. Man hat mir gesagt, ich könne in Australien niemals die neuen Kulturen einführen, die wir angepflanzt haben. Als ich es getan habe, hat man mir gesagt, es sei unmöglich, sie biologisch anzubauen. Die Experten erklärten mir außerdem, es sei unmöglich, sie zu verkaufen, weil der Weg zu den Hauptmärkten zu weit sei. Das Unmögliche dauert ein bisschen länger und erfordert mehr Planung. Lasst euch niemals einreden, eure Träume seien unmöglich. Träumt weiter, plant und seid hartnäckig – ihr schafft es. Träume werden wahr.

Für meinen Bruder Michael: Unsere Eltern haben uns eine außergewöhnliche Kindheit geschenkt, die in ein Leben voller Abenteuer führte – manche sind schiefgegangen, aus anderen ist etwas geworden, vor allem jetzt, nachdem wir beide in der zweiten Lebenshälfte gut dastehen. Als Brüder verbindet uns viel – auch eine tiefe, erfreuliche Freundschaft.

Für Alan und Suzi Carle: für 45 Jahre treuer Freundschaft und dafür, dass ihr gezeigt habt: Es ist möglich, eine große Zahl gefährdeter Arten zu retten, viele tausend Menschen darüber aufzuklären und gleichzeitig einen erfolgreichen landwirtschaftlichen Betrieb zu führen.

Für alle Mitglieder, Vorstände und Mitarbeiter der Internationalen Vereinigung der ökologischen Landbaubewegungen (IFOAM): Der Präsident dieser Vereinigung gewesen zu sein ist die größte Ehre, die einem Biobauern zuteilwerden kann – besser als ein Nobelpreis. Danke für eure Unterstützung und euer Vertrauen.

Mein besonderer Dank geht auch an Bernward Geier, Stefan Hipp und Laura Kohlrausch für die viele Arbeit und Mühe, die sie in die Übersetzung und Publikation der deutschen Ausgabe dieses Buches gesteckt haben. Ich schätze eure Arbeit sehr.

Grußwort

von Stefan Hipp

Seit über sechs Jahrzehnten steht das Familienunternehmen HiPP für eine umweltfreundliche und nachhaltige Ausrichtung unternehmerischen Handelns, und ich bin froh, in der bewussten und sensiblen Auseinandersetzung mit den Themen Natur, Mensch und Wirtschaft aufgewachsen und erzogen worden zu sein. Aus diesem Grund ist es mir ein ganz besonderes und persönliches Anliegen, für einen respektvollen Umgang mit den natürlichen Ressourcen und für den Schutz der Natur einzustehen. So habe ich es vorgelebt bekommen, so handle ich selbst, und so möchte ich es auch an die zukünftige Generation weitergeben. Denn nur wenn wir unsere Umwelt achten und schützen, können wir sie für unsere Kinder und Kindeskinder bestmöglich erhalten. Die höchste Priorität haben dabei Klima, Wasser und Boden – dieser Dreiklang bildet eine untrennbare Verbindung für eine intakte Umwelt. Unser Unternehmen steht seit jeher in der Tradition der *ökologischen Landwirtschaft* und ist heute durch den konsequenten Einsatz von Rohstoffen aus biologischem Landbau der weltweit größte Verarbeiter biologischer Rohstoffe für Baby- und Kleinkindnahrung. In der *ökologischen Landwirtschaft* sind jegliche Formen von chemisch-synthetischen Spritz- und Düngemitteln verboten und stehen der Schutz der Pflanze, der Erhalt der Bodenfruchtbarkeit, die Artenvielfalt und die artgerechte Haltung und Fütterung der Tiere an oberster Stelle. Gemeinsam mit über 8.000 Vertragslandwirten bewahren wir durch den ökologischen Anbau Wasser, Luft und Boden vor Verunreinigungen durch Kunstdünger und Pestizide. Die so erzeugten Lebensmittel sind nachhaltig, schonend für die Natur und von höchster Qualität – unser Zeugnis eines verantwortungsbewussten und umweltfreundlichen Denkens und Handelns. Dieses Buch trägt als Aufklärungswerk weiter zur Enthüllung einer seit Jahrzehnten existierenden »Pestizidlüge« bei. Es ist ein wichtiger Schritt in eine bessere Umwelt und Zukunft für unsere Kinder, in der wir das Beste für die Natur geben, um das Beste aus ihr zu erhalten.

Ein Weckruf nicht nur für Eltern

Vorwort von Renate Künast

Mit dem Übereinkommen der Vereinten Nationen über die Rechte des Kindes vom 20. November 1989 sind die unterzeichnenden Staaten große Verpflichtungen für Kinder eingegangen. Sie haben in Artikel 24 das Recht des Kindes »auf das erreichbare Höchstmaß an Gesundheit« anerkannt und erklärt, sich zu bemühen, »die volle Verwirklichung dieses Rechtes sicherzustellen« und dabei die »Gefahren und Risiken der Umweltverschmutzung zu berücksichtigen«.

Die Realität sieht leider ganz anders aus. So hat etwa der deutsche Agrarminister im November 2017 dem Antrag der EU-Kommission auf Verlängerung der Zulassung von Glyphosat entgegen der Abstimmung der Bundesregierung zur Mehrheit verholfen. Kritische öffentliche Debatten, auch durch die Regierung in Frankreich und Italien, haben nichts bewirkt. Die Forderung des Europäischen Parlaments nach einem fünfjährigen Ausstiegsszenario wurde ignoriert. Und trotz allen Geredes, man wolle Pestizide reduzieren, ist ihre Verwendung in den letzten Jahren tatsächlich stetig gestiegen.

Was ist das für ein Recht, was für ein Verfahren, bei dem das Interesse an profitabler Verwertung von Pestiziden mehr Schutz erfährt als die Gesundheit der Kinder, deren Körper und Funktionen sich erst entwickeln und besonders empfindlich sind? Wo ist das europäische Vorsorgeprinzip geblieben? »Kinder schützen, nicht Pestizide«, schrieb kürzlich Baskut Tuncak, der UN-Sonderberichterstatter für Menschenrechte und gefährliche Substanzen. Treffender kann man es nicht sagen.

Schnell kommt das Argument, man mache ja alles rein wissenschaftlich. Es wird vor einer Diskreditierung der Wissenschaft gewarnt. Aber schauen wir mal auf die Zulassungsverfahren: Weder in den USA noch in der EU sind diese Verfahren unabhängig und transparent. Es gibt einen regelrechten Zulassungstourismus, in dem die Unternehmen sich selbst aussuchen, welche Behörde ihre Anträge bearbeitet. Zugrunde liegende Untersuchungen sind geheim, nicht mal die konkrete Fragestellung ist öffentlich, auch nicht die Finanzierung. Und dann ist da noch die Entdeckung, dass das Bundesinstitut für Risikobewertung als eigene Einschätzung ausgab, was tatsächlich aus Monsanto-Unterlagen per Copy-and-paste eingesetzt wurde. Als Ministerin für Landwirtschaft von 2001 bis 2005 habe ich den wirklich enormen Druck von Unternehmensseite und vom US-Agrarministerium hautnah erlebt, wenn es um Monsanto-Gentechnik und damit auch um Roundup ging. Unabhängige wissenschaftliche Arbeit geht anders.

Wird denn in der EU ernsthaft für unsere Gesundheit gesorgt? Nein. Auch das europäische Zulassungsverfahren für Pestizide ist faktisch gescheitert. Es basiert auf den gleichen Prinzipien wie in den USA: Es dient den Interessen der Konzerne, ist Teil der Agrarindustrie und stellt faktisch die Gesundheit, den Erhalt der Arten und gesunder Böden ins Abseits. Solche Verfahren, in denen nichtöffentliche Studien genutzt werden, werden wir im 21. Jahrhundert doch nicht akzeptieren! Wir haben das Recht zu wissen – zu wissen, auf der Basis welcher Studien und welcher Finanzierung Risikobewertungen abgegeben werden. Und wir können keinen Zulassungstourismus akzeptieren.

Wir Menschen sind in den letzten Jahrzehnten zunehmend Pestiziden und ganzen Giftcocktails ausgesetzt. Hinzu kommt noch die Wirkung der Cocktails, denen Landwirte, Landbewohner, Gartenbesitzer, Konsumenten und in der Entwicklung befindliche Kinder jeden Tag ausgesetzt sind.

Das Buch von André Leu erzählt die Wahrheit – über Gifte auf dem Acker, im Essen, im Körper; und was sie in uns und speziell den Kindern auslösen: chemisch-synthetische Stoffe, die irreparable Auswirkungen auf Mensch und Natur haben. Es klärt uns auf, was wirklich getestet wird.

Was bewirken diese Ackergifte, Materialien in Verpackungen, Inhaltsstoffe eigentlich? Warum dürfen sie in der Produktion unserer Lebensmittel eingesetzt werden, und warum darf unser Essen Rückstände davon beinhalten? Weil die Agrarindustrie auf Export setzt, auf die Herstellung von möglichst viel Masse. Den Folgen der Monokulturen versuchen sie mit hohem Chemieeinsatz beizukommen. Dem folgen dann die Profitinteressen der Chemieindustrie und Saatgutkonzerne, die ihre Produkte darauf abstellen.

Am Ende dieses Buches ist die Pestizidlüge enttarnt. Am Ende wissen wir Bescheid über die horrende Wirkung dieser Chemikalien.

Dieses Buch ist ein Weckruf für Eltern und Großeltern. Aber auch für alle anderen ist es eine Aufforderung, jetzt aufzustehen und gesunde Lebensbedingungen für die Menschen überall einzufordern. Grundlage eines gesunden Lebens und einer guten Zukunft sind eine vielfältige gesunde Natur und eine Wirtschaftsweise, die dem Rechnung trägt.

Nelson Mandela schrieb einmal: »Es ist gewiss, dass wir in unserer modernen Welt besser für unsere Kinder sorgen können, als wir es jetzt tun. Es gibt keine Entschuldigung dafür, den Kindern eine gute Kindheit vorzuenthalten, in der sie ihre Fähigkeiten voll entfalten können.« Die Gesundheit unserer Kinder muss das Maß unseres Handeln sein – nicht die Profite von Unternehmen. Bei der Wahrung des Rechts auf Gesundheit darf es keine Abwägung geben. Um die Gesundheit unserer Kinder nicht aufs Spiel zu setzen, muss es jetzt einen Wandel geben. Klasse statt Masse. Vielfalt statt Monokulturen. Transparenz statt Geheimniskrämerei.

Dies Buch ist ein Weckruf. Für uns alle.

Renate Künast
MdB, Bundesministerin a. D.

Die Wahrheit ans Licht bringen

Vorwort von Vandana Shiva

Ich sitze hier in Cordoba, Argentinien, dem Epizentrum des Anbaus von transgenem Soja und damit des Versprühens von Glyphosat, einem Herbizid, das von Monsanto auch unter dem Markennamen »Roundup« vertrieben wird.

300 Millionen Liter Glyphosat werden hier jährlich gespritzt. Das entspricht 5 Litern pro Kopf – die höchste Einsatzmenge weltweit. Cordoba ist auch das Epizentrum einer Gesundheitskrise, bei der Kinder den höchsten Preis bezahlen. Krebsraten und Geburtsfehler gehen steil nach oben. 6 bis 7 Prozent der Kinder, die hier zur Welt kommen, leiden unter Fehlbildungen.

André Leus Buch »Die Pestizidlüge« ist ein überfälliger Weckruf an die Welt. Es präsentiert die neuesten Forschungsergebnisse zu der Epidemie, die durch Gifte in unserem Essen ausgelöst wird. Denn: Pestizide und Herbizide sind Gifte. Es ist an der Zeit, sie beim Namen zu nennen. André hat das getan. Wir brauchen eine Wissenschaft, die die Dinge beim Namen nennt, um ihre Auswirkungen auf die Gesundheit unserer Kinder und ihre vermeintliche Notwendigkeit in der Nahrungsmittelproduktion richtig einzuschätzen.

Aber nicht nur das. Das Buch zeigt, dass giftfreie Alternativen besser funktionieren, und zwar sowohl in der Schädlingsbekämpfung als auch in der Erzeugung gesunder, nahrhafter Lebensmittel. Es gibt wirklich also keine Rechtfertigung dafür, in der Pestizidtretmühle zu bleiben.

Wie André Leu erläutert, beweisen wissenschaftliche Studien und die Praxis auf dem Acker, dass Agrarökologie und biologische Landwirtschaft mehr und besseres Essen erzeugen, und das ganz ohne Gift. Der Weltagrarrat (IAASTD) und der Weltklimarat für Landwirtschaft kommen zu dem Schluss, dass weder die Grüne Revolution mit ihren Chemikalien noch die Gentechnikrevolution mit ihren gentechnisch veränderten Organismen die Nahrungsproduktion steigern. Die Gifte aber verursachen schwere und unumkehrbare Schäden für den Planeten und die Menschen, insbesondere aber für unsere kleinen, verletzlichen Kinder. Krebs, neurologische Probleme und Erkrankungen des Verdauungstrakts nehmen exponentiell zu.

Will man dieser Epidemie beikommen, muss eine Bewertung der Auswirkungen von Giftkomplexen auf komplexe Lebewesen über kausale Systeme erfolgen. Ein mechanistisches Weltbild und Monokausalitäten sind für diese Aufgabe ungeeignet. Auch Interessenkonflikte erschweren die Risikobewertung für Gifte und die Suche nach Lösungen. Wenn die Giftproduzenten als Verursacher der Krankheit darüber entscheiden, was unbedenklich ist und was nicht, sind unsere Kinder vor Gefahren schlecht geschützt. Und wenn die gigantische Giftindustrie jeden unabhängigen Wissenschaftler verfolgen kann – von Arpad Putzai über Gilles-Éric Séralini und Tyrone Hayes bis Ignacio Chapela –, dann ist die Wissenschaft selbst in Gefahr. Konzerne wie Monsanto wissen, welche Schäden sie anrichten, und unterdrücken dieses Wissen wie im Fall der karzinogenen Eigenschaften von Glyphosat. Monsanto weiß Bescheid.

Zudem haben dieselben Konzerne, die Agrargifte und patentierte genetisch veränderte Organismen verkaufen, auch die patentierten Krebsmedikamente im Angebot. Der Schaden für uns und unsere Kinder eröffnet für sie neue Marktchancen. Mit der angestrebten Fusion zwischen Bayer und Monsanto wird die Frage der Konzernmacht über unser Essen und unsere Gesundheit und die Frage der Rechenschaftspflicht dieser Unternehmen als Gebot der Demokratie noch dringlicher.

Monsanto und Bayer blicken auf eine lange Geschichte zurück. Sie haben unter Einsatz gemeinsam erarbeiteter Technologien Sprengstoffe und tödliches Giftgas produziert und in beiden Weltkriegen an beide Seiten verkauft. Bayer war Bestandteil der IG Farben, unter Hitler das weltgrößte Chemieunternehmen und im Vorkriegsdeutschland größter Devisenbringer mit Niederlassungen in den Vereinigten Staaten und der Schweiz. Monsanto ging damals ein Joint Venture mit der IG Farben ein – jenem Unternehmen, das Hitler mit Zyklon B versorgte, einem Pestizid auf Blausäurebasis, das im Holocaust in den Vernichtungslagern eingesetzt wurde. Zyklon B diente bei den Nürnberger Prozessen, die zur Verurteilung der IG Farben wegen Kriegsverbrechen führten, als Beweismittel. Monsanto und Bayer hatten aber noch ein weiteres fatales Gemeinschaftsprojekt – Mobay. Mobay lieferte im Vietnamkrieg die Zutaten für Agent Orange. 75 Millionen Liter der Entlaubungsmittel und Herbizide von Mobay wurden über Südvietnam versprüht. Kinder kamen mit Geburtsfehlern zur Welt, und Erwachsene litten an chronischen Krankheiten und Krebs, weil sie den Chemikalien von Mobay ausgesetzt waren. Monsanto und Bayer tauschten damals auch Lizenzen für Agent-Orange-Resistenz-Technologien aus, die sie über Jahrzehnte gemeinsam entwickelt hatten. Kriege wurden ausgetragen, Menschen starben, Zusammengehöriges wurde entzweit – mit willkürlichen Ländergrenzen, wie es der Kolonisierung und der Ausbeutung von Ressourcen gerade dienlich schien –, während Monsanto und Bayer Chemikalien in Form von Bomben und Giften verkauften.

In jüngerer Zeit haben der Website von Monsanto zufolge die Bayer Crop Science AG und Monsanto Co. »eine Reihe langfristiger Geschäfts- und Lizenzvereinbarungen im Hinblick auf wichtige landwirtschaftliche Basistechnologien geschlossen«. Damit haben Monsanto und Bayer gegenseitig freien Zugriff auf die Herbizid- und die dazugehörige Herbizidresistenztechnologien beider Firmen. Durch derartige Lizenztauschvereinbarungen, durch Fusionen und Übernahmen wurde die Biotechindustrie zur IG Farben von heute, wobei Monsanto die Fäden in der Hand hält. Monsantos gescheiterte Übernahme von Syngenta wäre – innerhalb des viel größeren Konglomerats der industriellen Landwirtschaft und Biotechnologie – eine reine Buchführungsmaßnahme zur Haftungsreduzierung gewesen. In Wahrheit gibt es zwischen den Konzernen der Agrarindustrie und der

Biotechnologie keine Konkurrenz. In Indien nutzen Monsanto und Bayer sogar dieselben Vertriebskanäle für ihre Chemikalien, ihr Saatgut und die Kredite, die Bauern aufnehmen, um diese Gifte zu kaufen. Auf der Website von Monsanto kann man zu den langfristigen Verträgen Folgendes nachlesen:

1. Im Rahmen dieser Vereinbarungen gewährt Bayer CropScience Monsanto eine kostenpflichtige, nichtexklusive Lizenz für seine Herbizidtoleranztechnologie LibertyLink® für den Einsatz bei Mais und Sojabohnen, den beiden bedeutendsten Feldfrüchten hinsichtlich der Anbauflächen in den Vereinigten Staaten. Die Vereinbarungen gewähren Monsanto die Option, Mais- und Sojabohnensaatgut zu vermarkten, das sowohl Roundup-Ready®- als auch LibertyLink®-Technologien enthält, die Farmern zusätzliche Unkrautmanagementlösungen anbieten können. Monsanto und Bayer CropScience haben überdies bestimmte bestehende Vereinbarungen auf dem Gebiet von Herbizidtoleranz ergänzt, um einander günstigere Konditionen zu gewähren.
2. Auf dem Gebiet der Insektenresistenz haben die beiden Unternehmen eine kostenpflichtige Vereinbarung geschlossen, die Bayer CropScience Rechte an bestimmtem geistigen Eigentum von Monsanto gewährt. Überdies haben die Unternehmen andere Vereinbarungen ergänzt, die sich auf Technologien zur Schädlingskontrolle beziehen, darunter Monsantos nichtexklusive, kostenpflichtige Lizenz zur Nutzung der Dual-Bt-Technologie von Bayer CropScience. Dies ermöglicht es Monsanto, Produkte zu vermarkten, die multiple Gene zur Resistenz gegen Schädlinge mit verschiedenen Wirkungsweisen enthalten.
3. Als Teil der Vereinbarungen tauschen Monsanto und Bayer CropScience Lizenzen für ihren jeweiligen Patentbestand der RNAi-Technologie, einer wichtigen Basistechnologie für die Entwicklung neuer landwirtschaftlicher Produkte.

Monsantos Bt-Technologie (die Technologie für gentechnisch veränderte Produkte), lizenziert an Bayer, hat in Indien grotesk versagt. Wegen des Versagens von Bt-Baumwolle wurde die Baumwollernte dezimiert. Bauern im Punjab haben fast ihre gesamte Ernte eingebüßt, und die Schulden aus der Pflanzsaison belasten sie schwer. Als die Bt-Ernte ausfiel, sah Bayer seine Chance. Mit fragwürdigen Mitteln überredete der Konzern den Bundesstaat Punjab, das Pestizid »Oberon« als Lösung für den Befall durch die Weiße Fliege einzusetzen. Bayer verkaufte mithilfe des Landwirtschaftsministeriums Oberon im Wert von 333 Millionen Rupien (rund fünf Millionen Dollar) an verzweifelte Bauern. Der Oberon-Betrug hat folgende Bayer-Freunde im Landwirtschaftsministerium des Punjab vor Gericht gebracht: Landwirtschaftsdirektor Mangal Singh Sandhu, seinen Amtskollegen Balwinder Singh Sohal und den stellvertretenden Direktor (Abteilung Baumwolle) Parminder Singh. Sie wurden wegen Betrugs, schwerer Untreue, krimineller Verschwörung und Korruption angeklagt. Gegen Bayer wurde noch kein Prozess eingeleitet.

Die Bt- und Roundup-Ready-Technologien von Monsanto sind gescheitert. Bt und LibertyLink von Bayer dagegen werden noch nicht als Fehlschlag gesehen. Die Zulassung von gentechnisch verändertem Senf wird Bayers LibertyLink abermals den Zugang zum indischen Markt ermöglichen. Einmal abgesehen von der Biosicherheit, wird das anderen Firmen und ihren herbizidtoleranten Sorten anderer Feldfrüchte Tür und Tor öffnen, die insgesamt nichts anderes sind als eine riesige toxische Schuldenfalle für unsere Bauern. Genetisch veränderte Organismen werden zwangsläufig noch mehr Bauern in eine so ausweglose Lage bringen, dass sie sich das Leben nehmen.

Wir dürfen Gifte nicht länger als »Pflanzenschutzmittel«, »phytosanitäre Chemikalien« oder gar »Medizin« (auf Hindi »dawai«) bezeichnen, weil dies die Illusion erweckt, sie seien ungefährlich für die Menschen und sie schützten die Pflanzen. Pestizide sind Gifte. Pestizide haben Schädlinge vermehrt und nicht bekämpft. Als Technologie haben sie versagt.

Ebenso wenig ist es durch genetisch veränderte Organismen (GVO), wie z. B. pestizidproduzierende Pflanzen, gelungen, Schädlinge zu bekämpfen, vielmehr haben sich diese vermehrt. Der Fall von Bt-Baumwolle in Indien ist ein klares Beispiel dafür.

Die Ökologie lehrt uns, dass Schädlinge durch die chemisch-industrielle Landwirtschaft mittels folgender Prozesse begünstigt werden:

1. Förderung von Monokulturen;
2. chemische (Kunst-)Düngung für die Feldfrüchte, die Pflanzen anfälliger für Schädlinge macht;
3. Auftreten von Resistenzen bei Schädlingen durch das Versprühen von Pestiziden; und
4. Tötung von Nützlingen, die Schädlinge bekämpfen, und somit Störung des biologischen Gleichgewichts zwischen dem Schädling und seinem Fressfeind.

Bt-Feldfrüchte sind keine Alternative zu diesen schädlingsvermehrenden Systemen. Sie sind die Fortsetzung einer nichtnachhaltigen Strategie zur Schädlingsbekämpfung, die, statt Schädlinge zu kontrollieren, neue Schädlinge und Superschädlinge hervorbringt. Monsanto wirbt damit, dass Bt-Baumwolle das Versprühen von Pestiziden entbehrlich macht – ein klarer Fall von betrügerischer Werbung. Die wichtigste Rechtfertigung für das gentechnische Einschleusen von Bt-Merkmalen in Feldfrüchte lautet, durch sie würde der Insektizideinsatz reduziert. Eine Monsanto-Broschüre zeigt ein Bild mit ein paar Raupen und rät: »Sie werden diese [Tiere] in Ihrer Baumwolle sehen, das ist in Ordnung. Spritzen Sie nicht.« Noch heute behaupten Monsanto-Apologeten, Biotechnologie habe den Pestizideinsatz reduziert. Die Verwüstung im Punjab beweist das Gegenteil.

Bt-Feldfrüchte sind pestizidproduzierende Pflanzen, die Schädlinge kontrollieren sollen. In den Vereinigten Staaten, wo die Biotechnologie ihren Anfang hat, werden Bt-Feldfrüchte als Pestizide registriert. Bt-Toxine sind Gifte, die in der Natur durch ein Bodenbakterium – *Bacillus thuringiensis* (Bt) – erzeugt werden. Bauern und Gärtner setzen den *Bacillus thuringiensis* seit über fünfzig Jahren in seiner natürlichen Form als biologisches Pestizid ein. In jüngster Zeit wurden Bt-Gene durch Genmanipulation in Nutzpflanzen eingeschleust, was jede Zelle der Pflanze veranlasst, fast während ihrer gesamten Lebenszeit Toxine zu produzieren. Der natürlich vorkommende *Bacillus thuringiensis* und genmanipulierter Bt sind dabei aber nicht wesensgleich. Das von dem Bodenbakterium erzeugte Bt ist ein Protoxin, das zunächst ungiftig ist. Dementsprechend ist es für Nichtzielspezies ungefährlich. Erst durch die Enzyme im Darm bestimmter Raupen verwandelt es sich in ein Gift. In der genmanipulierten Bt-Pflanze benötigt das Toxin diesen Umweg nicht: Bt-Pflanzen enthalten abgeschnittene Bt-Gene, die das Gift auch ohne Verarbeitung durch Enzyme hervorbringen. Deshalb wirkt es weniger selektiv und tötet nicht nur die Raupen der Baumwoll-Kapseleule, sondern auch Insekten, die keine Schädlinge sind. Diese Wesensunterschiede zwischen Bt in seiner natürlich auftretenden bakteriellen Form und seiner genmanipulierten Form in Pflanzen sind der Grund, warum Nützlinge geschädigt werden, während Schädlinge Resistenzen entwickeln.

Die falsche Behauptung der Biotechnologie, die beiden Bt-Formen seien wesensgleich, hat die wissenschaftliche Forschung blockiert, die den Unterschied einschätzen könnte. Wissenschaft wurde durch Propaganda verdrängt. Gentechnisch veränderte Bt-Feldfrüchte werden als nachhaltige Schädlingsbekämpfung angepriesen, obwohl ihr Versagen offenkundig ist. Statt Schädlinge zu kontrollieren, fördern sie die Entwicklung von Schädlingen, wie sich am Befall durch die Weiße Fliege zeigte, der 2015 über 60 Prozent der Bt-Baumwollernte vernichtete. Seit Bt in Indien eingeführt wurde, sind Insekten, die historisch niemals gentechnikfreie Baumwolle beeinträchtigt hatten, zu gefährlichen Baumwollschädlingen herangereift. Der Befall durch Blattläuse, Zikaden, Stinkwanzen und Wollläuse hat so massiv überhandgenommen, dass Bauern mehr Pestizide einsetzen mussten als je zuvor.

Weltweit herrscht eine Epidemie an nicht übertragbaren chronischen Erkrankungen. Die Weltgesundheitsorganisation (WHO) stellt dazu fest: »Nicht übertragbare Krankheiten (NCD) wie Herzleiden, Schlaganfall, Krebs, chronische Atemwegserkrankungen und Diabetes sind weltweit die Haupttodesursachen. Diese unsichtbare Epidemie ist eine unterschätzte Ursache für Armut und behindert die wirtschaftliche Entwicklung vieler Länder. Die Last wächst – die Zahl der betroffenen Menschen, Familien und Gemeinden nimmt zu.«[1] Diese Krankheiten holt man sich nicht durch Ansteckung. Niemand bekommt Krebs, ein Herzleiden oder Diabetes, weil er neben einer erkrankten Person sitzt. Ihre vielfältigen Ursachen sind umwelt- und verhaltensbedingt, das heißt, sie lassen sich vermeiden, wenn wir unsere Gewohnheiten im Hinblick auf Ernährung, Wasser usw. ändern, um Belastungen aus dem Weg zu gehen.

»Die Pestizidlüge« verweist auf zahlreiche wissenschaftliche Studien, die zeigen, dass Pestizidrückstände in unseren Lebensmitteln ganz erheblich zu dieser Epidemie beitragen und dass unsere Kinder besonders anfällig für diese Gifte sind. André Leu fasst in diesem Buch die wissenschaftliche Forschung über die Schädigung der öffentlichen Gesundheit durch Gifte und Gift produzierende Pflanzen zusammen. Außerdem zeigt er faktenreich auf, dass eine Landwirtschaft ohne Gift die Zukunft ist.

Giftfreies Essen ist ein angestammtes Recht unserer Kinder, und wir alle haben die kollektive Pflicht, künftige Generationen zu schützen. Andrés Buch ist ein lebenswichtiges Argument, das wir brauchen, um Schaden von unseren Kindern abzuwenden.

Dr. Vandana Shiva
Cordoba, Argentinien, 2016

Anmerkung

1 http://www.who.int/gho/ncd/en/.

Einführung

Unsere Kinder sind einfach unersetzlich, sie sind kostbar, und sie sind unsere Zukunft. Unglücklicherweise sind sehr viele Kinder durch verschiedenste Gifte belastet, weil die staatlichen Aufsichtsbehörden nicht auf die zahlreichen wissenschaftlichen Belege reagieren, die diese Giftstoffe mit der Zunahme von Erkrankungen und Verhaltensproblemen bei Kindern in Verbindung bringen. Nachdem seit mehr als einem Jahrhundert die durchschnittliche Lebenserwartung stetig gestiegen ist, wächst nun nach Einschätzung vieler Experten erstmals wieder eine Generation heran, die eine niedrigere Lebenserwartung haben wird als ihre Eltern und deren Lebensqualität zudem durch zunehmende Gesundheitsprobleme beeinträchtigt wird.[1] Ist das die Zukunft, die wir für unsere Kinder wollen?

Als Eltern müssen wir für die Gesundheit unserer Kinder fundierte Entscheidungen treffen, und damit wir das tun können, benötigen wir solide Informationen. In diesem Buch betrachte ich daher die wissenschaftlich belegten Risiken von synthetischen Chemikalien und stelle die Ergebnisse publizierter Studien verständlich dar. Der Hauptaugenmerk liegt dabei auf den Pestiziden, weil sich deren giftige Rückstände in unserem Essen finden; aber ich werde mich auch mit verschiedenen anderen gebräuchlichen Chemikalien beschäftigen, denen unsere Kinder ausgesetzt sind, und darstellen, dass Cocktails aus winzigen Mengen dieser Chemikalien und Pestizide für zahlreiche schwere Krankheiten verantwortlich sind.

Am wichtigsten aber ist, dass dieses Buch auch erklärt, wie wir diese Risiken praktisch ausschalten können. Es gibt gute und schlechte

Nachrichten, aber letztlich dürfen wir optimistisch sein. Wir haben die Wahl, mit ganz einfachen Veränderungen das beste Ergebnis für die künftigen Generationen zu erzielen. Denn als Eltern haben wir die Pflicht, für das Wohl unserer Kinder und Kindeskinder zu sorgen.

Die Pestizidlüge baut auf den Erkenntnissen meines preisgekrönten Buches *The Myths of Safe Pesticides*[2] auf; es ermöglicht Eltern, mit fundierten Entscheidungen die Gesundheit ihrer Kinder zu schützen. Im Unterschied zu meinem früheren Buch liegt der Schwerpunkt bei *Die Pestizidlüge* auf der Gesundheit von Kindern und deren Gefährdung. Seit Erscheinen von *The Myths of Safe Pesticides* hat sich eine Menge getan, viele wichtige Studien wurden herausgegeben, die ich nun mit aufgenommen habe, und vor allem hat die Weltgesundheitsorganisation Glyphosat, das weltweit meistverwendete Pestizid, als wahrscheinlich krebserregend eingestuft.

Die Forschung zeigt, dass unsere Kinder schon vorbelastet mit giftigen Cocktails aus Pestiziden, Lebensmittelzusätzen und anderen bedenklichen Chemikalien zur Welt kommen. Zahlreiche wissenschaftliche Studien beweisen, dass die derzeitigen Regelungen in aller Welt nicht ausreichen, um ungeborene und heranwachsende Kinder vor der Belastung durch einen gefährlichen Mix toxischer Pestizide zu schützen. Zahlreiche wissenschaftliche Untersuchungen, die durch ebenso zahlreiche Gutachter einer Peer-Review unterzogen wurden, zeigen, dass Pestizidbelastung bei ungeborenen und heranwachsenden Kindern in Zusammenhang steht mit:

- Krebs
- Schilddrüsenerkrankungen
- Immunschwäche
- niedrigerem IQ
- Aufmerksamkeitsdefizit und Hyperaktivitätsstörungen (ADHS)
- Störungen im autistischen Spektrum
- eingeschränkter körperlicher Koordination
- Wutanfällen und Problemen mit Aggressionsbewältigung
- Erkrankungen aus dem Spektrum bipolare Störungen und Schizophrenie

- Depression
- Verdauungsstörungen
- Herz-Kreislauf-Erkrankungen
- Fortpflanzungsproblemen (als Erwachsene)
- Fehlbildungen der Genitalorgane und Harnwege
- Stoffwechselerkrankungen wie Fettleibigkeit und Diabetes

Rückstände von Pestiziden wurden unter anderem in Sperma, der Follikelflüssigkeit von Eizellen, Fruchtwasser, dem Blut von Müttern, Plazenta- und Nabelschnurblut, Muttermilch, im Mekonium (erster Stuhl des Neugeborenen) und im Urin von Kindern gefunden. Die Umweltorganisation Environmental Working Group hat im Nabelschnurblut von Babys bis zu 232 Chemikalien nachgewiesen.[3]

Die Fokussierung dieses Buches auf Kinder ist übrigens nicht nur durch meine Sorge um sie begründet, sondern auch noch durch einen ganz gravierenden Faktor: Kinder sind aus mehreren Gründen viel anfälliger für durch Chemikalien verursachte Schäden als die meisten Erwachsenen. Weil kleine Kinder im Verhältnis zum Körpergewicht mehr Nahrung brauchen, sind sie der höchsten Pestizidbelastung ausgesetzt. Höchst besorgniserregend ist zudem, dass bei Föten und Neugeborenen schützende Serumproteine in geringeren Konzentrationen auftreten als bei Erwachsenen, sodass sie nicht einmal kleinste Mengen der giftigen Chemikalien abbauen können. Die Hauptfolge davon sind ein erhöhtes Krebsrisiko sowie Entwicklungsneurotoxizität, also die Schädigung des sich entwickelnden Nervensystems durch das Gift.

Kinder reagieren überdies empfindlicher als Erwachsene auf endokrine Disruptoren, also hormonaktive Substanzen, weil ihr Gewebe und ihre Organe auf ausgewogene Hormonsignale angewiesen sind, um sich ungestört zu entwickeln. Selbst kleinste Beeinträchtigungen der Hormonsignale durch hormonaktive Chemikalien haben erheblichen Einfluss auf die Entwicklung der Körperteile und des Stoffwechselsystems. Diese Auswirkungen halten nicht nur ein Leben lang an, sie können auch an künftige Generationen weitergegeben werden – sie programmieren Kinder praktisch für lebenslängliche Gesundheitsprobleme.

Kleinste Beeinträchtigungen *der Hormonsignale durch hormonaktive Chemikalien haben erheblichen Einfluss auf die Entwicklung der Körperteile und des Stoffwechselsystems. Diese Auswirkungen halten nicht nur ein Leben lang an, sie können auch an künftige Generationen weitergegeben werden – sie programmieren Kinder praktisch für lebenslängliche Gesundheitsprobleme.*

Die meisten Kinder sind Pestiziden vor allem durch die zugelassenen Rückstände in Lebensmitteln ausgesetzt. Sie nehmen als Fötus über die Ernährung ihrer Mutter und nach der Geburt über die Muttermilch einen Cocktail aus giftigen Chemikalien auf. Weitere kritische Bereiche sind der Pestizideinsatz in Haus, Garten, Spielplätzen, Parks und auf Gehwegen. Es wurde gezeigt, dass all diese Belastungen zahlreiche Krankheiten auslösen.

Die gute Nachricht ist, dass sie sich leicht vermeiden lassen. Die meisten Menschen nehmen Pestizide durch das Essen und über Schädlingsbekämpfung und Insektensprays in Haus und Garten auf. Im häuslichen Bereich auf Pestizide zu verzichten ist bereits ein wichtiger Schritt; die größten Vorteile erzielen Sie aber, wenn Sie nur pestizidfreie Lebensmittel konsumieren, denn der Großteil der Belastung stammt aus unserem Essen.

Der Bericht des United States President's Cancer Panel und andere Forschungsarbeiten zeigen, dass rund 80 Prozent der Krebsfälle durch Umweltbelastungen, und zwar insbesondere giftige Chemikalien, ausgelöst werden. Diese Belastung auszuschalten, vor allem für Kinder, ist ein unkomplizierter Weg, um Krebs vorzubeugen, denn der größte Schaden entsteht im Mutterleib und während der Zeit, in der Kinder schnell wachsen.[4] Krebs und andere Krankheiten zu verhüten sollte für uns höchste Priorität haben, weil Prävention immer besser ist als Therapie.

Keine andere Gesundheitsinitiative kann schwere Krankheiten so eindrucksvoll zurückdrängen und ist so leicht durchzuführen. Nachdem wir nun wissen, wie wir 80 Prozent der Krebsfälle verhindern können, sollten wir heute handeln und nicht darauf warten, dass Regierungen für uns aktiv werden. Die Forschung zeigt, dass der Verzehr von biologischen Lebensmitteln die Belastung durch schädliche Pestizide innerhalb weniger Tage praktisch auf null senkt.

Die größte Studie zum Vergleich von biologischen und konventionellen Lebensmitteln hat überdies ergeben, dass Biolebensmittel deutlich nährstoffreicher und gesünder sind.[5] Die Mehrzahl der Studien beweist, dass Bioware erheblich mehr Antioxidantien enthält. Wer sich biologisch ernährt, schaltet also nicht nur die Hauptursachen diverser Erkrankungen aus, sondern schützt die Gesundheit seiner Familie überdies durch die segensreiche Wirkung der Antioxidantien. Die Frage ist, wie viel ist Ihnen die Gesundheit Ihrer Kinder wert? Biolebensmittel sind jeden Cent wert, den sie (mehr) kosten, und sie stellen die billigste Möglichkeit dar, einen ganzen Katalog von Gesundheitsproblemen zu vermeiden. Die Internalisierung der wahren Kosten der Pestizide im Essen unserer Kinder machen konventionelle Lebensmittel viel zu teuer. Wie messen Sie die Kosten von Produkten, die lebenslänglich für Probleme sorgen, im Vergleich zu einer Ernährung, die diese Probleme vermeidet?

Von staatlicher Seite und von der Industrie bekommen wir zu hören, die Pestizide in unserem Essen seien harmlos und wir sollten uns darüber nicht den Kopf zerbrechen. Dieses Buch setzt sich kritisch mit diesen Behauptungen auseinander und zieht dazu wissenschaftliche Erkenntnisse heran.

Wissenschaftliche Studien sind oft in einem Fachjargon verfasst, den man sich erst einmal aneignen muss, wenn man sie lesen und verstehen will. Viele Menschen haben dafür nicht die Zeit, und folglich bleiben wichtige Informationen den Spezialisten und Experten vorbehalten. Dieses Buch »übersetzt« die schwierigen Fachbegriffe in eine klare, verständliche Alltagssprache, damit wir wissenschaftlich fundierte Entscheidungen treffen können.

Sie erfahren in diesem Buch nicht nur etwas über die diversen Gefahren, die bereits durch winzigste Pestizidmengen drohen, Sie bekommen auch Einblick in die schweren Mängel der Vorschriften und Testverfahren für die zahlreichen toxischen Chemikalien in unserem Essen. Dieses Buch zeigt auf, dass viele Kriterien, die den derzeitigen Pestizideinsatz stützen, auf überholten und unrichtigen Vermutungen beruhen und nicht auf den neuesten Erkenntnissen der Wissenschaft. In Wirklichkeit sind diese Vermutungen eine Ansammlung von Mythen:

Mythos 1: »Gründlich getestet« – die meisten frei verkäuflichen Pestizidrezepturen sind nicht auf ihre Sicherheit getestet, und es gibt keine speziellen Testverfahren für die besonderen Bedürfnisse ungeborener, neugeborener und heranwachsender Kinder.

Mythos 2: »Sehr kleine Mengen« – selbst geringste Mengen chemischer Rückstände können schädlich sein. Viele Chemikalien stören das Hormonsystem, und Kinder, vor allem der sich entwickelnde Fötus, reagieren darauf hochempfindlich.

Mythos 3: »Abbau« – viele Pestizide werden sogar noch giftiger, wenn sie sich zersetzen.

Mythos 4: »Zuverlässige Aufsichtsbehörden« – Aufsichtsbehörden ignorieren systematisch die zahlreichen begutachteten Studien, die aufzeigen, welchen Schaden Pestizide anrichten, und treffen ihre Entscheidungen aufgrund nicht belegter Annahmen.

Mythos 5: »Pestizide sind unerlässlich für die Landwirtschaft« – toxische, synthetische Pestizide werden in der Landwirtschaft nicht benötigt, denn die Biolandwirtschaft ist in der Lage, genügend Lebensmittel für die Welternährung zu erzeugen. Vor allem aber ist der Verzehr von Biolebensmitteln der effektivste Weg, um Ihre Kinder vor schädlichen synthetischen Chemikalien zu schützen.

Die wissenschaftliche Glaubwürdigkeit von Aufsichtsbehörden muss hinterfragt werden, wenn sie auf der Basis von wissenschaftlich nicht belegten Vermutungen und fehlerhaften Untersuchungen den Einsatz von Pestiziden absegnen. Als Eltern sollten wir mit Sorge beobachten, wie Regierung und Industrie vorliegende, begutachtete Studien außer Acht lassen und damit unsere Kinder durch die erlaubten Pestizidrückstände in unserem Essen der Gefahr lebenslänglicher schwerer Gesundheitsprobleme aussetzen.

Bedenkt man, dass es Tausende chemische Präparate gibt, die in der Lebensmittelerzeugung zugelassen sind, würde es den Rahmen dieses Buches sprengen, auf sie alle im Detail einzugehen. Stattdessen werde ich einige der gebräuchlichsten Agrargifte als Beispiele herausgreifen und aufzeigen, welche Probleme der flächendeckende Einsatz dieser Substanzen in der Lebensmittelerzeugung und in der Umwelt aufwirft. Viele der hier dargestellten Beispiele stammen aus den Vereinigten Staaten, Europa und Australien, weil ich diese Regionen im Hinblick auf den Pestizideinsatz am besten kenne; allerdings gibt es in anderen Länder ähnliche Schwierigkeiten, und in vielen Fällen sind sie noch weit gravierender als hier.

Das Wort »Pestizid« dient in diesem Buch als Überbegriff für die zahlreichen Biozide (Gifte), die in der Landwirtschaft genutzt werden, wie etwa Herbizide, Fungizide und Insektizide. Dieses Buch konzentriert sich auf die gesundheitsschädigenden Auswirkungen von Pestiziden auf Menschen, vor allem Kinder, verweist aber auch immer wieder auf die schädlichen Folgen für andere Spezies.

Daten über die vielfältigen Umweltgefahren, die von Pestiziden ausgehen, könnten ein weiteres, noch viel längeres Buch füllen, denn sie sind erheblich und treten bis in den letzten Winkel unseres Planeten auf. Pestizide stehen in Zusammenhang mit dem Massensterben vieler Spezies, insbesondere mit dem rapiden Schwund von Fröschen, Vögeln und wichtigen Bestäuberinsekten wie Bienen. Pestizide und andere chemische Schadstoffe sind am Zusammenbruch von aquatischen Ökosystemen beteiligt. Neben Rodungen, Wilderei und Klimawandel tragen Pestizide damit erheblich zu dem 6. Massensterben der Erdgeschichte bei – das in seinen Ausmaßen das Ereignis übertreffen dürfte, dem die Dinosaurier zum Opfer fielen. Über die Ursachen für das Verschwinden der Dinosaurier gibt es verschiedene Theorien, aber die Ursache für das Massenaussterben des Anthropozän (Menschenzeitalter) kennen wir genau: Wir Menschen lösen es aus.

Der Schaden, den Agrargifte in der Umwelt und im menschlichen Körper anrichten, rückte erstmals Anfang der 1960er-Jahre in den Mittelpunkt der Aufmerksamkeit, als Rachel Carsons Buch *Der stumme Frühling* erschien. Es zeigte sich, dass diese Gifte langlebig sind und sich in der Umwelt anreichern, was bei Mensch und Tier zu Todesfällen, Geburtsfehlern, Mutationen und Erkrankungen führt. Zahl und Menge der im Lebensmittelanbau und in der Umwelt verwendeten Chemikalien hat seither dennoch exponentiell zugenommen.

In den 1990er-Jahren machten Bücher wie *Die bedrohte Zukunft* von Theo Colborn, Dianne Dumanoski und John Peterson Myers oder *Vom Aussterben bedroht!* von Deborah Cadbury auf problematische Chemikalien aufmerksam, die das Fortpflanzungs- und Hormonsystem aller Arten, auch des Menschen, stören. Die begutachteten Studien, die in diesen Büchern zusammengefasst wurden, zeigten, dass viele Chemikalien, und insbesondere Agrargifte, Hormone wie Östrogen imitieren und dadurch die Fruchtbarkeit beeinträchtigen, Zahl und Qualität von Spermien reduzieren sowie Genitalorgane und Harnwege schädigen. Ihre Verwendung trug erheblich zum dramatischen Anstieg von Karzinomen der Fortpflanzungsorgane wie Brust-, Gebärmutter-, Gebärmutterschleimhaut-, Eierstock-, Scheiden-, Hoden- und Prostatakrebs bei.[6] Hormonaktive Substanzen beeinträchtigen nicht nur die Fortpflanzung von Menschen, sondern die fast aller Spezies, die sich geschlechtlich vermehren, die von Pflanzen ebenso wie die von Tieren, weil überall dieselben Hormone die Grundlage der geschlechtlichen Fortpflanzung bilden.[7]

Wir können dem Massenaussterben entgegenwirken, wenn wir die Landwirtschaft auf agrarökologische Anbausysteme umstellen und so die Mengen an hochwertigen Lebensmitteln erhalten, die wir brauchen, um eine wachsende Bevölkerung giftfrei zu ernähren. Millionen Biobauern machen bereits vor, wie das geht. Wenn wir die Milliarden Dollar, die jährlich in die konventionelle und chemieorientierte Agrarforschung fließen, umlenken, weg von toxischen Chemikalien und gentechnisch veränderten Organismen und hin zu einer regenerativen Biolandwirtschaft, könnten wir ohne Weiteres die Welt mit gesunden, nahrhaften, ungiftigen Lebensmitteln ernähren, ohne wertvolle Ökosysteme zu zerstören. Gute Bioanbaumethoden sorgen sogar dafür, dass die Artenvielfalt zunimmt. Die Forschung zeigt, dass Biobauernhöfe die höchste Artenvielfalt aufweisen und gefährdeten Spezies Zuflucht bieten. Biolandbau hilft auch gegen den Klimawandel, denn er holt das Treibhausgas CO_2 aus der Atmosphäre und speichert es als organisches Material im Boden. All diese Vorteile werden in Kapitel 5 ausführlich dargestellt.

Die Menschheit steht am Scheideweg. Machen wir so weiter wie bisher, wird sich der Gesundheitszustand von Mensch und Umwelt weiter verschlechtern, das Artensterben wird sich beschleunigen und die Lebenserwartung unserer Kinder abnehmen, während sie mit wachsenden Gesundheitsproblemen zu kämpfen haben. Eine Umstellung auf biologischen Anbau beziehungsweise regenerative agroökologische Anbaumethoden wird diesen Prozess umkehren und das Wohlbefinden und die Gesundheit fördern.

Viele Menschen fühlen sich von den Dimensionen des Problems überwältigt und schalten ab, weil sie nicht wissen, wie sie etwas daran ändern sollen. Als Verbraucher können wir jedoch viel für eine bessere Zukunft tun. Es ist so einfach: Verzichten Sie auf den Gebrauch von Pestiziden in Haus und Garten, und kaufen Sie Biolebensmittel, wenn Sie die Wahl haben. Das Geld, das wir als Verbraucher ausgeben, wird dazu führen, dass Einzelhändler und Landwirte auf biologische Erzeugung umstellen, um die wachsende Nachfrage zu decken. So können wir den Verlust von Lebensräumen, das Massenaussterben und den Klimawandel bremsen und uns allen eine gesunde Zukunft bescheren.

Echte, positive Veränderungen wurden immer von der Bevölkerung in Gang gesetzt – und nicht von den Regierungen. Seien Sie Teil der Veränderung – wie die vielen Millionen Menschen, die bereits ihren Teil dazu beitragen. Das sind wir unseren Kindern und unserer Zukunft schuldig.

Anmerkungen

1 Joseph Mercola, Effortless Healing: Nine Simple Ways to Sidestep Illness, Shed Excess Weight, and Help Your Body Fix Itself (New York: Random House, 2015).

2 Das Buch war der Gewinner in der Umweltkategorie des 2014 National Indie Excellence Award.

3 »Pollution in Minority Newborns: BPA and other Cord Blood

Pollutants«, Environmental Working Group, November 23, 2009, http://www.ewg.org/research/minority-cord-blood-report/bpa-and-other-cord-blood-pollutants.

4 Suzanne H. Reuben, »U.S. President's Cancer Panel 2008–2009 Annual Report; Reducing Environmental Cancer Risk: What We Can Do Now«, President's Cancer Panel, U.S. Department Of Health And Human Services, National Institutes of Health, National Cancer Institute, April 2010.

5 M. Baranski et al., »Higher Antioxidant Concentrations and Less Cadmium and Pesticide Residues in Organically-Grown Crops: A Systematic Literature Review and Meta-Analyses«, British Journal of Nutrition 112, no. 5 (14.09.14): 794–811.

6 Deborah Cadbury, The Feminization of Nature: Our Future at Risk (Middlesex, England: Penguin Books, 1998); Theo Colborn, Dianne Dumanoski, and John Peterson Myers, Our Stolen Future: Are We Threatening Our Fertility, Intelligence, and Survival? A Scientific Detective Story (New York: Dutton, 1996).

7 Laura N. Vandenberg, Theo Colborn, Tyrone B. Hayes, et al., »Hormones and Endocrine-Disrupting Chemicals: Low-Dose Effects and Nonmonotonic Dose Responses«, Endocrine Reviews 33, no. 3 (Juni 2012): 378–455. Ake Bergman, Jerrold J. Heindel, Susan Jobling, et al. (Hrsg.), State of the Science of Endocrine Disrupting Chemicals 2012 United Nations Environment Programme and the World Health Organization, 2013.

MYTHOS 1

Gründlich getestet

»Alle Agrargifte sind wissenschaftlich getestet, um eine sichere Verwendung zu gewährleisten«

Im Dezember 2014 verschickte das US-amerikanische Landwirtschaftsministerium (USDA) eine Pressemitteilung mit den Ergebnissen seines Pesticide Data Program (PDP) an sämtliche Zeitungen, TV- und Hörfunksender des Landes. Die Überschrift: »Bericht bestätigt, dass US-Lebensmittel kein Sicherheitsrisiko aufgrund von Pestizidrückständen darstellen«.

Die Pressemitteilung enthielt folgende Stellungnahme der US-Umweltschutzbehörde (EPA): »Die neuesten Daten des PDP bestätigen, dass Pestizidrückstände in Lebensmitteln für Amerikaner kein Sicherheitsproblem darstellen. Die EPA engagiert sich weiterhin für strenge, wissenschaftlich fundierte und transparente Auflagen für Pestizide, die den Schutz der Gesundheit von Bevölkerung und Umwelt gewährleisten.« Der EPA und dem Landwirtschaftsministerium zufolge brauchten sich Eltern also keine Sorgen zu machen, weil Pestizide in Lebensmitteln ungefährlich seien.

Hunderte begutachtete wissenschaftliche Untersuchungen von Forschern und Experten belegen das Gegenteil. Sehen wir uns also die wissenschaftlichen Ergebnisse an, um zu verstehen, warum Fachleute ernste Zweifel an der Sicherheit von Pestiziden hegen.

Ein besonders weitverbreiteter Pestizidmythos besagt, alle Agrargifte seien wissenschaftlich getestet, um ihre sichere Verwendung zu garantieren. Dem United States President's Cancer Panel (USPCP) zufolge ist das schlicht falsch: »Nur wenige hundert der über 80.000 Chemikalien, die in den Vereinigten Staaten im Einsatz sind, wurden auf ihre Sicherheit geprüft.«[1] Tatsache ist, dass die überwältigende Mehrheit der weltweit verwendeten Chemikalien keinem Test unterworfen wurde. Bedenkt man, dass dem USPCP zufolge die Mehrzahl der Krebsfälle durch Umwelteinflüsse, und zwar insbesondere durch Chemikalien, verursacht wird, demonstriert die EPA-Stellungnahme also ernste Versäumnisse seitens der Behörden.

Der USPCP-Bericht von 2010 stammt aus der Feder führender Wissenschaftler und medizinischer Fachleute, und er stellt unmissverständlich fest, dass Umweltgifte, darunter Pestizide, die Hauptursache für Krebsleiden sind. Veröffentlicht durch das US-Ministerium für Gesundheitspflege und Soziale Dienste und das Nationale Krebsinstitut (NCI), erörtert der Bericht zahlreiche kritische Fragen der einschlägigen Vorschriften.

> Knapp 1400 Pestizide wurden durch die Umweltschutzbehörde (EPA) für landwirtschaftliche und nicht landwirtschaftliche Zwecke registriert (d. h. zugelassen). Belastung durch diese Chemikalien wurde in Zusammenhang gebracht mit Tumoren des Gehirns/zentralen Nervensystems (ZNS), Brust-, Dickdarm-, Eierstock- (bei Frauen), Bauchspeicheldrüsen-, Nieren-, Hoden- und Magenkrebs sowie Non-Hodgkin- und Hodgkin-Lymphomen, Krebserkrankungen des Knochenmarks und Weichteilsarkomen. Bei pestizidbelasteten Farmern, Pestizidanwendern, Piloten von Sprühflugzeugen und Arbeitern aus den Pestizidfabriken wurden ebenfalls erhöhte Raten von Prostatakrebs, Melanomen, anderen Formen von Hautkrebs und Lippenkrebs festgestellt.
>
> Rund 40 Chemikalien, die von der Internationalen Agentur für Krebsforschung (IARC) als bekannte, wahrscheinliche oder mögliche Humankarzinogene eingestuft wurden, kom-

men in von der EPA zugelassenen Pestiziden, die jetzt auf dem Markt sind, zum Einsatz.[2]

Pestizide werden häufiger getestet als die meisten Chemikalien. Die Tests, die an Chemikalien (inklusive Pestiziden) durchgeführt wurden, geben nach Ansicht vieler führender Experten jedoch überhaupt keinen Aufschluss darüber, ob diese Stoffe für Menschen ungefährlich sind oder nicht. In dem USPCP-Bericht heißt es: »Einige Wissenschaftler erklären, dass derzeitige Methoden zur Prüfung der Toxizität und der Festlegung von Expositionsgrenzwerten nicht in der Lage sind, die Art und Weise, wie Menschen potenziell schädlichen Chemikalien ausgesetzt werden, wahrheitsgetreu darzustellen.«[3]

Auf mehreren wichtigen Gebieten sind Experten der Meinung, durch Tests sei nicht ausreichend erwiesen, dass die derzeitige Verwendung von Pestiziden und anderen Chemikalien ungefährlich ist.

Chemiecocktails in Lebensmitteln und Wasser

Wenn Behörden mehrere Pestizide für eine Feldfrucht zulassen, gehen sie davon aus, dass all diese Stoffe in der normalen Produktion eingesetzt werden können. Folglich wird im Lauf der landwirtschaftlichen Erzeugung der allermeisten Lebensmittel ein Mix aus mehreren verschiedenen giftigen Chemikalien ausgebracht, darunter Kombinationen von Unkrautvernichtungsmitteln, Insektiziden, Fungiziden und Kunstdünger. Ein erheblicher Anteil der Lebensmittel ist daher einem Cocktail aus geringen Mengen dieser Gifte ausgesetzt, die wir über Essen, Getränke, Staub und die Luft aufnehmen. Dazu das USPCP: »In nur 23,1 Prozent der [Lebensmittel-]Proben waren keinerlei Pestizidrückstände nachweisbar, 29,5 Prozent hatten einen Rückstand, die Übrigen zwei oder mehr.«[4] Das heißt, dass knapp die Hälfte der Lebensmittel in den Vereinigten Staaten einen Mix aus chemischen Rückständen enthalten. Erhebungen zu Pestizidrückständen in den meisten anderen Ländern zeigen ähnliche Ergebnisse. Weil Menschen verschiedene Lebensmittel konsumieren, von denen rund 77 Prozent Rückstände verschiedener Agrargifte enthalten, nehmen

»In nur 23,1 Prozent der [Lebensmittel-]Proben waren **keinerlei Pestizidrückstände nachweisbar**, *29,5 Prozent hatten einen Rückstand, die Übrigen zwei oder mehr.«*

die meisten Menschen mit normalen Ernährungsgewohnheiten, ohne es zu ahnen, regelmäßig ein Chemiegebräu zu sich.

Laut einer Studie der Zentren für Krankheitskontrolle und Prävention in den USA (CDC) fand sich im Blut und Urin der meisten getesteten Amerikaner ein Cocktail giftiger Chemikalien.[5] 2009 fand die Environmental Working Group (EWG) in den Vereinigten Staaten bis zu 232 Chemikalien im Nabelschnurblut von Neugeborenen.[6] Viele dieser Schadstoffe werden mit schweren Gesundheitsrisiken wie Krebs in Verbindung gebracht und verbleiben für Jahrzehnte in der Umwelt.

Die Behörden vermuten, weil jeder einzelne dieser Wirkstoffe in einzelnen handelsüblichen Erzeugnissen unter der erlaubten Tagesdosis liegt, sei auch der Cocktail unbedenklich. Die diversen Wirkstoffkombinationen – die Chemiecocktails, die täglich Milliarden Menschen konsumieren – werden jedoch nie getestet, um diese vermutete Sicherheit zu gewährleisten. Die Anzeichen verdichten sich, dass viele Chemiecocktails synergetisch wirken, das heißt, es gilt nicht »eins plus eins ist zwei«, sondern das Zusammenwirken der Stoffe kann toxische, schädigende Folgen haben, die drei-, vier-, fünf- oder sogar mehrere hundertmal schlimmer sind als die Summe der Wirksamkeiten, die die Gifte unabhängig voneinander entfalten.

Die Weltgesundheitsorganisation (WHO) und das Umweltprogramm der Vereinten Nationen (UNEP) haben eine umfassende Metaanalyse über endokrin (hormonell) wirksame Substanzen mit dem Titel *State of the Science of Endocrine Disrupting Chemicals 2012* herausgebracht. Mehr als 60 international anerkannte Fachleute haben ein ganzes Jahr lang Beiträge zu dieser Metaanalyse geliefert und damit eine aktuelle Dokumentation des derzeitigen Stands der Wissenschaft über hormonaktive Substanzen vorgelegt. Diese Metastudie hinterfragt die übliche Prüfung einzelner, isolierter Chemikalien
»Wenn die Toxizität von Chemikalien bewertet wird, betrachtet man

ihre Auswirkungen in der Regel isoliert, mit Annahmen über ›tolerierbare‹ Belastungen, die aus Daten über eine einzelne Chemikalie abgeleitet sind. Diese Annahmen halten nicht stand, wenn die Belastung durch sehr viele zusätzliche Chemikalien hinzukommt, die ebenfalls zu dem fraglichen Effekt beitragen.«[7]

Die Studie von WHO und UNEP zeigte, dass eine additive Wirkung eintritt, wenn Östradiol (ein weibliches Sexualhormon, das zu den Östrogenen gehört) mit anderen östrogenwirksamen Chemikalien kombiniert wird. Bei individuellen Tests zeigten die Substanzen in geringen Dosen keine nennenswerte Wirkung; wurden sie jedoch kombiniert, riefen sie erhebliche Beeinträchtigungen hervor. In der Studie heißt es:

> Lange Zeit wurden die mit »Xenoöstrogenen« [künstlichen Östrogenen] verbundenen Risiken mit dem Argument abgetan, ihre Wirkstärke sei zu gering, um sich auf die Wirkungsmechanismen von Östradiol auszuwirken. Aber es stellte sich heraus, dass Xenoöstrogene, werden sie in hinreichender Zahl und in Konzentrationen kombiniert, die für sich genommen keine messbaren Effekte zeigen, eine erhebliche östrogene Wirkung aufwiesen […] In einem Mix mit Östradiol führte die Anwesenheit dieser Xenoöstrogene in geringen Dosen sogar zu einer Verdoppelung der Wirkung des Hormons (Rajapakse, Silva & Kortenkamp, 2002).[8]

Ein alarmierendes Beispiel für diese additive Wirkung lieferte eine begutachtete Studie, die 2013 in der Fachzeitschrift *Food and Chemical Toxicology* erschien. Die Wissenschaftler stellten fest, dass Glyphosat, das weltweit meistverwendete Unkrautvernichtungsmittel, als künstliches Östrogen (Xenoöstrogen) wirkt. Ferner fanden die Wissenschaftler heraus, dass bereits geringe Glyphosatmengen eine 5- bis 13-fache Zunahme der Vermehrungsraten von östrogensensitiven Brustkrebszellen auslösten; auf nicht östrogensensitive Brustkrebszellen hatten sie jedoch keine Auswirkungen. Die allermeisten Brustkrebserkrankungen sind jedoch östrogensensitiv. Das heißt, dass Östrogen und Substanzen, die sich wie Östrogen verhalten, also eben auch Glyphosat, das Wachstum dieser Krebsarten verursachen.[9]

Diese Aktivität trat bereits bei Glyphosatrückstandsmengen auf, die bei den meisten Menschen im Urin zu finden sind und die noch unter den behördlich festgelegten Grenzwerten liegen. »In dieser Studie getestete Glyphosatkonzentrationen, die Östrogenaktivität zeigten und die normalen Östrogensignale störten, entsprachen der Bandbreite an Konzentrationen, die unter Umweltbedingungen und bei exponierten Personen gemeldet wurden. Diese Ergebnisse zeigten, dass niedrige und umweltrelevante Glyphosatkonzentrationen Östrogenaktivität aufwiesen.«[10] Der Begriff »umweltrelevant« bedeutet, dass es sich um Konzentrationen handelt, die man gemeinhin in der Umwelt und damit auch im menschlichen Körper findet. Der Östrogenwirksamkeit von Glyphosat sind also sehr viele Menschen ausgesetzt.

Die Wissenschaftler stellten zudem fest, dass eine Kombination dieser geringen Glyphosatwerte mit normalen Konzentrationen von Genistein, einem Phytoöstrogen (pflanzlichen Xenoöstrogen), das in Sojabohnen vorkommt, die Vermehrung von Brustkrebszellen förderte. Die Forscher zogen den Schluss: »Aus dieser Studie geht hervor, dass die additive Wirkung von Glyphosat und Genistein bei Frauen nach der Menopause Krebszellenwachstum auslösen kann.«[11] Diese additive Wirkung ist äußerst bedenklich angesichts der enormen Zahl von glyphosatresistenten genmanipulierten Sojabohnensorten, die inzwischen in Produkten wie Sojamilch, Tofu, Sojasauce, Miso usw. zum Einsatz kommen. Die Wissenschaftler nannten den Verzehr dieser Sojaprodukte als mögliche Ursache für Brustkrebs. »Überdies demonstrierte diese Studie die additive Östrogenwirksamkeit von Glyphosat und Genistein, was nahelegt, dass der Verzehr von glyphosatkontaminierten Sojaprodukten zur Nahrungsergänzung wegen ihrer latenten Östrogenwirkung ein Brustkrebsrisiko darstellen kann.«[12]

Noch eine Reihe anderer Studien gehen auf die synergetische und/oder additive Wirkung von Chemiecocktails ein, wobei der Mix Gesundheitsprobleme verursacht, obwohl die Chemikalien einzeln getestet unauffällig schienen. Eine herausragende Untersuchung, die sich mit den Auswirkungen von Mixturen niedrig dosierter Chemikalien beschäftigt, erschien 2015 in einer Sonderausgabe der Fachzeitschrift *Carcinogenesis* unter dem Titel »Assessing the Carcinogenic Potential of Low-Dose Exposures to Chemical Mixtures in the Environment: The Challenge Ahead«. Internationale Teams, bestehend aus knapp zweihundert Krebsbiologen und Toxikologen, die mehr als tausend Studien prüften, kamen zu dem Schluss, dass Mischungen niedrig dosierter Chemikalien wesentlich zur Entstehung verschiedener Krebsarten beitragen: »Unsere Analyse legt nahe, dass der kumulative Effekt einzelner (nicht krebserregender) Chemikalien, die auf unterschiedlichen Pfaden und in verschiedensten verwandten Systemen, Organen, Geweben und Zellen agieren, wahrscheinlich in ihrem Zusammenwirken karzinogene Synergien erzeugen.«[13]

Eine Studie mit dem Titel »Endocrine, Immune and Behavioral Effects of Aldicarb (Carbamate), Atrazine (Triazine) and Nitrate (Fertilizer) Mixtures at Groundwater Concentrations« in der Zeitschrift *Toxicology and Industrial Health* ergab, dass die Kombinationen niedrig dosierter, verbreiteter Agrargifte ernste Gesundheitsprobleme auslösen können. In Experimenten, die Porter und Kollegen an der University of Wisconsin / Madison durchführten, erhielten Mäuse Trinkwasser mit Mixturen aus Pestiziden, Herbiziden und Nitratdüngemitteln, und zwar in Konzentrationen, wie sie derzeit im Grundwasser der Vereinigten Staaten auftreten. Bei den Mäusen zeigte sich eine Beeinträchtigung der Funktionen des Immun-, Hormon- und Nervensystems. Die Auswirkungen waren am deutlichsten, wenn ein bestimmtes Unkrautvernichtungsmittel (Atrazin) mit einem Nitratdünger kombiniert wurde.[14]

Atrazin wird in der industriellen Landwirtschaft häufig in Verbindung mit synthetischen Düngemitteln eingesetzt, die dem Boden Nitrat zuführen. Es gehört zu den hartnäckigsten Herbiziden und ist in den Vereinigten Staaten in Mais, Milch, Rindfleisch und vielen anderen Lebensmitteln nachweisbar. »Die landesweite Beobachtungsstudie des U. S. Geological Survey [USGS] stellte Atrazin in Flüssen und Bächen sowie im Grundwasser aller sechsunddreißig von der Studie untersuchten Flusseinzugsgebiete fest. Es ist auch häufig in der Luft und im Regen zu finden; der USGS ermittelte, dass Atrazin an fast allen getesteten Standorten nachweisbar war. Atrazin kann vom Einsatzbereich aus über Luft und Regen weite Strecken überwinden. In Seen und Grundwasser halten sich Atrazin und seine Abbauprodukte hartnäckig und können Jahrzehnte überstehen.«[15] In Europa wurde Atrazin in einem Großteil der Gewässer und in einem bedeutenden Prozentsatz der Regenwasserproben gefunden.[16] 1999 wiesen Schweizer Forscher nach, dass der in Europa gefallene Regen so hohe Pestizidkonzentrationen zeigte, dass er als Trinkwasser nicht zugelassen werden könnte.[17] Der Regen über Europa war mit Atrazin, Alachlor, 2,4-D und anderen verbreiteten Agrargiften versetzt, die über Feldfrüchten versprüht werden. Eine 1999 durchgeführte Untersuchung des Regenwassers in Griechenland ergab, dass 90 Prozent der 205 genommenen Proben ein oder mehrere Pestizide enthielten.[18]

In Europa wurde Atrazin *in einem Großteil der Gewässer und in einem bedeutenden Prozentsatz der Regenwasserproben gefunden. 1999 wiesen Schweizer Forscher nach, dass der in Europa gefallene Regen so hohe Pestizidkonzentrationen zeigte, dass er als Trinkwasser nicht infrage gekommen wäre. Der Regen über Europa war mit Atrazin, Alachlor, 2,4-D und anderen verbreiteten Agrargiften versetzt, die über Feldfrüchten versprüht werden. Eine 1999 durchgeführte Untersuchung des Regenwassers in Griechenland ergab, dass 90 Prozent der 205 genommenen Proben ein oder mehrere Pestizide enthielt.*

Die Europäische Union und die Schweiz verboten konsequenterweise Atrazin, um seine weitere Verbreitung zu unterbinden, aber in vielen anderen Ländern kommt es noch großflächig zum Einsatz, und teilweise gehört es, wie in den Vereinigten Staaten, zu den meistverwendeten Unkrautvernichtungsmitteln.

Die Forschungsergebnisse von Porter und Kollegen zeigten, dass der Einfluss von Pestiziden, Herbiziden und Düngemischungen auf das Hormonsystem auch zu Veränderungen im Immunsystem führen und die Gehirnentwicklung des Fötus beeinträchtigen kann. Besonders besorgniserregend waren Störungen der menschlichen Schilddrüsen, die verschiedene Folgen haben, darunter Auswirkungen auf die Gehirnentwicklung, die Reizbarkeit, die Reizempfindlichkeit, die Fähigkeit oder die Motivation zu lernen sowie eine veränderte Immunfunktion.

Später ergab das 2002 durchgeführte Experiment von Cavieres und Kollegen, dass sehr geringe Konzentrationen einer Mixtur der häufig eingesetzten Herbizide 2,4-D, Mecoprop, Dicamba sowie inaktiver Beistoffe bei allen getesteten Dosierungen zu einer Abnahme der Embryonen und Lebendgeburten bei Mäusen führten. Aufschlussreich ist insbesondere, dass sogar geringe und sehr geringe Dosierungen diese Probleme verursachten.[19]

Auch Untersuchungen von Laetz und Kollegen, veröffentlicht in der Zeitschrift *Environmental Health Perspectives,* beschäftigten sich mit Kombinationen gebräuchlicher Pestizide, die in Lachsrevieren nachgewiesen wurden, und kamen zu dem Ergebnis, dass diese synergetisch wirken können. Bei höheren Konzentrationen traten stärkere synergetische Effekte auf. Die Wissenschaftler stellten fest, dass phosphororganische Pestizide in diesen Mischungen bereits in Konzentrationen tödlich sind, die sich bei der Untersuchung der einzelnen chemischen Komponenten als subletal, also nicht tödlich, erwiesen hatten. Daraus schlossen die Forscher, dass die Behörden die Auswirkungen dieser Insektizide, sofern sie in Kombination auftreten, in ihrer derzeitigen Risikobewertung unterschätzen.[20]

Höchst beunruhigend sind die Untersuchungen von Manikkam und Kollegen, die ergaben, dass eine Kombination geringer Konzentrationen gebräuchlicher Insektenschutzmittel, Weichmacher und Kerosinrückstände bei Exposition während der Schwangerschaft zu permanenten Veränderungen der Keimbahn des Fötus (die ersten Zellen, aus denen Keimdrüsen hervorgehen, zuständig für die Produktion von Eizellen und Spermien) führen kann. Die Forscher stellten überdies fest, dass diese Veränderungen an künftige Generationen weitervererbt werden.[21]

Eine ähnliche Studie untersuchte, was geschieht, wenn schwangere Rattenweibchen für kurze Zeit einer Mixtur, bestehend aus einem Fungizid, einer Pestizidmischung, einer Plastikmischung, Dioxin und einem Kohlenwasserstoff, ausgesetzt werden, und zwar zu einem Zeitpunkt, an dem beim Fötus die Geschlechtsdetermination der Keimdrüsen erfolgt. Die Forscher stellten fest, dass bei den nächsten drei Generationen vermehrt Zysten auftraten, ähnlich dem polyzystischen Ovarialsyndrom bei Frauen; auch verkleinerte sich der Bestand an Primordialfollikeln, was einer Eierstockinsuffizienz bei Frauen entspricht.[22] Ferner ergab die Untersuchung, dass der Kontakt mit den Giften die Funktionsweise bestimmter Gene veränderte und dass diese Veränderung an künftige Generationen weitergegeben wurde – ein Effekt, der durch verschiedene Klassen von Chemikalien ausgelöst wird. Die Wissenschaftler erklärten: »Die epigenetische generationsübergreifende Vererbung von Eierstockerkrankungen wurde durch alle unterschiedlichen Klassen kombinierter Umweltschadstoffe hervorgerufen, was einen Einfluss der Umweltepigenetik auf die Entstehung von Eierstockerkrankungen nahelegt.«[23]

Epigenetik

Die Epigenetik, ein Fachgebiet der Biologie, beschäftigt sich mit Umweltfaktoren, die Veränderungen der Genexpression auslösen, ohne die DNA der Gene selbst zu beeinflussen. Viele dieser Veränderungen sind vererbbar und können an künftige Generationen weitergegeben werden.

Wissenschaftler haben inzwischen erkannt, dass Methylierung und Histon-Proteine in der Umgebung der Gene bei der Steuerung der Genaktivität eine wichtige Rolle spielen. Diese Umgebung kann durch Umweltfaktoren wie etwa Pestizide beeinträchtigt werden, und solche Veränderungen modifizieren dann die Genexpression, also die Art und Weise, wie die genetische Information in Erscheinung tritt. Sie können Gene ab- oder anschalten oder wie Dimmschalter das Niveau der Genexpression verändern. Methylierung und Histon-Proteine reagieren beim sich entwickelnden Fötus besonders empfindlich auf Pestizide, und die Forschung zeigt, dass bereits geringe Mengen an Pestiziden und anderen Chemikalien nachteilige Veränderungen in der Umgebung der Gene auslösen können. Epigenetische Veränderungen im Bereich der Methylierung können an künftige Generationen weitergegeben werden, und Studien zeigen, dass viele Probleme wie Eierstockerkrankungen und Krebs an die Kinder, Enkel und Urenkel einer Frau vererbt werden können, die mit schädlichen Chemikalien in Kontakt gekommen ist.

Die Metastudie über Chemiecocktails in der Zeitschrift *Carcinogenesis* befasst sich mit den Auswirkungen von Mixturen niedrig dosierter Chemikalien – darunter Pestizide – auf das Epigenom, vor allem beim Fötus, und sieht darin eine wesentliche, aber weitgehend übersehene Ursache von Veränderungen, die zu Krebs im Kindesalter und später im Erwachsenenleben führen kann. »Der Begriff ›Epigenetik‹ bezieht sich auf kovalente Modifikationen der DNA (Methylierung von Cytosinen in ›CpG-Inseln‹ innerhalb der Regulatorregionen der Gene) oder der Histone. Diese Modifikationen können die Genexpression steuern, und das Muster der Modifikationen ist bei vielen Krebsarten verändert. Zum Beispiel kann die Hypermethylierung von Proto-Onkogenen zu einer Überexpression führen, die nicht wünschenswert ist.«*

Proto-Onkogene sind Gene, die potenziell Veränderungen fördern, die zu Krebs führen können. Wenn Chemikalien eine Überexpression dieser Gene auslösen, dann vermehren sie somit die Risikofaktoren für Krebs.

* William H. Goodson III u. a., »Assessing the Carcinogenic Potential of Low-Dose Exposures to Chemical Mixtures in the Environment: The Challenge Ahead«, *Carcinogenesis* 36, Nr. 1 (Juni 2015): http://carcin.oxfordjournals.org/content/36/Suppl_1/S254.full [aufgerufen am 7. 9. 2017].

Zwei neue besorgniserregende Aspekte

Diese Studien bringen zwei neue, höchst besorgniserregende Aspekte in die Debatte um die Gefährdung von uns und unseren Kindern ein: erstens die Frage nach den gesundheitlichen Folgen, die auftreten, wenn geringe Rückstände gebräuchlicher Pestizide mit winzigen Rückstandsmengen der vielen anderen gebräuchlichen Chemikalien kombiniert werden, die in der Umwelt und im menschlichen Körper anzutreffen sind. Dies ist ein Gebiet, das von der Wissenschaft weitgehend vernachlässigt und von sämtlichen Aufsichtsbehörden komplett ignoriert wird, im Kontext diverser US-Studien jedoch Anlass zur Sorge gibt. Wie bereits erwähnt, haben Studien einen Cocktail, bestehend aus zahlreichen giftigen Chemikalien, in Blut und Urin der meisten Amerikaner nachgewiesen; auch wurden bis zu 232 Chemikalien im Nabelschnurblut von Neugeborenen in den Vereinigten Staaten festgestellt.[24] Viele dieser Chemikalien wie Quecksilber und polychlorierte Biphenyle schädigen bekanntermaßen die Gehirnentwicklung und das Nervensystem. Die Studien zeigen, wie unzutreffend die Annahme der Aufsichtsbehörden ist, die Chemikalien würden keine Gesundheitsschäden verursachen, weil jede Einzelne von ihnen nur in geringen Mengen in handelsüblichen Erzeugnissen enthalten sei. Offensichtlich gibt es keine wissenschaftlichen Untersuchungen, die diese These rechtfertigen würden. Die Aufsichtsbehörden sollten ihre Entscheidungen und entsprechende Maßnahmen auf wissenschaftliche Erkenntnisse stützen und nicht auf unbewiesene Annahmen.

Zweitens verweist die Erkenntnis der Forscher, dass Kombinationen verschiedener Chemikalien epigenetische Veränderungen hervorrufen können, die von künftigen Generationen geerbt werden, auf ein großes

Die Erkenntnis der Forscher, *dass Kombinationen verschiedener Chemikalien epigenetische Veränderungen hervorrufen können, die von künftigen Generationen geerbt werden, verweist auf ein großes Problem: Hier geht es um bleibende und weitverbreitete Gesundheitsschäden, die höchstwahrscheinlich auf die zukünftige menschliche Gesellschaft zukommen.*

Problem: Hier geht es um bleibende und weitverbreitete Gesundheitsschäden, die höchstwahrscheinlich auf die zukünftige menschliche Gesellschaft zukommen. Die Aufsichtsbehörden sollten umgehend Maßnahmen ergreifen, um dies zu verhindern, statt die Gefahr zu ignorieren.

Die Kombination von Herbiziden mit Pestiziden, die durch gentechnisch veränderte Pflanzen erzeugt werden

Ein weiterer Bereich, der Anlass zur Sorge gibt, ist die Kombination von Pestiziden, die durch gentechnisch veränderte Organismen (GVO) erzeugt werden, mit Herbiziden und anderen gebräuchlichen Agrargiften. Pestizid produzierende, genmodifizierte Pflanzen machen den Pestizideinsatz nicht überflüssig. Es mag sein, dass sie den Gebrauch bestimmter Pestizide verringern, Studien haben jedoch demonstriert, dass im Endeffekt beim Anbau genmodifizierter Pflanzen sogar mehr Pestizide, insbesondere Herbizide, eingesetzt werden. Charles Benbrook hat gezeigt, dass der Herbizidverbrauch in den Vereinigten Staaten zwischen 1996 und 2011 infolge des vermehrten Anbaus von GVO-Feldfrüchten um 239 Millionen Kilogramm zugenommen hat.[25]

Ungeachtet aller Versicherungen, sie seien Sicherheitstests unterzogen worden, wurden die meisten Bt-GVO keiner oder nur minimalen Prüfungen unterzogen. Dieser Untätigkeit liegt die Annahme zugrunde, Bt-Toxine (also Toxine, die durch gentechnisch veränderte Pflanzen produziert werden) seien für Nichtzielarten harmlos und deshalb sei das Bt-Toxin in den genveränderten Produkten ebenfalls ungefährlich. Allerdings liegen mehrere begutachtete wissenschaftliche Studien vor, die zeigen, dass Bt-Toxine bei Tieren, die sie aufnehmen, toxische Bluterkrankungen, Organschäden und Entzündungskrankheiten auslösen können.[26] Eine Studie, die sich mit der Kombination von GVO-erzeugten Bt-Toxinen und »Roundup«, dem Breitbandherbizid von Monsanto, beschäftigte, stellte fest, dass sie den normalen Lebenszyklus von Zellen in menschlichen Organen veränderten. Die Forscher kamen zu dem Schluss, »dass modifizierte Bt-Toxine gegenüber menschlichen Zellen, auf die sie nicht zielen, keineswegs inaktiv sind und dass sie mit anderen Rückständen von GVO-spezifischen Pestiziden kombinierte Nebenwirkungen hervorrufen können«.[27]

Jede Zelle einer Bt-GVO-Pflanze und die daraus gewonnenen Erzeugnisse enthalten Bt-Toxine (die ursprünglich von dem Bakterium *Bacillus thuringiensis* produziert werden), folglich konsumieren Nutztiere und Menschen diese Gifte beim Essen. Die aus diesen pestizidproduzierenden Pflanzen gewonnenen Erzeugnisse wurden für die menschliche Ernährung, auch für Kindernahrung, zugelassen, ohne durch begutachtete wissenschaftliche Untersuchungen zu überprüfen, ob sie ungefährlich sind.

Eine kanadische Studie, erschienen in der Fachzeitschrift *Reproductive Toxicology*, wies Pestizidtoxine aus genmodifizierten Pflanzen in 93 Prozent der getesteten Blutproben von Müttern und in 80 Prozent der Proben von Föten nach. Diese Frauen pflegten einen typisch kanadischen Ernährungsstil.[28]

Die Kombination von durch Pflanzen erzeugten Schutzstoffen und Pestiziden

Die meisten Pflanzen können Schutzstoffe erzeugen, mit denen sie sich gegen Schädlinge, Krankheiten und Unkraut wehren. Einige von ihnen sind giftig, viele sind jedoch Antioxidantien wie Lycopin in Tomaten, Resveratrol in Trauben und Rotwein und Anthocyane in Blaubeeren und anderen Früchten. Wenn wir Menschen diese schützenden Antioxidantien konsumieren, profitieren auch wir von ihrer Schutzwirkung.

Einige dieser Schutzstoffe aber, wie das schon erwähnte Genistein in Sojabohnen, wirken sich möglicherweise auch nachteilig aus. Genistein ist ein natürliches pflanzliches Östrogen (Phytoöstrogen). Normalerweise wird es biologisch schnell abgebaut und verursacht, in kleinen Mengen verzehrt, keine längerfristigen Probleme. Allerdings können additive und synergetische Effekte zum Risiko werden, wenn Phytoöstrogene mit geringen Mengen anderer östrogenaktiver Stoffe kombiniert werden. Als Beispiel wurde bereits der Einfluss von Glyphosat und Genistein auf die Vermehrung von Brustkrebszellen genannt.[29]

Die entsprechende Studie zeigt, dass es dringend geboten ist, genauer zu durchleuchten, inwiefern die Kombination geringer Mengen von Pestizidrückständen mit Schutzstoffen in Pflanzen das Potenzial hat, lebensbedrohliche Krankheiten wie Brustkrebs zu verursachen oder zu verschlimmern.

Chemische Einzeltests reichen nicht

Eine wachsende Zahl begutachteter Studien zeigt, was die Forschungsergebnisse zur Mischung von Giftstoffen nahelegen: dass die derzeitige Methode, nur die aktive Substanz isoliert zu testen, ohne gebräuchliche Kombinationen zu berücksichtigen, nicht geeignet ist, etwas über die Harmlosigkeit von Chemikalien in der Realität auszusagen, in der Menschen täglich einem Chemiecocktail ausgesetzt sind.

Das USPCP formuliert es klar und deutlich: »Überdies werden Wirkstoffe isoliert und nicht in Kombination getestet. Eine Toxizitätsprüfung einzelner Wirkstoffe und die Beschränkung auf Tierversuche sind nicht geeignet, um den Rückstau ungetesteter Chemikalien, die bereits in Gebrauch sind, und die Fülle neuer Chemikalien, die jedes Jahr eingeführt werden, aufzuarbeiten.«[30] Die Metastudie in *Carcinogenesis* gelangt zu demselben Schluss und stellt fest, dass der Verzicht auf Tests für Kombinationen ein schweres Versäumnis darstellt, wenn es darum geht, die Sicherheit von Chemikalien einzuschätzen, denen wir täglich ausgesetzt sind. »Ohne Methoden, die Karzinogenität von komplexen Mixturen einzuschätzen, besteht eine bedeutende Kompetenzlücke, die zu entscheidenden Schwachpunkten in den derzeitigen Verfahren zur Risikobewertung führt.«[31]

Zugelassene landwirtschaftliche Produkte

Die allermeisten zugelassenen Pestizidprodukte, die in der Landwirtschaft als Insektizide, Herbizide und Fungizide zum Einsatz kommen, sind Rezepturen, die mehrere Chemikalien enthalten. Sie bestehen aus einer oder mehreren Chemikalien, die als Pestizid fungieren und daher als Wirkstoffe oder »aktive Substanzen« definiert werden, sowie aus anderen meist toxischen Chemikalien, wie etwa Lösungsmitteln, Hilfsstoffen und Tensiden, die als »inaktive Beistoffe« gelten. Die Bezeichnung »inaktiv« ist aber irreführend, weil die meisten dieser Stoffe innerhalb der Pestizidrezeptur chemisch aktiv sind. Sie tragen dazu bei, dass die aktive Substanz ihre Aufgabe effizienter erfüllt. Dem USPCP-Bericht zufolge sind viele dieser »inaktiven« Substanzen giftig; dennoch wird nicht untersucht, ob sie gesundheitsschädlich sind. »Viele der Lösungsmittel, Füllstoffe und anderen Chemikalien, die auf Pestizidetiketten als inaktive Beistoffe aufgelistet sind, wirken ebenfalls toxisch, aber niemand verlangt, dass getestet wird, ob sie chronische Krankheiten wie Krebs auslösen können.«[32]

Was die Pestizidindustrie als »inaktive« Beistoffe definiert, sind in Wirklichkeit in den meisten Fällen **hochgiftige Substanzen.** *Dazu zählen Gifte wie Aceton, Benzen, Chlorobenzen, Chloroform, Ethylenoxid, Formaldehyd, Ameisensäure, Methylalkohol, Naphthalin, Ethylenthioharnstoff und Erdöldestillate.*

Wie E. G. Vallianatos in seinem Buch *Poison Spring: The Secret History of Pollution and the EPA* berichtet, umfassen Pestizidrezepturen rund 1800 »inaktive« Bestandteile, die bis zu 99 Prozent des Volumens der Produkte ausmachen können. »Was die Pestizidindustrie als ›inaktive‹ Beistoffe definiert, sind in Wirklichkeit in den meisten Fällen hochgiftige Substanzen. Dazu zählen Gifte wie Aceton, Benzen, Chlorobenzen, Chloroform, Ethylenoxid, Formaldehyd, Ameisensäure, Methylalkohol, Naphthalin, Ethylenthioharnstoff und Erdöldestillate.«[33]

Nehmen wir zum Beispiel Roundup und andere Herbizidrezepturen auf Glyphosatbasis. Sie sind eine Mixtur aus Glyphosat als aktiver Substanz und Beistoffen wie Ammoniumsulfat, Benzisothiazolinon, Glycerin, Isobutan, Isopropylamin, polyethoxylierten Alkylaminen, Talgfettaminoxethylat, POE-15 und Sorbinsäure.[34] Glyphosat würde als Herbizid ohne Unterstützung der Beistoffe, die seine Wirksamkeit steigern, praktisch nichts bringen.

In diesem Fall ist Glyphosat dennoch als aktive Substanz die einzige Chemikalie, die auf einige der bekannten Gesundheitsprobleme –

wie Krebs, Organschäden, Geburtsfehler und Zellmutationen – getestet wurde, um die erlaubte Tagesdosis (ETD-Wert) und Rückstandshöchstmengen festzulegen. Die vollständige Rezeptur, bestehend aus aktiver Substanz und »Beistoffen«, wird nicht auf Gesundheitsfolgen geprüft.

Vallianatos erwähnt, dass fast alle Pestizidrezepturen Erdöldestillate enthalten, von denen nicht wenige karzinogen sind. Das heißt, dass die allermeisten Pestizidrezepturen Krebs verursachen können, aber meines Wissens wurde nicht eine dieser Rezepturen von den Aufsichtsbehörden unter diesem Aspekt getestet. Vallianatos beschäftigt sich auch mit den Synergisten, die Pestizidrezepturen zugesetzt werden, um die Wirksamkeit der aktiven Substanz zu verstärken. »Ihre Wirkung beruht darauf, dass sie die mikrosomalen Enzyme der Leber außer Gefecht setzen, die andernfalls die hochgiftigen Substanzen in harmlose Moleküle zerlegen würden. Ein Pestizid mit einem Synergisten ist wie ein Mörder mit Maschinengewehr statt Pistole.«

Ein gebräuchlicher Synergist ist Piperonylbutoxid. Als Beistoff der meisten Pyrethroid-Insektizide erhöht es deren Wirksamkeit und Giftigkeit ganz erheblich. Es behindert die Tätigkeit von Enzymen der Cytochrom-P450-Familie. Diese Stoffwechselenzyme haben zahlreiche Aufgaben, zu den wichtigsten zählt jedoch, dass sie Giftstoffe umwandeln und neutralisieren. Piperonylbutoxid behindert diese Enzyme und verhindert, dass sie geringe Pestizidrückstände abbauen, sodass diese Gifte weiterhin die Gesundheit von Menschen, Tieren und Insekten schädigen. Piperonylbutoxid hält sich hartnäckig und taucht regelmäßig in Erhebungen zu Pestizidrückständen in Lebensmitteln auf. Erwachsene und vor allem Kinder, die es ständig über die Nahrung aufnehmen, reagieren empfindlicher auf Gifte, die beispielsweise in Pestiziden enthalten sind.

Synergisten sorgen dafür, dass der Wirkstoff effizienter tötet – das heißt, sie machen ihn deutlich giftiger –, und doch werden diese Rezepturen nicht getestet, weil man unterstellt, die Beimischung von Synergisten würde die Toxizität des aktiven Wirkstoffs nicht verändern. Diese Annahme ist gleichermaßen unwissenschaftlich und unlogisch. Wie kann ein Synergist beigemischt werden, um ein Produkt giftiger zu machen, ohne die Toxizität zu verändern? Die Glaubwürdigkeit und Kompetenz der Aufsichtsbehörden, die diese Annahme treffen, muss ernsthaft angezweifelt werden.

Akute Giftigkeit und LD_{50}

Für eine begrenzte Zahl zugelassener Produkte wurde die akute Toxizität (Giftigkeit) der Gesamtrezeptur getestet, das heißt, es wurde die Menge ermittelt, die für Mensch und Tier tödlich ist. Als Referenzwert wird meist die letale (tödliche) Dosis LD_{50} angegeben, die besagt, wie viel Milligramm pro Kilogramm Körpergewicht für 50 Prozent der Versuchstiere tödlich sind. Je niedriger diese Zahl, desto giftiger ist die Chemikalie, weil eine geringere Menge benötigt wird, um die Tiere zu töten. Eine LD_{50} von 100 Milligramm pro Kilogramm ist also giftiger als eine LD_{50} von 400 Milligramm pro Kilogramm, weil nur ein Viertel der Menge dieselbe Zahl an Tieren tötet.

LD_{50}-Werte werden sowohl benutzt, um die akute Giftigkeit einer Substanz einzuschätzen, als auch, um die Beeinträchtigungen durch einmalige oder mehrmalige Exposition innerhalb kurzer Zeit zu beurteilen. Beeinträchtigungen müssen innerhalb von zwei Wochen nach Verabreichung der Chemikalie auftreten, um im Rahmen der akuten Toxizität berücksichtigt zu werden. LD_{50}-Werte sagen daher über die langfristigen toxischen Wirkungen einer Chemikalie oder eines Stoffs nichts aus.[35] Es sind aber diese langfristigen Wirkungen, die Gesundheitsprobleme wie Krebs, Zellmutationen, Störungen im Hormonsystem, Geburtsdefekte, Organ- und Gewebeschäden, Schädigungen des Nervensystems, Verhaltensänderungen, epigenetische Schäden und Beeinträchtigungen des Immunsystems hervorrufen. Kate Short erklärt dies sehr gut in ihrem Buch *Quick Poison, Slow Poison,* in dem LD_{50}-Werte als Maßzahl für »schnelles Gift« dienen. Das Hauptproblem, das Pestizide aufwerfen, ist jedoch ihre »schleichende« Wirkung: Schon die Aufnahme von geringen Pestizidmengen kann zahlreiche Krankheiten und Gesundheitsschäden hervorrufen, die noch nach Jahren oder Jahrzehnten auftreten können.[36]

Asbest ist ein gutes Beispiel dafür, dass die Messung der LD_{50} allein wenig Aufschluss über die Toxizität einer Substanz gibt. Asbest hat

ca. 128 Seiten,
Klappenbroschur,
14,– Euro [D]
14,40 Euro [A]
ISBN
978-3-96238-016-8

März 2018

Auch als E-Book erhältlich

»Entrümpeln, umbauen, zusammenrücken – es gibt viele Wege zu mehr Wohnglück.«

Daniel Fuhrhop

Irgendwie ist immer zu wenig Platz: Ungenutzte Dinge sammeln sich an, füllen Schubladen und Abstellkammern; Kinder vergrößern den Haushalt und brauchen irgendwann ein eigenes Zimmer. Auf der anderen Seite stehen Räume leer, weil niemand permanent Gäste hat oder das Haus im Grünen für die alleinstehende Oma zu groß geworden ist. Das Buch präsentiert 66 Anregungen und Tipps, die dabei helfen, diesen Herausforderungen zu begegnen. Platz schaffen, Freiräume gewinnen, Zusammenrücken – die Möglichkeiten für ein anderes, modernes Wohnen sind immens. Ob es nur um Entrümpelung geht oder um größere Projekte wie die Gründung einer Mehr-Generationen-WG oder einer Multi-Kulti-Wohngenossenschaft – das Buch weiß, wie das Wohnglück zu erreichen ist.

160 Seiten,
Klappenbroschur,
17,– Euro [D]
17,50 Euro [A]
ISBN
978-3-96238-015-1

Februar 2018

Auch als E-Book erhältlich

»Diese uralte Methode der Indios bietet ganz neue Möglichkeiten für nachhaltiges Gärtnern.«

Caroline Pfützner

Terra Preta gilt als die fruchtbarste Erde der Welt und begeistert Hobbygärtner und Landwirte gleichermaßen. Sie aktiviert das Bodenleben und baut eine stabile Humusschicht auf; der Boden lässt sich leichter bearbeiten, Dünger wird überflüssig. Wer auf die »Wundererde aus dem Regenwald« setzt, betreibt zudem aktiven Klimaschutz, da CO_2 dauerhaft im Boden gespeichert wird.
Caroline Pfützner zeigt in ihrem Buch anhand zahlreicher Anleitungen, Fotos und mit vielen Beispielen aus der Praxis, wie man die Schwarzerde »Terra Preta« selbst herstellen und im Garten oder auf dem Balkon einsetzen kann – für gesundes Wachstum mit üppiger Blüte, reichen Erträgen sowie verringerter Anfälligkeit für Krankheiten und Schädlinge.

oekom verlag – Gesellschaft für ökologische Kommunikation mbH, Waltherstraße 29, 80337 München,
www.oekom.de. Alle Bücher gibt es unter www.oekom.de und in Ihrer Buchhandlung.
Stand: Dezember 2017. Preisänderungen und Irrtümer vorbehalten.
Umschlagillustration: © Fairkehr, Marcus Gloger

ca. 224 Seiten, Broschur,
24,– Euro [D], 24,70 Euro [A]
ISBN 978-3-96238-018-2

März 2018

Auch als E-Book erhältlich

Die Initiative »D 2030« hat sich aufgemacht, dem Zukunftsbewusstsein einen neuen Schub zu verleihen. Das Ergebnis ist eine »Landkarte« mit acht Szenarien, die sich jeweils zwischen extremen Positionen verorten, z. B. Ich- oder Wir-Orientierung, weltoffen oder abgeschottet. Die möglichen Realitäten zeigen auf, wie wir künftig leben könnten und skizzieren darauf basierende strategische Leitlinien.

128 Seiten, Broschur,
20,– Euro [D], 20,60 Euro [A]
ISBN 978-3-96238-025-0

Februar 2018

Ob Energie, Ernährung oder Mobilität – unser tägliches Handeln hat Folgen für Mensch und Natur. »Peak« führt durch neun Dimensionen der (Nicht-)Nachhaltigkeit und zeigt, wie stark unser Einfluss auf die Umwelt ist. Am Ende eines jeden Kapitels finden sich konkrete Handlungstipps; die attraktive Gestaltung mit anschaulichen Infografiken ermöglicht einen einfachen Einstieg in die Thematik.

240 Seiten, Hardcover
mit Schutzumschlag,
22,– Euro [D], 22,70 Euro [A]
ISBN 978-3-96006-028-4

Februar 2018

Auch als E-Book erhältlich

Der Biologe Ewald Weber lädt ein zu einer faszinierenden Reise durch die Pflanzenwelt von der Ostsee bis zu den Alpen. In unterhaltsamen Essays stellt er 25 heimische Wildpflanzen vor, die alle etwas Besonderes zu bieten haben, etwas Überraschendes, das oft im Verborgenen liegt. Illustriert von der Malerin Rita Mühlbauer wird das Buch all jene begeistern, die die Natur schätzen und lieben.

ca. 272 Seiten, Broschur,
18,– Euro [D], 18,50 Euro [A]
ISBN 978-3-96238-022-9

März 2018

Auch als E-Book erhältlich

David Suzukis und Wayne Gradys Geschichte eines einzelnen Baumes überspannt sieben Jahrhunderte, in denen viel passiert: Der Samen schlägt Wurzeln, der Baum behauptet sich gegen Wind und Wetter. »In emotionaler Sprache (…) schaffen es die [Autoren], alles so zu verweben, dass wir staunen können, kurz: dass der Baum seine Seele behält und wir ihn in unser Herz schließen.« (Peter Wohlleben)

ca. 264 Seiten, Broschur,
15,– Euro [D], 15,50 Euro [A]
ISBN 978-3-96238-020-5

Februar 2018

Auch als E-Book erhältlich

Was bringt die Digitalisierung für Ökologie und Gerechtigkeit? Führt sie uns in eine smarte grüne Welt, in der alle vom technologischen Fortschritt profitieren – oder in einen beschleunigten digitalen Kapitalismus? Das Buch analysiert u. a., wie sich die Digitalisierung auf Energieverbräuche oder Arbeitsplätze ausgewirkt hat, und entwickelt Design-Prinzipien für ihre nachhaltige Ausgestaltung.

ca. 128 Seiten, Broschur,
13,– Euro [D], 13,40 Euro [A]
ISBN 978-3-96238-019-9

März 2018

Auch als E-Book erhältlich

Der Reformdruck auf die Autobranche ist enorm: Die Unternehmen müssen sich neu erfinden, um bei der Mobilität der Zukunft eine bedeutsame Rolle zu spielen. Notwendig sind veränderte politische Rahmenbedingungen, neue Bündnisse und ein konsequentes Verhalten der Konsumenten. Das Buch zeigt auf, welche Weichen in welche Richtung gestellt werden müssen, um die überfällige Verkehrswende umzusetzen.

ca. 240 Seiten,
Klappenbroschur,
20,– Euro [D]
20,60 Euro [A]
ISBN
978-3-96238-013-7

Februar 2018

Auch als
E-Book erhältlich

»Dieses Buch muss man lesen! Es ist ein Weckruf für uns alle.«

Renate Künast

Die Debatte um das Unkrautvernichtungsmittel Glyphosat ist hitzig – kein Wunder, denn bezüglich der Gefahren, die von Pestiziden ausgehen, werden systematisch Daten geschönt und Bedenken ignoriert. Besonders unsere Kinder sind durch die auf Erwachsene zugeschnittenen Richtwerte massiv gefährdet. Dabei kann eine pestizidfreie, ökologische Landwirtschaft uns nicht nur gesünder machen, sondern auch die Ernährung der Weltbevölkerung sichern.
Fundiert widerlegt der internationale Agrar- und Ernährungsexperte André Leu fünf Mythen, welche die Agrarlobby um Monsanto & Co. gesponnen hat – vom angeblich vollständigen Abbau der Pestizide bis hin zur Behauptung, dass die Pestizidrückstände in unserem Essen so gering sind, dass sie keinen Effekt haben.

ca. 144 Seiten, Broschur,
16,– Euro [D], 16,50 Euro [A]
ISBN 978-3-96238-006-9

Februar 2018

Auch als E-Book erhältlich

Viele Lebensmittel sind extrem billig, doch nur, weil die Kosten abgewälzt werden: auf die Umwelt, den Globalen Süden oder kommende Generationen. Das Buch gibt einen umfassenden Überblick über die vielfältigen Aspekte der Thematik und zeigt konkrete Lösungsmöglichkeiten auf – damit das System wieder gerecht wird.

196 Seiten, Broschur,
20,– Euro [D], 20,60 Euro [A]
ISBN 978-3-96238-021-2

Februar 2018

Auch als E-Book erhältlich

Die Demokratie gerät zunehmend unter Druck. Erich Visotschnig zeigt die Schwächen des Mehrheitsprinzips auf und stellt mit seinem Konzept des Systemischen Konsensierens (SK) eine Alternative vor. Das Charmante dabei: Es erzeugt Kompromisse und produziert so weniger Verlierer. Das Buch stellt gelungene Praxisbeispiele vor und erklärt, wie das SK-Prinzip eine erneuerte Demokratie ermöglicht.

128 Seiten,
Broschur,
14,– Euro [D]
14,40 Euro [A]
ISBN
978-3-96238-017-5

März 2018

Auch als E-Book erhältlich

»Weniger Autos auf der Straße erhöhen die Lebensqualität ganzer Stadtteile, sodass sich nicht nur Kinder wohler fühlen.«

autofrei leben! e. V.

Ob in der Stadt oder auf dem Land, ob mit Familie oder als Single – mit den Tipps in diesem Buch gelingt der Umstieg ins autofreie Leben! Das Angebot innovativer Möglichkeiten zur Fortbewegung ist riesig: Statt stundenlang im Stau zu stehen, kommt man bequem mit dem topmodernen Dienstrad ins Büro und die beliebten Lastenräder erleichtern den Alltag. Auch dank der Vielzahl von Apps, mit denen sich Sharingangebote und öffentliche Verkehrsmittel kombinieren lassen, kommt man stressfrei ans Ziel.
Der praktische Ratgeber bietet nicht nur jede Menge leicht umsetzbare Alternativen, vom Reisen bis hin zum Transport; er macht auch Lust gleich loszulegen. Höchste Zeit also das Auto abzuschaffen – den Mitmenschen, sich selbst und der Umwelt zuliebe!

ca. 208 Seiten,
Broschur,
18,– Euro [D]
18,50 Euro [A]
ISBN 978-3-96238-014-4

März 2018

Auch als E-Book erhältlich

»Was wir brauchen, sind Alternativen für ein solidarisches Miteinander.«

Alberto Acosta & Ulrich Brand

Der Kapitalismus steht zwar in der Kritik, doch der Wunsch nach Wachstum und die Orientierung am wirtschaftlichen Gewinn beherrscht noch immer das Denken von Politik und Wirtschaft. Alternative Modelle haben es schwer oder werden als Utopien belächelt. Dabei existieren eine Vielzahl attraktiver Gegenentwürfe, um dem Labyrinth des Kapitalismus zu entkommen. In ihrem neuen Buch laden der Bestsellerautor Ulrich Brand (»Imperiale Lebensweise«) und Alberto Acosta (»Buen vivir«) ein, Konzepte aus Nord und Süd zu erkunden. Entlang ihrer Gemeinsamkeiten entwickeln sie eine Vorstellung von einer gerechteren und besseren Zukunft – denn nur so lässt sich eine umfassende politische, sozio-ökonomische und kulturelle Wende einleiten.

keine LD_{50}, weil es nicht akut giftig ist. Es ist kein Gift im herkömmlichen Sinn. Theoretisch ist es denkbar, kübelweise Asbest zu essen, ohne dass Vergiftungserscheinungen auftreten. Ein winziges Asbestkörnchen, das in die Lunge gelangt, kann jedoch drei todbringende Krankheiten auslösen: Asbestosis, Lungenkrebs und Mesotheliom. Bereits in den 1920er- und 1930er-Jahren gab es Studien, die Asbest mit Gesundheitsproblemen in Verbindung brachten. Asbest ist ein klassischer Fall für Pflichtversäumnisse der Behörden und Irreführung durch die Branche, die die Gefahren ihrer Produkte herunterspielte.

Die Tatsache, dass Asbest nach LD_{50}-Kriterien nicht giftig ist, wurde von Asbestherstellern und Regierungsbehörden jahrzehntelang benutzt, um seine Gefährlichkeit zu leugnen, was den unverantwortlichen Einsatz von Asbest in Häusern, Schulen, Büros, Autos, Booten, Haartrocknern und zahlreichen Haushaltsgeräten nach sich zog. Die meisten Städte und Kommunen sitzen auf einer tickenden Asbestzeitbombe, und in vielen Ländern sterben nach wie vor Tausende Menschen an asbestbedingten Krankheiten. Vergleichen wir die Todesfälle durch Asbest mit den Verkehrstoten. In Großbritannien starben 2013 3002 Menschen an einem Mesotheliom oder Asbestosis. Der britischen Arbeitsschutzbehörde (HSE) zufolge lag die Zahl der Toten, wenn man auch asbestbedingten Lungenkrebs einrechnet, für 2013 bei rund 5000.[37] Im selben Jahr kamen in Großbritannien 1713 Menschen bei Verkehrsunfällen ums Leben. Durch Asbest starben also mehr als doppelt so viele Menschen wie durch Verkehrsunfälle, aber asbestbedingte Krankheiten erhalten im Vergleich zu Programmen zur Verkehrssicherheit weder besondere Aufmerksamkeit noch vergleichbare Finanzmittel.[38]

Durch Asbest starben *mehr als doppelt so viele Menschen wie durch Verkehrsunfälle, aber asbestbedingte Krankheiten erhalten im Vergleich zu Programmen zur Verkehrssicherheit weder besondere Aufmerksamkeit noch vergleichbare Finanzmittel.*

Die enormen Kosten für die Entfernung und die Einlagerung von Asbest in Sondermülldeponien tragen der Steuerzahler und die Kommunen und nicht etwa die Firmen, die von Abbau und Verkauf profitiert haben. Viele dieser Unternehmen haben ihr Geschäft aufgegeben, um sich Schadensersatzforderungen und Strafzahlungen in Höhe von Hunderten Millionen Dollar zu entziehen.

Erst nach jahrzehntelangem Engagement vonseiten beunruhigter Wissenschaftler, NGOs und Verbrauchern schritten einige Aufsichtsbehörden mit Verboten oder strengeren Auflagen ein. Allerdings ist Asbest in den meisten Ländern, darunter den Vereinigten Staaten und Kanada, noch heute erlaubt. Unterdessen mussten Hunderttausende Menschen einen vermeidbaren, leidvollen Tod sterben, und viele weitere erwartet dieses Schicksal noch, weil für asbestbedingte Krankheiten eine Latenzzeit von zwanzig bis vierzig Jahren gilt.

Verbraucher und Industrie sollten die Asbesttragödie als Warnung vor Pflichtversäumnissen der Behörden und Ignoranz gegenüber wissenschaftlichen Untersuchungen nehmen.

Wissenschaftlich unsaubere Methodik

Viele Experten und Forscher halten es für wissenschaftlich nicht vertretbar, lediglich einen Bestandteil einer Mixtur zu testen und daraus zu schließen, die Kombination von Chemikalien einer Rezeptur werde sich genauso verhalten wie dieser eine Stoff. Sowohl die US-Umweltbehörde EPA als auch die Europäische Behörde für Lebensmittelsicherheit (EBL) haben Methoden zur Untersuchung der kombinierten Belastung durch diverse Chemikalien erprobt, doch meines Wissens wurden sie nie angewendet. Vielmehr lehnen diese und alle anderen Aufsichtsbehörden sogar Studien ab, die sich mit mehr als einer Chemikalie beschäftigen, weil sie meinen, ihre Schlussfolgerungen würden dadurch verzerrt.

Ein Beispiel dafür ist der Bericht der Internationalen Agentur für Krebsforschung (IARC), einer Einrichtung der WHO, der das Herbizid 2,4-D als möglicherweise krebserregend einstuft. In dem IARC-Bericht heißt es: »Wegen möglicher Verzerrungen wurden Studien, die Belastungen durch Herbizidmischungen oder dioxinhaltige Herbizide untersuchten, als wenig aufschlussreich hinsichtlich der Karzinogenität von 2,4-D erachtet.« Folglich fielen diese

Studien unter den Tisch, obwohl sie auf Krebs bei Menschen hinwiesen.[39] Höchst besorgniserregend bei dieser Form der Risikobewertung ist die Nichtbeachtung der Studien, die 2,4-D in Zusammenhang mit Dioxin untersuchten. Stattdessen stützte man sich ausschließlich auf Studien, die reines 2,4-D in Laborqualität testeten, das keine der üblichen Verunreinigungen aufwies, wie sie bei der normalen kommerziellen Produktion der Chemikalie entstehen. Die handelsüblichen 2,4-D-Rezepturen, die in der Landwirtschaft zum Einsatz kommen, enthalten Dioxine wie TCDD, das als eines der giftigsten Moleküle überhaupt gilt. Dioxine sind Humankarzinogene, für die es keine sicheren Grenzwerte gibt. Vallianatos schreibt dazu: »TCDD wirkt als Krebsauslöser und Krebsverstärker 17 Millionen Mal so stark wie Benzen, 5 Millionen Mal so stark wie Tetrachlorkohlenstoff und 100.000-mal so stark wie PCB. TCDD sammelt sich in dramatischen Raten im Körper von Tieren an: 20.000-mal stärker als Benzen, 6000-mal stärker als Tetrachlorkohlenstoff und viermal stärker als PCB.«[40]

Mesnage und Kollegen fanden 2015 Rückstände von TCDD in handelsüblichem Viehfutter. Das Futter wird aus denselben Feldfrüchten gewonnen, die auch der Lebensmittelerzeugung dienen, man darf also annehmen, dass Menschen, die ihre Lebensmittel aus einer Landwirtschaft beziehen, die 2,4-D und andere Chlorpestizide einsetzt, TCDD und anderen Dioxinen ausgesetzt sind, die ein Krebsrisiko darstellen. Testet und prüft man nur den reinen Wirkstoff und nicht die tatsächlich in der Lebensmittelproduktion eingesetzten Produkte, die toxische Verunreinigungen wie etwa Dioxine enthalten, entsteht ein falsches Bild von den tatsächlichen Toxinbelastungen und den realen Gesundheitsproblemen, die sie auslösen können.[41]

Obwohl nur in begrenztem Umfang geprüft wurde, liegen einige Studien vor, die die Unterschiede in der Toxizität zwischen dem aktiven Wirkstoff und der zugelassenen Rezeptur untersuchen. Herbizide auf Glyphosatbasis wurden in dieser Hinsicht besonders häufig getestet. Zahlreiche Studien zeigen, dass Roundup giftiger ist als sein aktiver Wirkstoff Glyphosat. Diese Studien bringen das Pestizid mit diversen Gesundheitsproblemen in Verbindung wie Krebs, Schädigung der Plazentazellen, Fehlgeburten, Totgeburten, Störungen des Hormonsystems und Schädigung verschiedener Organe wie Niere und Leber.[42] Forschungsergebnisse aus Frankreich zeigen, dass einer der »inaktiven« Beistoffe in Roundup, das Talgfettaminoxethylat POE-15, für menschliche Zellen erheblich giftiger ist als der »aktive« Wirkstoff Glyphosat. Die Forscher stellten fest, dass bei Konzentrationen zwischen 1 und 3 ppm (parts per million, Teile pro Million) – das sind Dosen, die als normale Belastung im Freien oder am Arbeitsplatz gelten – POE-15 in menschliche Körperzellen eindringt und sie absterben lässt. Es wirkt also ganz anders als Glyphosat, das bekanntlich nach dem Eintritt in die Zelle Hormonstörungen auslöst. Die Wissenschaftler erklärten: »Insgesamt werfen diese Ergebnisse Zweifel am Sinn von Richtlinien wie der erlaubten Tagesdosis von Glyphosat auf, wenn diese größtenteils auf In-vivo-Langzeitstudien beruhen, die sich ausschließlich mit Glyphosat befassen. Da Pestizide immer zusammen mit Hilfsstoffen eingesetzt werden, die deren Toxizität verändern können, liegt es auf der Hand, dass die Rezepturen insgesamt als Mixtur bewertet werden müssen. Das wirft Zweifel an dem Konzept des aktiven Wirkstoffs von Pestiziden für Nichtzielspezies auf.«[43]

In der einzigen Studie, in der neun Pestizidrezepturen in Konzentrationen weit unterhalb landwirtschaftlicher Verdünnungen an menschlichen Zellen getestet wurden, stellten die Forscher fest, dass acht von neun Rezepturen mehrere hundertmal giftiger waren als ihre aktiven Wirkstoffe. Die Wissenschaftler kamen zu dem Ergebnis: »Hilfsstoffe in Pestiziden werden generell als Beistoffe deklariert, und aus diesem Grund werden sie nicht in ordnungsgemäßen Langzeitexperimenten getestet. Daher ist es überaus erstaunlich, dass sie die Toxizität ihres AI [active ingredient – aktiven Wirkstoffs] in 100 Prozent der Fälle, in denen sie nach Herstellerangaben vorhanden sind, bis um das 1000-Fache verstärken.«[44]

Die Forschung zeigt,
dass Beistoffe, die Pestiziden beigemischt sind, die Giftigkeit ihres aktiven Wirkstoffs bis um das 1000-Fache verstärken können.

Fungizide waren in dieser Studie für menschliche Zellen am giftigsten, und das in Konzentrationen, die um das 300- bis 600-Fache niedriger waren als in landwirtschaftlichen Verdünnungen, gefolgt von Herbiziden und dann Insektiziden. Roundup war unter den getesteten Herbiziden und Insektiziden am giftigsten. Die Wissenschaftler erklärten: »Unsere Ergebnisse werfen Zweifel an der Relevanz der erlaubten Tagesdosis für Pestizide auf, weil diese Norm allein aufgrund der Toxizität des aktiven Wirkstoffs ermittelt wird.«[45]

Keine der zugelassenen Pestizidrezepturen wurde auf die zahlreichen Gesundheitsprobleme getestet, die die ihnen beigemischten Chemikalien auslösen können. Für diese Mischprodukte wurden weder erlaubte Tagesdosen noch Rückstandshöchstmengen festgelegt. Diese gibt es nur für den »aktiven« Wirkstoff. Es sollte allgemeine Besorgnis auslösen, dass die große Mehrzahl der knapp 1400 in den Vereinigten Staaten und 7000 in Australien zugelassenen Pestizide und Tierarzneimittel sowie der abertausend Produkte, die weltweit in der Lebensmittelerzeugung eingesetzt werden, überhaupt nicht auf die zahlreichen Gesundheits- und Umweltprobleme getestet wurden, die aufgrund der Belastung durch einen Chemikaliencocktail entstehen können.[46] Alle Staaten gehen hier ähnlich vor, abgesehen von den Ländern der Europäischen Union, die inzwischen mit der Bewertung von 143.000 Chemikalien und chemischen Rezepturen begonnen haben.[47]

Angesichts der Fülle von wissenschaftlichen Daten, die additive und synergetische Wirkungen von chemischen Mixturen als Auslöser zahlreicher Gesundheitsprobleme sehen, muss man die ernste Frage stellen, warum Aufsichtsbehörden diese Mischrezepturen aufgrund der Annahme, sie seien harmlos, zulassen. Es gibt keine glaubwürdigen wissenschaftlichen Daten, mit denen sich ein Toleranzwert für die Rückstände der tatsächlich zugelassenen Pestizidprodukte festlegen lässt, die in Lebensmitteln nachweisbar sind, solange die Rezepturen insgesamt nicht getestet werden.

Sind Fütterungsstudien glaubwürdig?

Wenn Forscher negative Auswirkungen von Pestiziden wie Sterblichkeit, Krebs, Geburtsfehler, Organschäden usw. untersuchen, wird die Häufigkeit dieser Auswirkungen bei Tierversuchen in der mit dem Pestizid behandelten Gruppe mit einer Kontrollgruppe verglichen, die dem Pestizid nicht ausgesetzt war. Wenn zum Beispiel die Krebsrate in der Kontrollgruppe ähnlich hoch ist wie in der mit dem Pestizid behandelten Gruppe, dann werden die Forscher erklären, es gebe keinen statistischen Unterschied und das Pestizid könne den Krebs nicht ausgelöst haben, weil die Gruppe ohne Pestizid im Futter ebenso häufig an Krebs erkrankte.

Eine Studie französischer Wissenschaftler, die 2015 in der Fachzeitschrift *PLoS One* erschien, hinterfragte nun ganz grundsätzlich die Basis dieser Tierversuchsmodelle, mit denen die Unbedenklichkeit von Pestiziden ermittelt werden soll. Die Forscher analysierten die bei den Tests für Testgruppe und Kontrollgruppe verwendeten Futterrationen und stellten mehrere Pestizide, Schwermetalle, Dioxine und PCBs fest. Pestizide wurden in allen Proben gefunden, wobei einige Futtermittel Rückstände von sechs verschiedenen Pestiziden enthielten. Die Mehrzahl dieser Pestizide waren Organophosphate (Phosphorsäureester), gefolgt von Glyphosat und AMPA, seinem Hauptstoffwechselprodukt.[48] Es stellt sich also heraus, dass die Kontrollgruppe gar nicht pestizidfrei gefüttert wurde. Sie wurden vielmehr einem Cocktail aus Pestiziden und anderen giftigen Zutaten ausgesetzt.

Gemessen wurde unter anderem das Pestizid Chlorpyrifos-Methyl, eine hormonaktive Substanz, die bei vorgeburtlicher Belastung zu antiandrogenen Effekten und Schilddrüsenunterfunktion führt. Diese Rückstände im Futter könnten auch die hohe Rate von Brustkrebs und Tumoren der Hirnanhangdrüse bei den Ratten der Kontrollgruppen erklären. Pestizide wie Malathion oder Chlorpyrifos zum Beispiel führen bei Ratten zu Veränderungen in den Milchdrüsen. Glyphosat veranlasst bei Menschen über Östrogensignalwege das Wachstum von Brustkrebszellen, und zwar bei Konzentrationen von nur 0,1 ppb (Milliardstel); Ähnliches gilt für Roundup, das bei vergleichbarer Konzentration das Wachstum von Brustgeschwülsten im lebenden Organismus fördert. Glyphosat gilt als Tumorpromotor.[49]

Angesichts der wissenschaftlichen Belege, die auf die Gesundheitsfolgen dieser Cocktails hinweisen, muss die Stichhaltigkeit solcher Vergleichsstudien ernsthaft infrage gestellt werden. Insofern als ein erheblicher Teil der Sterblichkeitsraten und Erkrankungen durch giftige Fremdstoffe im Futter verursacht wird, gibt es wohl kaum eine Kontrollgruppe, die wirklich unbelastet ist. Wenn Ergebnisse ähnliche Krebsraten in den Test- und in den Kontrollgruppen zeigen, ist das also kein Hinweis auf die Harmlosigkeit der getesteten Pestizide, sondern vielmehr auf die Allgegenwart giftiger Chemikalien in der Umwelt.

Auswirkungen von Pestiziden auf Kinder

Der USPCP und zahlreiche Forscher äußern ihre Sorge, dass die derzeitigen toxikologischen Prüfungen für Kinder völlig unzulänglich sind. In dem USPCP-Bericht heißt es: »Sie [Kinder] sind wegen ihres geringeren Körpergewichts und ihrer schnellen physischen Entwicklung besonders gefährdet«, zwei Faktoren, »die ihre Anfälligkeit für bekannte oder mutmaßliche Karzinogene, einschließlich Strahlung, vergrößern«.[50] Das ist von maßgeblicher Bedeutung, weil dem USPCP zufolge »rund 40 Chemikalien, die von der Internationalen Agentur für Krebsforschung (IARC) als bekannte, mutmaßliche oder wahrscheinliche Humankarzinogene eingestuft wurden, in von der EPA zugelassenen und frei verkäuflichen Pestiziden im Einsatz sind«.[51] Der Berufsverband amerikanischer Kinderärzte, die American Academy of Pediatrics, veröffentlichte 2011 einen Beitrag mit dem Titel »Policy Statement – Chemical-Management Policy: Prioritizing Children's Health« (Grundsatzerklärung – Chemiepolitik: Vorrang für die Gesundheit von Kindern), in dem scharfe Kritik an der EPA und deren Umsetzung des 1976 verabschiedeten Gefahrstoff-Überwachungsgesetzes (TSCA) geübt wurde. In dem Beitrag heißt es: »Es herrscht breiter Konsens, dass [das TSCA] nichts zum Schutz von Kindern, schwangeren Frauen und der Gesamtbevölkerung vor gefährlichen, frei verkäuflichen Chemikalien beiträgt. Beim Versuch, die Bevölkerung vor chemischen Gefahrstoffen zu schützen, zieht es die besonderen Verwundbarkeiten von Kindern nicht in Betracht.«[52]

Die wichtigste Lebensmittelaufsichtsbehörde in Australien und Neuseeland, die Food Standards Australia and New Zealand (FSANZ), räumte in ihrer 20. australienweiten Ernährungsumfrage ein, dass Kinder aufgrund von Größe und Gewicht im Verhältnis zu den Rückständen, die sie aus der Nahrung aufnehmen, durch die höchsten Pestizidkonzentrationen belastet sind. »Grundsätzlich war die Aufnahme von Pestizidrückständen über die Nahrung bei der Altersgruppe der Kleinkinder am höchsten. Das ist auf den hohen Lebensmittelverzehr im Verhältnis zum Körpergewicht zurückzuführen.«[53] Wie den meisten Aufsichtsbehörden bereitet das der FSANZ kein Kopfzerbrechen, weil Pestizide in Lebensmitteln in der Regel unter den Rückstandshöchstmengen liegen. Allerdings haben das USPCP und andere Forscher darauf hingewiesen, dass die derzeitigen Testprotokolle auf Versuchen mit erwachsenen Tieren beruhen und die spezifischen physiologischen Unterschiede zwischen Erwachsenen einerseits und Föten, Neugeborenen und sich entwickelnden Jungtieren beziehungsweise Kindern andererseits außer Acht lassen.

Die besonderen Bedürfnisse des sich entwickelnden Fötus und des Neugeborenen

Dem USPCP zufolge werden »Chemikalien in der Regel verabreicht, wenn die Labortiere im Jugendalter sind, eine Methodologie, die es versäumt, die Auswirkungen der Exposition auf Embryonen, in der Kindheit und über die ganze Lebensspanne hinweg zu bewerten«.[54] Das ist ein kritischer Punkt, weil sehr viele wissenschaftliche Untersuchungen vorliegen, die zeigen, dass der Fötus und das Neugeborene ununterbrochen zahlreichen Chemikalien ausgesetzt sind. Das USPCP stellt fest: »Einige dieser Chemikalien wurden in der Muttermilch, im Blut und im Plazentagewebe von Schwangeren und Müttern kurz nach der Entbindung nachgewiesen. Diese Ergebnisse zeigen, dass chemische Schadstoffe sowohl vorgeburtlich als auch während der Stillzeit an die nächste Generation weitergegeben werden.«[55]

Das vom US-Präsidenten beauftragte Gremium äußerte nicht nur Bedenken wegen der Konzentrationen dieser chemischen Schadstoffe, es unterstrich auch, dass diese Frage von den Aufsichtsbehörden wegen eines kritischen Mangels an Wissen und an Forschern ignoriert wird. »Zahlreiche Umweltschadstoffe können die Plazentaschranke überwinden; Babys kommen in einem beunruhigenden Ausmaß ›vorbelastet‹ zur Welt. Kinder können auch genetische oder andere Schäden infolge von Umweltbelastungen erleiden, denen die Mutter (und in manchen Fällen der Vater) ausgesetzt ist. Es herrscht ein kritischer Mangel an Wissen und Bewusstsein gegenüber Umweltgefahren für die kindliche Gesundheit und eine gravierende Unterversorgung mit Forschern und Klinikern, die auf Umweltfolgen für die Gesundheit von Kindern spezialisiert sind.«[56]

Das Krebsexpertengremium des US-Präsidenten *äußerte nicht nur Bedenken wegen der Konzentrationen von chemischen Schadstoffen, es unterstrich auch, dass diese Frage von den Aufsichtsbehörden wegen eines kritischen Mangels an Wissen und Forschern ignoriert wird.*

Theo Colborn, eine weltweit führende Expertin für hormonaktive Substanzen und Co-Autorin des Buchs *Die bedrohte Zukunft*, hat in der Fachzeitschrift *Environmental Health Perspectives* eine begutachtete Studie vorgelegt, die sich mit diesen Fragen beschäftigt. Die Studie prüfte zahlreiche wissenschaftliche Abhandlungen und zeigte das unerhörte Ausmaß, in dem Kinder und Ungeborene zahlreichen Pestiziden ausgesetzt sind. Diverse Pestizidrückstände wurden in Sperma, in der Follikelflüssigkeit von Eizellen, in Fruchtwasser, Muttermilch, mütterlichem Blut, Plazenta- und Nabelschnurblut, Mekonium (erster Stuhl des Neugeborenen) und im Urin von

Kindern gefunden. Theo Colborn schreibt: »Man kann mit ziemlicher Sicherheit sagen, dass jedes Kind, das heute in der nördlichen Hemisphäre gezeugt wird, von der Empfängnis an und während der gesamten Schwangerschaft und Stillzeit Pestiziden ausgesetzt ist, und zwar unabhängig davon, wo es zur Welt kommt.«[57]

Einen hervorragenden Überblick über die Auswirkungen von Pestiziden auf Kinder gibt das Buch *Poisoning Our Future: Children and Pesticides* von Meriel Watts. Die Ärztin zitiert zahlreiche Untersuchungen, die in der Muttermilch und in der Plazenta eine alarmierende Zahl von Pestiziden nachgewiesen haben. Diese Information ist deshalb so wichtig, weil eine Vielzahl von Studien belegt, dass Kinder nicht über dieselben Schutzstoffe verfügen wie Erwachsene, um diese Gifte abzubauen, und selbst geringste Dosen verschiedenste schwere Gesundheitsprobleme auslösen können, mit denen Betroffene womöglich ein Leben lang zu tun haben. Viele dieser Gesundheitsfolgen manifestieren sich erst im Erwachsenenalter in Form von Krebs, Fortpflanzungsproblemen, degenerativen Erkrankungen und zahlreichen anderen Leiden.[58]

Die Krebsrate bei Kindern steigt

Eine Reihe von Studien belegt den Zusammenhang zwischen der Belastung durch chemische Schadstoffe, insbesondere Pestizide, und der Zunahme von Krebs bei Kindern.

Im USPCP-Bericht heißt es: »Die Häufigkeit von Krebserkrankungen bei US-amerikanischen Kindern unter 20 Jahren hat zugenommen [...] Leukämieraten sind durchgängig erhöht bei Kindern, die auf einer Farm aufwachsen, bei Kindern, deren Eltern Pestizide in Heim oder Garten einsetzen, und bei Kindern von professionellen Pestizidanwendern.«[59] Meriel Watts zitiert in ihrem Buch Studien, die zeigen, dass die Krebsraten bei Kindern weltweit steigen. In Großbritannien haben sie zwischen 1962 und 1998 um 35 Prozent zugenommen, in fünfzehn europäischen Ländern zwischen 1978 und 1997 um 20 Prozent. Viele Studien, die sie nennt, bringen die Belastung durch Pestizide mit der Zunahme vieler Krebsarten bei Kindern und jungen Erwachsenen in Zusammenhang.«[60]

Die Internationale Agentur für Krebsforschung hat unlängst Glyphosat und Malathion, zwei gebräuchliche Pestizide, als Karzinogene der zweithöchsten Gefährlichkeitsstufe klassifiziert. Die Gruppe 2 A – wahrscheinlich krebserregend bei Menschen – bedeutet, sie verursachen Krebs bei Tieren, und eine begrenzte Zahl von Studien zeigt, dass sie auch bei Menschen Krebs auslösen.[61] Malathion (Maldison) ist immer noch als Mittel gegen Kopfläuse bei Kindern zugelassen. Da es zahlreiche ungefährliche Alternativen gibt, ist es an der Zeit, es zu verbieten.

Die meisten Regierungsgutachten berücksichtigen Glyphosat nicht, folglich haben beunruhigte Wissenschaftler, Bürger und zivilgesellschaftliche Organisationen die Sache selbst in die Hand genommen und fahnden in der Umwelt, in Lebensmitteln und in den Körpern der Menschen nach Glyphosat. Die Tests zeigen mittlerweile, dass Glyphosat allgegenwärtig ist. Es kontaminiert die meisten Gewässer, auch Trinkwasserquellen, das Gewebe der meisten Nutztiere, die der Ernährung dienen, und zahlreiche Lebensmittel wie Brot, Frühstücksflocken, Bier, Honig, Fleisch, Milchprodukte, Gemüse, Eier und Obst. Bei der Mehrzahl der getesteten Menschen wurde es im Urin gefunden, was beweist, dass die meisten von uns durch dieses hochgefährliche Pestizid belastet sind. Höchst besorgniserregend ist, dass die von Moms Across America in den Vereinigten Staaten und von Greenpeace in Deutschland durchgeführten Tests auch Glyphosat in der Muttermilch und in Säuglingsnahrung nachwiesen. Mütter füttern ihre Kinder, ohne es zu wollen, mit einem Karzinogen und hormonell wirksamen Stoff, wenn diese gegen die Schadwirkungen dieser Gifte am wenigsten gerüstet sind.[62]

Weil Glyphosat eine hormonaktive Substanz ist, gibt es keine Schwellenwerte für den Einsatz, und die gegenwärtig erlaubten Tagesdosen und Rückstandshöchstmengen sind bedeutungslos (siehe Kapitel 2 und 4, wo auf hormonelle Störungen, Krebs und zahlreiche mit Glyphosat in Verbindung gebrachte Krankheiten näher eingegangen wird). Glyphosat ist im Begriff, das neue DDT zu werden, weil es wie dieses flächendeckend eingesetzt wird und verschiedenste Krankheiten auslösen kann.

Schädigungen des zentralen Nervensystems

Viele Pestizide sind Nervengifte. Dazu zählen Organophosphate, synthetische Pyrethroide, Neonicotinoide und Carbamate. Organophosphate wurden ursprünglich in den 1930er-Jahren von deutschen Chemikern als Pestizide für die Landwirtschaft entwickelt. Von den Nationalsozialisten wurden sie für den Einsatz als Nervengas im Zweiten Weltkrieg bereitgehalten, wobei unklar ist, ob sie je verwendet wurden. Eines der bekanntesten Organophosphat-Nervengase ist Sarin, das bei einem Anschlag in der Tokioter U-Bahn durch die Aum-Sekte am 20. März 1995 13 Menschen tötete und fast 1000 verletzte. Saddam Hussein setzte verschiedene todbringende Organophosphat-Nervengase wie Sarin und VX-Gas im Iran-Irak-Krieg gegen iranische Soldaten und im eigenen Land gegen Tausende Kurden ein. Die Vereinten Nationen haben festgestellt, dass die syrische Regierung im August 2013 in Ghouta, einem Vorort von Damaskus, mithilfe von Sarin Schätzungen zufolge zwischen 281 und 1729 Rebellen und Zivilisten tötete. Die Produktion und Lagerung von chemischen Waffen, darunter Sarin, wurde 1993 durch das Chemiewaffenübereinkommen der Vereinten Nationen verboten. Mit den Organophosphaten kam nach dem Zweiten Weltkrieg eine umfangreiche Gruppe von Wirkstoffen wie Malathion, Parathion, Diazinon, Chlorpyrifos, Azamethiphos, Dichlorvos, Phosmet, Fenitrothion, Fenthion, Dimethoat, Omethoat, Tetrachlorvinphos usw. als Pestizide auf den Markt.

Organophosphate reagieren mit und zerstören ein für das Nervensystem wichtiges Enzym, die Acetylcholinesterase. Dieses Enzym ist für den Abbau von Acetylcholin verantwortlich, einem Neurotransmitter, der ganze Salven von Nervensignalen abfeuert. Acetylcholin tritt vor allem in den Muskelzellen und im Gehirn auf. Ohne Acetylcholinesterase, die das Acetylcholin »abschaltet«, feuern die Nerven unentwegt Signale, was verschiedenste Symptome auslöst wie Kopfschmerzen, Übelkeit, Erbrechen, Muskellähmung, Krämpfe und Bronchialkrämpfe. Hohe Dosen führen zum Tod durch Ersticken. Geringe Konzentrationen werden in der Regel mit »erkältungsartigen« Erscheinungen in Verbindung gebracht – Kopfschmerzen, Mattigkeit, Depression und allgemeinem Unwohlsein.

Standardmodelle der Toxikologie sehen in der Schädigung von Acetylcholinesterase die einzige Giftwirkung von Organophosphaten, die für Tiere tödlich ist, und gehen davon aus, dass andere Stoffwechselvorgänge und Organe unbeeinträchtigt bleiben. Bei geringer Belastung pendelt sich das Niveau der Acetylcholinesterase in der Regel wieder ein, man vermutet also, dass durch den Kontakt kein permanenter Schaden entsteht.

Studien zeigen jedoch, dass Pestizide der Organophosphat-Gruppe auch anderes Gewebe schädigen, darunter das Myelin (die Schutzmembran der Nervenzellen) und wichtige Nerven wie den Sehnerv, wodurch das Sehvermögen bis hin zur Blindheit permanent beeinträchtigt wird. Andere Studien haben genetische Schäden an den Chromosomen der Zellen nachgewiesen. Dies allgemein gilt als Anzeichen von Präkanzerose (Vorstufe von Krebs).[63] Malathion, ein Organophosphat, das vielfach in der Lebensmittelerzeugung, als Mittel gegen Kopfläuse und in haushaltsüblichen Insektensprays eingesetzt wird, wurde nun von der WHO als wahrscheinlich krebserregend eingestuft, weil es bei Tieren Krebs auslöst.

Theo Colborn hat sich mit verschiedenen Beiträgen zu dem häufig eingesetzte Organophosphat Chlorpyrifos (CPF) beschäftigt. Ihre Abhandlungen führten eine erstaunliche Litanei diverser Mechanismen an, durch die CPF zahlreiche Gewebe und das zentrale Nervensystem beeinträchtigt, was ernste Zweifel an der Harmlosigkeit von CPF, anderen Organophosphaten und allen übrigen Pestiziden aufwirft. Zu den Auswirkungen gehören die Schädigung verschiedener Gehirnareale und die Störung der Entwicklung des Nervensystems beim Fötus und beim Neugeborenen, die im späteren Leben zu verschiedenen Verhaltensproblemen führen. Sie erklärt: »Am erstaunlichsten ist die Tatsache, dass die Giftigkeit von CPF weitgehend nicht die Folge der Cholinesterase-Inhibition ist, sondern anderer neuerdings entdeckter Mechanismen, die die Entwicklung und Funktion mehrerer Regionen des Gehirns und des ZNS [zentralen Nervensystems] verändern.«[64]

Entwicklungsneurotoxizität

Forschungsergebnisse zeigen, dass viele Pestizide die normale Entwicklung des Nervensystems bei Föten und Kindern beeinträchtigen. Das Gehirn ist die größte Ansammlung von Nervenzellen, und es gibt mehrere wissenschaftliche Studien, die nachweisen, dass auch winzige Dosen dieser Pestizide, sogar unter den derzeitigen Grenzwerten, erhebliche Auswirkungen auf die Gehirnfunktion von Föten und Neugeborenen haben.

Qiao und Kollegen vom Fachbereich Pharmakologie und Krebsbiologie am Duke University Medical Center stellten fest, dass der sich entwickelnde Fötus und das Neugeborene besonders empfindlich auf Pestizide reagieren, auch wenn die Dosis unter den von den meisten Aufsichtsbehörden festgelegten Grenzwerten liegt. Ihre Untersuchungen zeigten, dass bei Föten und Neugeborenen die schützenden Serumproteine in geringeren Konzentrationen auftreten als bei Erwachsenen.[65] Die Hauptfolge davon ist Entwicklungsneurotoxizität, das heißt, das Gift kann das sich entwickelnde Nervensystem schädigen.[66] Die Wissenschaftler erklärten: »Diese Ergebnisse deuten darauf hin, dass Chlorpyrifos und andere Organophosphate wie Diazinon unmittelbare, direkte Auswirkungen auf die Replikation von Nervenzellen haben [...] Im Lichte der Schutzwirkung von Serumproteinen lässt die Tatsache, dass der Fötus und das Neugeborene geringere Konzentrationen dieses Proteins aufweisen, darauf schließen, dass stärkere neurotoxische Effekte bei Chlorpyrifos-Blutspiegeln auftreten, die für Erwachsene ungiftig wären.«[67] Ein Kontakt mit Chemikalien unter den behördlichen Grenzwerten kann Föten und Säuglinge also selbst dann schädigen, wenn die Mutter durch den Kontakt keine Nebenwirkungen erleidet.

Das Duke University Medical Center *stellte fest, dass der sich entwickelnde Fötus und das Neugeborene besonders empfindlich auf Pestizide reagieren, auch wenn die Dosis unter den von den meisten Aufsichtsbehörden der Welt festgelegten Grenzwerten liegt.*

Eine besonders besorgniserregende Studie zu dem Thema von

Einige Beispiele aus Dr. Elizabeth Guillettes Studie über die Auswirkungen von Pestiziden auf Kinder. Die Kinder aus dem Tal waren weit häufiger Pestiziden ausgesetzt als die Kinder aus dem Vorgebirge, und die Unterschiede in den Zeichnungen der beiden Gruppen sind deutlich zu erkennen. Die Zeichenübung enthüllte einen Zusammenhang zwischen der Pestizidbelastung und der Beeinträchtigung von Entwicklung und motorischen Fertigkeiten.

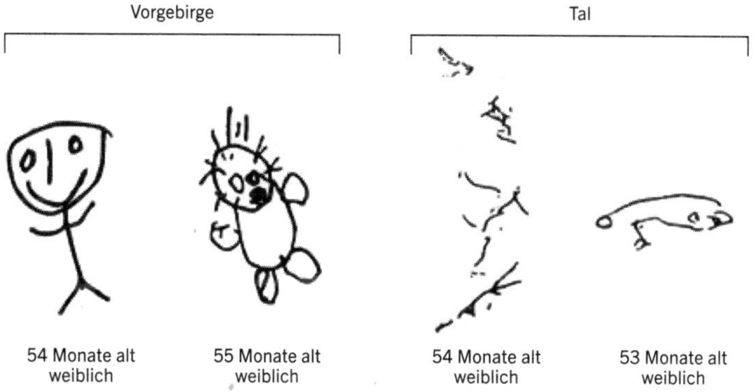

Abbildung 1: Repräsentative Zeichnungen einer Person von vierjährigen Yaqui-Kindern aus dem Tal und aus dem Vorgebirge, Sonora, Mexiko

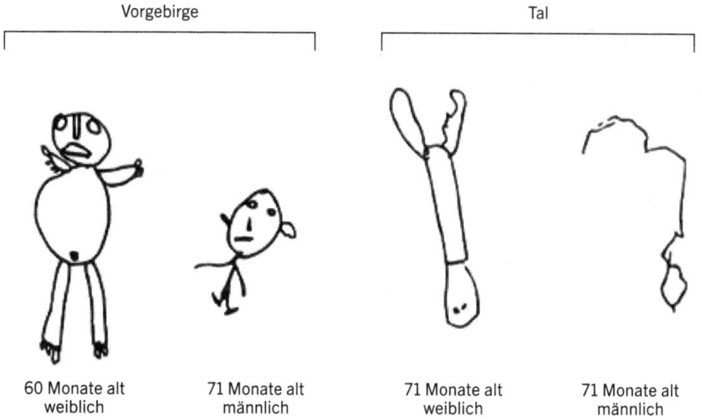

Abbildung 2: Repräsentative Zeichnungen einer Person von fünfjährigen Yaqui-Kindern aus dem Tal und aus dem Vorgebirge, Sonora, Mexiko

Quelle: Guillette et al. (1998): An Anthropological Approach to the Evaluation of Preschool Children Exposed to Pesticides in Mexico, Environmental Health Perspectives 106, Nr. 6, S. 347–353.

Guillette und Kollegen erschien 1998 in der begutachteten Fachzeitschrift *Environmental Health Perspectives.* Die Forscher verglichen die Zeichnungen von vier- und fünfjährigen Kindern vom Stamm der Yaqui im mexikanischen Bundesstaat Sonora. Die Studie beschäftigte sich mit zwei Gruppen von Kindern mit ähnlicher Ernährungsweise und ähnlichem genetischen und kulturellen Hintergrund. Eine Gruppe lebte im Tal und war den in den umliegenden Farmen versprühten Pestiziden ausgesetzt, die andere lebte im Vorgebirge und blieb von diesen Belastungen größtenteils verschont. Kinder aus beiden Gruppen wurden gebeten, Personen zu zeichnen. Die Kinder aus dem Vorgebirge zeichneten Strichmännchen, wie es andere Gleichaltrige tun. Die den Pestiziden ausgesetzten Kinder konnten kein Bild zeichnen oder waren kaum imstande, eine Person darzustellen. Ihre Zeichnungen ähnelten zumeist dem Gekritzel viel jüngerer Kinder, was darauf hinweist, dass die Entwicklung ihrer Hirnfunktionen durch die Pestizidbelastung schwer beeinträchtigt wurde.[68]

Organophosphate: Gehirnanomalien und verminderte Intelligenz bei Kindern

Die durch Guillettes Studie geweckten Bedenken wurden später durch vier weitere Untersuchungen bestätigt, die zeigten, dass vorgeburtliche Belastung durch Organophosphat-Insektizide (OPs) die neurologische Entwicklung von Kindern nachteilig beeinflusst. Die Studien wurden durch das Columbia University Center for Children's Environmental Health, die University of California, Berkeley, und die Mount Sinai School of Medicine durchgeführt. Die Untersuchungen erfolgten unabhängig voneinander, kamen aber zu sehr ähnlichen Ergebnissen: Werden Föten auch nur geringen Dosen von Organophosphat-Insektiziden ausgesetzt, so vermindert sich die Intelligenz der Kinder.

Eine Untersuchung unter Farmarbeiterfamilien in Kalifornien hat ergeben, dass Kinder von Müttern, die Organophosphat-Insektiziden ausgesetzt waren, mit dreieinhalb Jahren eine verkürzte Aufmerksamkeitsspanne haben und anfälliger für Aufmerksamkeitsdefizit-/Hyperaktivitätsstörungen (ADHD) sind. Bei Jungen ist die

Wahrscheinlichkeit einer Beeinträchtigung höher. Bei Eltern dürfte es größte Sorge wecken, dass die Studie der Columbia University keinen Hinweis darauf fand, dass Belastungen mit Organophosphaten unterhalb eines Schwellenwerts für die geistige Entwicklung unbedenklich wären. Das heißt, dass auch geringste Belastungswerte bei Kindern zu einer Verminderung der Intelligenz führen können.[69]

Die Studie von Rauh und Kollegen, erschienen in der Zeitschrift *Proceedings of the National Academy of Sciences of the United States of America*, bestätigt die Ergebnisse der vorherigen Untersuchungen und zeigt eine große Bandbreite von Gehirnanomalien bei Kindern, die im Mutterleib durch normale, nichtberufliche Anwendung Chlorpyrifos (CPF) ausgesetzt waren. Belastung durch Chlorpyrifos im Mutterleib führte, selbst mit normalen Konzentrationen, bei einer Stichprobenuntersuchung von vierzig Kindern im Alter von fünf bis elf Jahren zu »signifikanten Anomalitäten bei den morphologischen Maßen der zerebralen Oberfläche im Zusammenhang mit höherer pränataler CPF-Exposition«, siehe Abbildung 3 (S. 225).[70]

Die Forscher hielten fest, dass die derzeitigen Grenzwerte und Testmethodologien sich nicht dafür eignen, unbedenkliche Expositionsschwellen für Kinder festzulegen. »Die heutigen Grenzwerte wurden anhand der Konzentrationen festgelegt, die für die Hemmung der Plasma-Cholinesterase notwendig sind, ein Surrogat für die Hemmung von Acetylcholinesterase im Gehirn, von dem lange angenommen wurde, es handle sich um den gemeinsamen Mechanismus, durch den Organophosphate Defizite in der Entwicklung des Nervensystems herbeiführen. Allerdings tragen mit großer Sicherheit noch andere pathogene Mechanismen abgesehen von der Cholinesterase-Hemmung zur schädigenden Wirkung einer frühen Belastung durch Organophosphate (21, 37) bei, darunter die beobachteten Gehirnanomalitäten und die damit einhergehenden kognitiven Defizite.«[71] Um die Belastung mit Organophosphaten festzustellen, misst man üblicherweise die Cholinesterase-Konzentration im Blut. Wenn die Konzentrationen als »normal« eingestuft werden, dann nimmt man an, es liege keine Schädigung des sich entwickelnden Nervensystems und des Gehirns vor. Die Forscher erklären, dass die derzeitige

Vermutung falsch ist, der Abbau der Acetylcholinesterase sei der einzige Weg, auf dem Organophosphate das Nervensystem beeinträchtigen. Die Anomalitäten, die von den Forschern in den sich entwickelnden Gehirnen von Kindern entdeckt wurden, zeigen ebenso wie die kognitiven Defizite, dass Organophosphate noch über andere Mechanismen Schädigungen auslösen.

Die Forscher empfahlen daher, dass die derzeit behördlich festgelegten Grenzwerte auf der Grundlage dieser Daten überarbeitet werden. »Grenzwerte für die menschliche Exposition, basierend auf dem Nachweis der Cholinesterase-Inhibition, ist deshalb wohl nicht ausreichend, um die Hirnentwicklung belasteter Kinder zu schützen.«[72] Die Vereinigten Staaten haben schon vor Erscheinen dieser Studien den Einsatz von Chlorpyrifos in der Lebensmittelerzeugung verboten und für andere Verwendungen eingeschränkt. Trotz dieser Bemühungen führen die Belastungen bei amerikanischen Kindern nach wie vor zu Störungen in der Entwicklung des Nervensystems. Die US-Umweltbehörde EPA überprüft nun sämtliche Einsatzfelder von Chlorpyrifos.

Noch größere Bedeutung hat diese Untersuchung jedoch für die vielen Länder, in denen Chlorpyrifos beim Anbau von Nahrungspflanzen, vor allem im Gartenbau, zugelassen ist. Es gehört zu den Pestiziden, deren Rückstände regelmäßig in Lebensmitteln nachgewiesen werden. Kinder aus diesen Ländern wurden mit großer Sicherheit stärker mit Chlorpyrifos belastet.

Eine weitere in *Environmental Health Perspectives* erschienene Studie beschäftigt sich mit verschiedenen Chemikalien, darunter Organophosphat-Pestiziden, die mit einer verminderten Intelligenz bei US-amerikanischen Kindern zwischen dem ersten und fünften Lebensjahr in Verbindung gebracht werden. Sie stellte fest, dass der Intelligenzquotient deutlich absank. Die Studie kam zu dem Schluss, dass, »wenn man die Gefährdung für die Bevölkerung bedenkt, der Beitrag von Chemikalien zum Verlust von FSIQ [IQ-Punkten] bei Kindern beträchtlich ist und in manchen Fällen den anderer anerkannter Risikofaktoren für die Entwicklung des Nervensystems bei Kindern überschreitet. Der Hauptgrund dafür ist die relative Allgegenwärtigkeit der Belastung.«[73]

In einer Studie, erschienen in der medizinischen Fachzeitschrift *The Lancet Neurology*, äußern Wissenschaftler der Süddänischen Universität, der Harvard School of Public Health in Boston und der Icahn School of Medicine at Mount Sinai, New York, ihre Sorge, dass die Mehrzahl der gewerblich genutzten Chemikalien, darunter Pestizide, nicht auf Entwicklungsneurotoxizität getestet wurden. Die Forscher halten fest, dass Millionen Kinder weltweit von neurologischen Entwicklungsstörungen, darunter Autismus, Aufmerksamkeitsdefizit-/Hyperaktivitätsstörungen (ADHS), Legasthenie und andere kognitive Schwächen, betroffen sind. Sie stellten fest: »Um die Pandemie der Entwicklungsneurotoxizität einzudämmen, schlagen wir eine globale Präventionsstrategie vor. Ungetestete Chemikalien dürfen nicht als ungefährlich für die Hirnentwicklung eingestuft werden, und deshalb müssen derzeit genutzte Chemikalien und alle neuen Chemikalien auf Entwicklungsneurotoxizität getestet werden.«[74]

Sehr viele vorliegende, begutachtete wissenschaftliche Untersuchungen zeigen, dass Pestizidbelastung bei Kindern in Zusammenhang steht mit:

- niedrigerem IQ
- ADHS
- Störungen im autistischen Spektrum (vgl. Abbildung 4, S. 226)
- eingeschränkter körperlicher Koordination
- Wutanfällen/Problemen mit Aggressionsbewältigung
- Erkrankungen aus dem Spektrum bipolare Störungen/Schizophrenie
- Depression

Die genannten Studien zeigen, dass die derzeitigen Methoden zur Festlegung von Rückstandshöchstmengen und erlaubten Tagesdosen für Organophosphate und andere Pestizide eindeutig überholt sind und sofort, basierend auf den Warnungen aktueller, begutachteter Untersuchungen, revidiert werden müssen. Es besteht die dringende

Notwendigkeit, die vielen anderen biochemischen Pfade zu untersuchen, die, abgesehen von Acetylcholinesterase, durch Organophosphate und andere neurotoxische Pestizide beeinträchtigt werden können.

Glyphosat verursacht Neurotoxizität

Eine Studie, erschienen in dem Wissenschaftsjournal *NeuroToxicology,* zeigt, dass sich Nervenzellen nicht richtig entwickeln, wenn sie geringen Mengen Glyphosat ausgesetzt sind. Die Forscher demonstrierten, dass glyphosatexponierte Nervenzellen kürzere und nichtverzweigte Axone (Nervenfasern) sowie weniger komplexe Dendriten (Zellfortsätze) haben, siehe Abbildung 5 (S. 226). Die Wissenschaftler identifizierten den zellulären Mechanismus, durch den Glyphosat die normale Entwicklung von Nerven negativ beeinflusst. Ihre größte Sorge ist, dass nach ihren Erkenntnissen der »Glyphosateffekt unumkehrbar ist«.[75]

Pyrethroide

Pyrethroide sind eine Pestizidgruppe, die auf der Chemie von natürlichem Pyrethrum beruhen, sich aber grundlegend von diesem natürlichen Pflanzenschutzmittel unterscheiden. Natürliches Pyrethrum wird von Chrysanthemen erzeugt und seit etwa 2000 Jahren als Pestizid in der Landwirtschaft eingesetzt. Erstmals wurde es von den Chinesen durch Trocknen und Zermahlen der Blüten von Chrysanthemen gewonnen und als Puder auf Feldfrüchte gestreut, um Insekten zu töten. Heute werden in der kommerziellen Produktion die beiden Spezies *Chrysanthemum cinerariaefolium* und *C. coccineum* genutzt. Wie die meisten natürlichen, pflanzenbasierten Pestizide wird Pyrethrum rasch abgebaut und hinterlässt, wenn es als Pflanzenschutzmittel eingesetzt wird, keine Rückstände in Lebensmitteln. Durch Sonnenlicht wird es innerhalb von zwölf Stunden zersetzt, und die normale Körpertemperatur von Säugetieren, einschließlich Menschen, baut es innerhalb von vier Stunden ab. Während es für kaltblütige Tiere wie Insekten hochgiftig ist, entfaltet es für Säugetiere also keinerlei langfristige Toxizität.

Die aktiven Wirkstoffe in Pyrethrum heißen Pyrethrine. Pyrethrum setzt sich aus mindestens sechs verschiedenen natürlichen Pyrethrinen zusammen, die von den Pflanzen jährlich ausgewechselt werden, um den Insekten, die Resistenzen entwickeln, einen Schritt voraus zu sein. Folglich konnten Insekten keine Resistenzen gegen Pyrethrum entwickeln, weswegen es immer noch zu den nützlichsten Pflanzenschutzmitteln gehört.

Weil natürliche Pyrethrine für Menschen langfristig kaum giftig sind, werden auch synthetische Pyrethrine als harmlose Pestizidgruppe beworben. Nichts könnte von der Wahrheit weiter entfernt sein. Den synthetischen Versionen der Pestizide werden Chlormoleküle beigemischt, was dazu führt, dass ihre Chemie denen der inzwischen verbotenen Chlorkohlenwasserstoffe ähnelt. Zu den Chlorkohlenwasserstoffen zählen DDT, Aldrin, Dieldrin, Heptachlor und andere hochgiftige Pestizide, die nach wie vor verschiedenste Gesundheits- und Umweltprobleme verursachen. Sie sind wie die Pyrethroide in Größenordnungen von ppb und ppt (Teile pro Milliarde und Teile pro Billion) hochgiftig für Fische und andere Wasserlebewesen. Chlor wurde den synthetischen Pyrethroiden beigefügt, damit sie erheblich giftiger werden und sich nicht so schnell abbauen. Weil natürliches Pyrethrum rasch biologisch abgebaut wird, muss es häufig ausgebracht werden. Synthetische Pyrethroide bleiben hingegen sehr viel länger toxisch und müssen daher nicht so oft gespritzt werden. Es gibt sogar Pyrethroide, die sich jahrelang halten, vor allem wenn sie in Innenräumen gegen Schädlinge angewendet werden. Pyrethroidrückstände werden regelmäßig in Lebensmitteln, in der Umwelt und in Blut und Urin von Menschen nachgewiesen.

Pyrethroide sind, ebenso wie Organophosphate und Neonicotinoide, Nervengifte, also neurotoxisch. Ihre Wirkungsweise besteht darin, dass sie die Natriumkanäle offen halten, was die Nerven daran hindert abzuschalten, nachdem ein Nervensignal ausgelöst wurde. Dies kann zu Lähmungen, bei hohen Dosen sogar zum Tod führen. Forschungsergebnisse bringen Pyrethroide mit Aufmerksamkeitsdefizit-/Hyperaktivitätsstörungen (ADHS), Parkinson und Brustkrebs in Verbindung.[76] Die Studie von Richardson und Kollegen, erschienen im *FASEB Journal*, zeigt, dass Pyrethroide schon in geringen Dosen die normale Entwicklung von Mäuseföten stören können, sodass sie Symptome von ADHS zeigen. Mehrere Studien haben ergeben, dass Pyrethroide zudem endokrine Disruptoren sind, also Störungen des Hormonsystems verursachen.[77] Das heißt, man kann keine unbedenklichen Grenzwerte für ihren Gebrauch festlegen, und die derzeitigen Rückstandshöchstmengen und erlaubten Tagesdosen sind für sie bedeutungslos (siehe Kapitel 2 zu näheren Einzelheiten über Störungen des Hormonsystems).

Forschungsergebnisse *bringen Pyrethroide mit Aufmerksamkeitsdefizit-/Hyperaktivitätsstörungen (ADHS), Parkinson und Brustkrebs in Verbindung.*

Außerdem wird in fast allen Pyrethroidrezepturen, darunter viele handelsübliche Produkte mit natürlichem Pyrethrum, das schon besprochene Piperonylbutoxid als Synergist eingesetzt. Wegen seiner Langlebigkeit und Giftigkeit ist es in der biologischen Landwirtschaft verboten. Biobauern, die natürliches Pyrethrum einsetzen, müssen es in Reinform ohne Piperonylbutoxid verwenden, damit es rasch abgebaut wird und keine Rückstände in Lebensmitteln hinterlässt. Pyrethroide, kombiniert mit Piperonylbutoxid, sind in vielen Insektensprays für den Haushalt und in Mitteln gegen Kopfläuse enthalten. Auf diesem Gebiet sind Kinder durch hohe Belastungen mit diesen Giften stark gefährdet, was unbedingt vermieden werden sollte. Zudem sind die meisten Menschen Pyrethrumrückständen in Lebensmitteln ausgesetzt. Wie bei allen neurotoxischen Pestiziden sollten Eltern unbedingt darauf achten, dass ihre Kinder weder direkt über die Ernährung noch indirekt über Plazenta und Muttermilch damit in Kontakt kommen.

Neonicotinoide

Neonicotinoide sind eine relativ junge Pestizidklasse. Ihre Chemie basiert auf Nikotin; doch anders als das natürliche, aus Pflanzen gewonnene Nikotin, das rasch abgebaut wird, wurden die synthetischen Neonicotinoide von Chemikern auf Langlebigkeit entwickelt.

Sie können sich über Wochen und Monate als aktive Pestizide halten, und in manchen Fällen überdauern sie sogar Jahre.

Neonicotinoide haben in jüngster Zeit Schlagzeilen gemacht, weil zahlreiche Wissenschaftler und Forscher sie mit dem globalen Sterben von Bienen und Vögeln in Verbindung bringen. Die EU hat 2013 ihren Einsatz eingeschränkt, nachdem Untersuchungen durch die Europäische Behörde für Lebensmittelsicherheit (EBL) und unabhängige Wissenschaftler zeigten, dass die Gefahren für die Bienen durch diese Pestizide untragbar hoch sind. Ebenfalls 2013 brachte eine Studie der American Bird Conservancy, basierend auf 200 vorliegenden Untersuchungen, Neonicotinoide mit dem dramatischen Rückgang von Vögeln in den Vereinigten Staaten in Zusammenhang. Neonicotinoide sind für verschiedenste Wildtiere und Wasserlebewesen sowie für Vögel und Bienen giftig.[78]

Neonicotinoide wurden in den 1980er-Jahren entwickelt und gehörten bald zu den meistverwendeten Insektiziden. Die Behörden glauben, sie seien für Säugetiere, also auch Menschen, kaum giftig, weil sie sich stärker an die nikotinischen Acetylcholinrezeptoren von Insekten als von Säugetieren binden. Der Neurotransmitter Acetylcholin aktiviert die nikotinischen Acetylcholinrezeptoren. Wie bei Organophosphaten sorgen hohe Belastungen für eine Überstimulierung der Rezeptoren, was zu Lähmung und Tod führt. Während Organophosphate die Acetylcholinesterase unterbrechen und sie daran hindern, Acetylcholin abzubauen, um Nervensignale von diesen Rezeptoren zu beenden, binden sich Neonicotinoide an die Rezeptoren und hindern den Neurotransmitter Acetylcholin daran, Signale an die Nerven zu senden. Die Acetylcholinesterase kann die Neonicotinoide nicht abbauen, und ihre Bindung ist irreversibel. Die Nervensignale werden blockiert, bis das Gift abgebaut ist, was in manchen Fällen Wochen und Monate dauern kann. Beim Abbau von Neonicotinoiden entstehen zudem Stoffwechselprodukte, die noch giftiger als der Ausgangsstoff sind. Einer Studie zufolge erweisen sich mehrere ihrer Abbauprodukte und Derivate als hochgiftig für Mäuse:

> Dass die Toxizität von Neonicotinoiden stark selektiv wirkt, hängt weitgehend mit der stärkeren Sensibilität für die nikotinischen Acetylcholinrezeptoren von Insekten im Vergleich zu Säugetieren zusammen. Allerdings gilt diese Beobachtung nur für das ursprüngliche Insektizid. Die selektive Wirkung von Neonicotinoiden nur auf Insekten ist bei den Desnitro- und Descyano-Abbauprodukten (bei Tieren und/oder Pflanzen) nicht zu beobachten, und deren chemische Derivate sind für Mäuse hochgiftig; gegenüber den nikotinischen Acetylcholinrezeptoren von Säugetieren zeigen diese eine hohe Affinität, und/oder sie wirken als Agonisten, also wie Botenstoffe, auf die Rezeptoren von Säugetieren, wobei sie eine ähnliche oder größere Wirkung entfalten als Nikotin.[79]

Neonicotinoide halten sich hartnäckig. Sie werden durch Sonnenlicht und Mikroorganismen weitgehend abgebaut, aber wenn diese fehlen, verbleiben sie bis zu drei Jahren und länger in der Umwelt und bioakkumulieren sich bei regelmäßigem Einsatz.

Das USDA Pesticide Data Program von 2006 und 2013 stellte mehrere unterschiedliche Rückstände von Neonicotinoiden in Lebensmitteln fest, vor allem das Insektizid Imidacloprid. Auf Neonicotinoide entfällt inzwischen rund ein Viertel aller in der Lebensmittelproduktion eingesetzten Insektizide, sie sind also in unseren Lebensmitteln weit verbreitet. Es handelt sich bei ihnen um systemische Pestizide, das heißt, sie werden in das Innere der Pflanzen aufgenommen, finden sich also in dem Getreide, den Blättern, dem Gemüse und den Früchten, die wir essen. Durch Waschen von Obst und Gemüse können sie nicht entfernt werden.

Zur Langzeitwirkung von geringen Neonicotinoidbelastungen auf Menschen, vor allem auf Föten und heranwachsende Kinder, gibt es kaum Untersuchungen. Anders als ältere Pestizide, wie Chlorkohlenwasserstoffe und Organophosphate, zu denen Hunderte Studien zur Langzeitwirkung auf Menschen vorliegen, werden Neonicotinoide offenbar bislang ignoriert. Bedenkt man jedoch, dass ihre Abbauprodukte die Blut-Hirn-Schranke überwinden können und Mäuse schädigen, darf man annehmen, dass sie auch für Menschen keineswegs harmlos sind. Angesichts zahlreicher Studien, die zeigen, dass entwickelnde Föten, Neugeborene und Kinder besonders sensibel auf geringste Mengen giftiger Chemikalien reagieren, ist es naheliegend, dass sie ebenso empfindlich gegenüber Neonicotinoid sind. Neonicotinoide sind Nervengifte, und in Anbetracht zahlreicher Studien, die zeigen, wie andere Nervengifte, etwa Organophosphate, Pyrethroide, Schwermetalle (Blei, Quecksilber, Cadmium usw.) und viele andere Chemikalien bei Kindern Entwicklungsneurotoxizität auslösen, sollten angesichts fehlender Tests sämtliche Alarmglocken schrillen. Stattdessen werden die Auswirkungen von Neonicotinoiden auf Kinder von Aufsichtsbehörden und Forschern außer Acht gelassen. Dass wegen fehlender Forschung keine Informationen über Schädigungen vorliegen, heißt aber nicht, dass eine Chemikalie ungefährlich ist.

Die besten Hinweise auf die vielfachen Gesundheitsprobleme, die Neonicotinoide auslösen könnten, gewinnen wir aus den Erkenntnissen über Nikotin und seine Langzeitauswirkungen auf Raucher und Konsumenten von Kautabak. Alle Neonicotinoide enthalten Nikotin, aber anders als beim natürlichen Nikotin, das sich rasch abbaut, handelt es sich hier um langlebige synthetische Moleküle, die sich bioakkumulieren, sodass ihre Wirkung im Körper länger anhält. Kinder werden durch Rückstände in Lebensmitteln täglich geringen Mengen dieser giftigen synthetischen Nikotinderivate und -abbauprodukte ausgesetzt. Die Wissenschaft zeigt, dass regelmäßige Nikotinbelastung durch Kautabak und Rauchen, selbst bei Passivrauchern, zu diversen Erkrankungen wie Krebs, Herzleiden, Lungenleiden usw. führt.

Die Glaubwürdigkeit von Aufsichtsbehörden muss ernsthaft hinterfragt werden, wenn sie eine Pestizidgruppe zulassen, die Menschen einer täglichen Nikotinbelastung aussetzt, ohne die Langzeitfolgen, vor allem für Kinder, zu prüfen. Ange-

Wie können erlaubte Tagesdosen oder Rückstandshöchstmengen *für Kinder gelten, wenn es keine fundierten wissenschaftlichen Daten gibt, die beweisen, dass Langzeitbelastungen auf diesem Niveau ungefährlich sind?*

sichts der umfangreichen Untersuchungen, die zeigen, welchen Schaden Tabak und neurotoxische Pestizide anrichten, ist die Nutzung von frei schwebenden Vermutungen für die Festlegung von erlaubten Tagesdosen oder Rückstandshöchstmengen für Neonicotinoide wissenschaftlich nicht plausibel. Wie können erlaubte Tagesdosen oder Rückstandshöchstmengen für Kinder gelten, wenn es keine fundierten wissenschaftlichen Daten gibt, die beweisen, dass Langzeitbelastungen auf diesem Niveau ungefährlich sind?

Schäden für künftige Generationen

Besonders besorgniserregend sind Studien, die zeigen, dass Schäden durch Pestizide an die nächste Generation weitergegeben werden. Nicht nur die direkten Nachkommen werden mit Schädigungen des zentralen Nervensystems, des Fortpflanzungssystems und anderer Organe geboren, auch die Generation der Urenkel kann davon betroffen sein.[80]

Forscher stellten in einer Studie im Jahr 2012 genetische Veränderungen bei trächtigen Ratten und Mäusen fest, die in der Phase, in der der Fötus die Fortpflanzungsorgane entwickelt, dem Fungizid Vinclozolin ausgesetzt waren; diese Veränderungen wurden an die künftigen Generationen weitergegeben. Die Forscher erklärten: »Eine vorübergehende Belastung der F0-Generation (F0 ist die erste Generation, F1 ihre Kinder, F2 ihre Enkelkinder usw.) trächtiger Weibchen während der gonadalen Geschlechtsdeterminierung förderte transgenerationale, im Erwachsenenalter beginnende Erkrankungen in der F3-Generation bei männlichen und weiblichen Mäusen, darunter Zelldefekte bei der Spermatogenese, Anomalien der Hoden, der Prostata, der Nieren sowie polyzystisches Ovar-Syndrom. Die pathologische Analyse ergab, dass 75 Prozent der Tiere aus der Vinclozolin-Erblinie krank wurden, wobei 34 Prozent zwei oder mehr Krankheitsbilder aufwiesen.«[81]

Eine weitere Studie zeigt, dass trächtige Ratten, die einer Kombination aus Permethrin, einem häufig eingesetzten Pyrethroid-Insektizid, und DEET (N,N-Diethylmetatoluamid), dem gebräuchlichsten Insektenschutzmittel, ausgesetzt wurden, schwere Schädigungen an die folgenden Generationen, darunter ihre Urenkel, vererbten. Die Forscher stellten fest: »Trächtige Rattenweibchen der Fo-Generation wurden während der gonadalen Geschlechtsdeterminierung [mit Insektiziden] belastet und die Krankheitsfälle in der F1- und der F3-Generation untersucht. Bei Tieren aus der Pestizid-Erblinie F1 und F3 war ein signifikanter Anstieg der Gesamterkrankungen zu verzeichnen. Anomalien während der Pubertät, Erkrankungen der Hoden und der Eierstöcke (Verlust des primordialen Follikels und polyzystisches Ovar-Syndrom) traten bei Tieren der F3-Generation vermehrt auf.«[82]

Der springende Punkt bei diesen beiden Studien ist, dass geringe Pestizidbelastungen in kritischen Phasen der Fötusentwicklung diverse Krankheiten auslösen können, die an künftige Generationen weitergegeben werden. Das heißt, dass schwangere Frauen, wenn sie Lebensmittel mit winzigen Pestizidkonzentrationen essen, bei ihren Kindern, Enkeln und Urenkeln, ohne es zu wollen, eine permanente Schädigung des Fortpflanzungssystems und anderer Organe auslösen können.

Die Forscher fanden heraus, dass bei den Versuchsobjekten 363 Regionen des Epigenoms durch die Pestizide verändert worden waren: »Bei der Analyse des Spermienepigenoms der F3-Generation der Pestizid-Erblinie wurden in 363 differentiellen DNA-Methylierungsregionen (DMR) Epimutationen identifiziert. Beobachtungen zeigen, dass eine Pestizidmixtur (Permethrin und DEET) epigenetische transgenerationale Vererbung von im Erwachsenenalter auftretenden Krankheiten und von potenziellen epigenetischen Biomarkern in Spermien nach Umweltbelastung der Vorfahren fördern kann.«[83] Gene und das gesamte Epigenom haben bedeutenden Einfluss auf den Hormonhaushalt, den Stoffwechsel, die Fortpflanzung, das zentrale Nervensystem und andere Körpersysteme sowie auf die Entwicklung von Organen, Gliedmaßen, Gehirn und anderen Körperteilen. Wenn Gene und das Epigenom verändert werden, heißt das, die Entwicklung der Systeme und Organe, die von den Signalen der Gene abhängig ist, wird beeinflusst, was im späteren Leben zu diversen Krankheiten und anderen Problemen führt.

Diese Studie ist erschütternd, weil DEET das gebräuchlichste Abwehrmittel gegen Moskitos und andere Insekten ist. Häufig wird es auch bei Kindern und Schwangeren auf die Haut aufgetragen. Eine US-Studie entdeckte DEET in 100 Prozent der untersuchten Nabelschnurblutproben.[84]

Agrargifte wurden keineswegs gründlich genug getestet

Zahlreiche wissenschaftliche Studien belegen also, dass die derzeitigen Regelungen in aller Welt vollkommen versagen, wenn es um den Schutz ungeborener und heranwachsender Kinder vor einer Belastung durch einen regelrechten Cocktail aus giftigen Pestiziden und Chemikalien geht. Heute liegen umfangreiche begutachtete Untersuchungen vor, die überzeugend belegen, dass Pestizide vielerlei Probleme für den Fötus und das Neugeborene verursachen. Die bei Tests heute üblichen Methodologien verwenden adoleszente und erwachsene Tiere. Das heißt, sie werden keine Gesundheitsnachteile aufdecken, die ungeborene und kleine Kinder betreffen.

Zahlreiche Experten auf diesem Gebiet, zum Beispiel die Fachleute von USPCP, WHO und UNEP und der American Academy of Pediatrics, fordern spezifische toxikologische Studien, die für den Fötus und heranwachsende Kinder relevant sind, um die Unbedenklichkeit derzeitiger Rückstandshöchstmengen und erlaubte Tagesdosen für Pestizide zu prüfen; doch ungeachtet dieser Tatsache sind die Überwachungsbehörden nach wie vor auf diesem Auge blind. Solange es diese spezifischen Tests nicht gibt, gehen die Behörden von der unbegründeten Annahme aus, die heute in Lebensmitteln, Haushalten, Spielplätzen, Schulen und der Umwelt verbreiteten Pestizide seien für unsere ungeborenen und heranwachsenden Kinder ungefährlich. Regelungen sollten aber nicht auf Vermutungen basieren, sondern unabhängige, begutachtete wissenschaftliche Studien zugrunde legen, welche prüfen, ob diese Toxine tatsächlich harmlos sind.

Wissenschaftliche Daten zeigen, dass die Behauptung, alle Agrargifte seien gründlich getestet, um ihren gefahrlosen Einsatz zu garantieren, ein Mythos ist. Als Eltern sollten wir uns darüber ernsthaft Sorgen machen. Schließlich sind unsere Kinder unsere Zukunft, und die meisten von ihnen sind zahlreichen Chemikalien ausgesetzt. Nur die Zeit wird erweisen, ob das zögerliche Vorgehen der Aufsichtsbehörden gegen Pestizide noch ernstere Folgen haben wird als ihre Untätigkeit gegenüber Asbest.

Anmerkungen

1 (2001): »U. S. President's Cancer Panel Annual Report«.
2 Ebd.
3 Ebd.
4 Ebd.
5 Margo Higgins, »Toxins Are in Most Americans' Blood, Study Finds«, Environmental News Network, März 26, 2001; »U. S. President's Cancer Panel Annual Report«, 2010.
6 »U. S.President's Cancer Panel Annual Report«, 2010.
7 Bergman et al., State of the Science of Endocrine Disrupting Chemicals 2012.
8 Ebd.
9 Mohan Manikkam et al., »Transgenerational Actions of Environmental Compounds on Reproductive Disease and Identification of Epigenetic Biomarkers of Ancestral Exposures«, PLoS ONE 7, no. 2 (Februar 2012).
10 Eric Nilsson et al., »Environmentally Induced Epigenetic Transgenerational Inheritance of Ovarian Disease«. PLoS ONE 7, no. 5 (Mai 2012): e36129. doi: 10.1371/journal.pone.00361.
11 Ebd.
12 »U. S. President's Cancer Panel Annual Report«, 2010.
13 William H. Goodson III et al., »Assessing the Carcinogenic Potential of Low-Dose Exposures to Chemical Mixtures in the Environment: The Challenge Ahead«, Carcinogenesis 36, no. 1 (Juni 2015): http://carcin.oxfordjournals.org/content/36/Suppl_1/S254.full.
14 Warren P. Porter, James W. Jaeger und Ian H. Carlson, »Endocrine, Immune and Behavioral Effects of Aldicarb (Carbamate), Atrazine (Triazine) and Nitrate (Fertilizer) Mixtures at Groundwater Concentrations«, Toxicology and Industrial Health 15 (Januar 1999): 133–50.
15 Caroline Cox, »Atrazine: Environmental Contamination and Ecological Effects«, Northwest Coalition against Pesticides, Eugene, Oregon, Journal of Pesticide Reform 21, no. 3 (Herbst 2001): 12.
16 Charizopoulos und Papadopoulou-Mourkidou, »Occurrence of Pesticides in Rain of the Axios River Basin, Greece«.
17 »U. S. President's Cancer Panel Annual Report«, 2010.

18 Bergman et al., State of the Science of Endocrine Disrupting Chemicals 2012.

19 María Fernanda Cavieres, James Jaeger und Warren Porter, »Developmental Toxicity of a Commercial Herbicide Mixture in Mice: I. Effects on Embryo Implantation and Litter Size«, Environmental Health Perspectives 110, no. 11 (November 2002): 1081–85.

20 Cathy A. Laetz et al., »The Synergistic Toxicity of Pesticide Mixtures: Implications for Risk Assessment and the Conservation of Endangered Pacific Salmon«, Environmental Health Perspectives 117, no. 3 (März 2009): 348–53.

21 Manikkam et al., »Transgenerational Actions of Environmental Compounds«.

22 Eric Nilsson et al., »Environmentally Induced Epigenetic Transgenerational Inheritance of Ovarian Disease«. PLoS ONE 7, no. 5 (Mai 2012): e36129. doi: 10.1371/journal.pone.00361.

23 Ebd.

24 »U. S. President's Cancer Panel Annual Report«, 2010.

25 Charles Benbrook, »Impacts of Genetically Engineered Crops on Pesticide Use in the U. S. – The First Sixteen Years«, Environmental Sciences Europe 24, no. 24 (September 2012): doi: 10.1186/2190-4715-24-24; Jack A. Heinemann et al., »Sustainability and Innovation in Staple Crop Production in the US Midwest«, International Journal of Agricultural Sustainability, online veröffentlicht am 14. Juni 2013, http://www.tandfonline.com/doi/full/10.1080/14735903.2013.806408#.Ut766dLnaU.

26 Bélin Poletto Mezzomo, Ana Luisa Miranda-Vilela, Ingrid de Souza Freire, Lilian Carla Pereira Barbosa, Flávia Arruda Portilho, Zulmira Guerrero Marques Lacava, Cesar Koppe Grisolia, »Hematotoxicity of Bacillus thuringiensis as Spore-crystal Strains Cry1Aa, Cry1Ab, Cry1Ac or Cry2Aa in Swiss Albino Mice«, Journal of Hematology & Thromboembolic Diseases 1: 104 (13. März 2013).

27 Robin Mesnage et al., »Cytotoxicity on Human Cells of Cry1Ab and Cry1Ac Bt Insecticidal Toxins Alone or with a Glyphosate-Based Herbicide«, Journal of Applied Toxicology 33, no. 7 (Juli 2013): 695–99.

28 A. Aris und S. Leblanc, »Maternal and Fetal Exposure to Pesticides Associated to Genetically Modified Foods in Eastern Townships of Quebec, Canada«, Reproductive Toxicology 31, no. 4 (Mai 2011): 528–33.

29 »U. S. President's Cancer Panel Annual Report«, 2010.

30 Ebd.

31 Goodson et al., »Assessing the Carcinogenic Potential of Low-Dose Exposures to Chemical Mixtures in the Environment«.

32 »U. S. President's Cancer Panel Annual Report«, 2010.
33 E. G. Vallianatos und McKay Jenkins, Poison Spring: The Secret History of Pollution and the EPA (New York: Bloomsbury Press, 2014). Alle Zitate des folgenden Absatzes stammen aus dieser Quelle.
34 Caroline Cox, »Glyphosate (Roundup)«, Northwest Coalition against Pesticides, Eugene, Oregon, Journal of Pesticide Reform 24, no. 4 (Winter 2004).
35 Short, Quick Poison, Slow Poison.
36 Ebd.
37 »Statistics: Asbestos Related Diseases«, Health and Safety Executive, UK, 2015, http://www.hse.gov.uk/statistics/causdis/asbestos.htm.
38 »Transparency Data: Annual Road Fatalities«, Department for Transport, UK, 30. Juni 2011 (letzte Aktualisierung am 29. September 2014), https://www.gov.uk/government/publications/annual-road-fatalities.
39 Dana Loomis, et al., »Carcinogenicity of Lindane, DDT, and 2,4-dichlorophenoxyacetic Acid«, Lancet Oncology 16, no. 8 (22. Juni 2015): 891–92.
40 Vallianatos und Jenkins, Poison Spring.
41 EPA, »Risk Assessment Guidance for Superfand Volume I Human Health Evaluation Manual (Part A)«, Dezember 1989, http://www.epa.gov/sites/production/files/2015-09/documents/rags_a.pdf; EFSA, »International Frameworks Dealing with Human Risk Assessment of Combined Exposure to Multiple Chemicals«, EFSA Journal 11, no. 3313 (2013); Loomis, »Carcinogenity of Lindane«.
42 Cox, »Glyphosate (Roundup)«; Sophi Richard, Safa Moslemi, Herbert Sipahutar, Nora Benachour und Gilles-Éric Séralini, »Differential Effects of Glyphosate and Roundup on Human Placental Cells and Aromatase«, Environmental Health Perspectives 113, no. 6 (Juni 2005): 716–20, veröffentlicht online 25. Februar 2005, http://www.ncbi.nlm.nih.gov/pmc/articles/PMC1257596/; Robin Mesnage, Benoit Bernay und Gilles-Éric Séralini, »Ethoxylated Adjuvants of Glyphosate-Based Herbicides are Active Principles of Human Cell Toxicity«, Toxicology 313, nos. 2–3 (November 2013): 122–28, online veröffentlicht am 21. September 2012, http://dx.doi.org/10.1016/j.tox.2012.09.006.
43 Mesnage et al., »Ethoxylated Adjuvants of Glyphosate-Based Herbicides«.
44 Robin Mesnage et al., »Major Pesticides Are More Toxic to Human Cells than Their Declared Active Principles«, BioMed Research International (Dezember 2013), http://www.hindawi.com/journals/bmri/aip/179691/.

45 Ebd.

46 »U. S. President's Cancer Panel Annual Report«, 2010; Australian Pesticides und Veterinary Medicines Authority (APVMA), »About the APVMA: Factsheet«, September 2008, http://www.apvma.gov.au/publications/fact_sheets/docs/about_apvma.pdf.

47 European Commission, »What is REACH?«, 24. Januar 2014, http://ec.europa.eu/environment/chemicals/reach/reach_en.htm.

48 Robin Mesnage et al., »Laboratory Rodent Diets Contain Toxic Levels of Environmental Contaminants: Implications for Regulatory Tests«, PLoS ONE 10, no. 7 (2. Juli 2015): http://www.ncbi.nlm.nih.gov/pmc/articles/PMC4489719/.

49 Ebd.

50 »U. S. President's Cancer Panel Annual Report«, 2010.

51 Ebd.

52 »Policy Statement – Chemical-Management Policy: Prioritizing Children's Health«, American Academy of Pediatrics, 2011, http://pediatrics.aappublications.org/content/127/5/983.full.pdf.

53 Food Standards Australia and New Zealand, »20th Australian Total Diet Survey«, 2002, online unter http://www.foodstandards.gov.au/publications/Pages/20thaustraliantotaldietsurveyjanuary2003/20thaustraliantotaldietsurveyfullreport/Default.aspx.

54 »U. S. President's Cancer Panel Annual Report«, 2010.

55 Ebd.

56 Ebd.

57 Theo Colborn, »A Case for Revisiting the Safety of Pesticides: A Closer Look at Neurodevelopment«, Environmental Health Perspectives 114, no. 1 (Januar 2006): 10–17.

58 Meriel Watts, Poisoning Our Future: Children and Pesticides, Pesticide Action Network Asia and Pacific, 2013.

59 »U. S. President's Cancer Panel Annual Report«, 2010.

60 Watts, Poisoning Our Future.

61 »Glyphosate«, IARC Monographs – 112, http://monographs.iarc.fr/ENG/Monographs/vol112/mono112-02.pdf.

62 http://detoxproject.org/glyphosate-in-food-water/.

63 Cox, »Glyphosate (Roundup)«.

64 Colborn, »A Case for Revisiting the Safety of Pesticides«.

65 Dan Qiao, Frederic Seidler und Theodore Slotkin, »Developmental Neurotoxicity of Chlorpyrifos Modeled In Vitro: Comparative Effects of Metabolites and Other Cholinesterase Inhibitors on DNA Synthesis in PC12 and C6 Cells«, Environmental Health Perspectives 109, no. 9 (September 2001): 909–13.

66 Justin Aldridge et al., »Serotonergic Systems Targeted by Developmental Exposure to Chlorpyrifos: Effects during Different Critical

Periods«, Environmental Health Perspectives 111, no. 14 (November 2003): 1736–43; Gennady A. Buznikov et al., »An Invertebrate Model of the Developmental Neurotoxicity of Insecticides: Effects of Chlorpyrifos and Dieldrin in Sea Urchin Embryos and Larvae«, Environmental Health Perspectives 109, no. 7 (Juli 2001): 651–61; Gertrudis Cabello et al., »A Rat Mammary Tumor Model Induced by the Organophosphorous Pesticides Parathion and Malathion, Possibly through Acetylcholinesterase Inhibition«, Environmental Health Perspectives 109, no. 5 (Mai 2001): 471–79.

67 Qiao, Seidler und Slotkin, »Developmental Neurotoxicity of Chlorpyrifos Modeled In Vitro«.

68 Elizabeth A. Guillette et al., »An Anthropological Approach to the Evaluation of Preschool Children Exposed to Pesticides in Mexico«, Environmental Health Perspectives 106, no. 6 (Juni 1998): 347–53.

69 Virginia Rauh et al., »Brain Anomalies in Children Exposed Prenatally to a Common Organophosphate Pesticide«, Proceedings of the National Academy of Sciences of the United States of America 109, no. 20 (Mai 2012), www.pnas.org/cgi/doi/10.1073/pnas.1203396109; Maryse F. Bouchard et al., »Prenatal Exposure to Organophosphate Pesticides and IQ in 7-Year-Old Children«, Environmental Health Perspectives 119, no. 8 (August 2011): 1189–95, veröffentlicht online 21. April 2011, http://www.ncbi.nlm.nih.gov/pmc/articles/PMC3237357/; Stephanie M. Engel et al., »Prenatal Exposure to Organophosphates, Paraoxonase 1, and Cognitive Development in Children«, Environmental Health Perspectives 119 (2011): 1182–88, online veröffentlicht am 21. April 2011, http://ehp.niehs.nih.gov/1003183/.

70 Rauh et al., »Brain Anomalies in Children Exposed Prenatally«.

71 Ebd.

72 Ebd.

73 David C. Bellinger, »A Strategy for Comparing the Contributions of Environmental Chemicals and Other Risk Factors to Neurodevelopment of Children«, Environmental Health Perspectives 120, no. 4 (2012): 501–7, http://dx.doi.org/10.1289/ehp.1104170.

74 Philippe Grandjean und Philip J. Landrigan, »Neurobehavioural Effects of Developmental Toxicity«, The Lancet Neurology 13, no. 3 (März 2014): 330–38.

75 Romina P. Coullery, María E. Ferrari, Silvana B. Rosso, Neuronal development and axongrowth are altered by glyphosate through a WNT non-canonical signaling pathway, NeuroToxicology52 (2016), S. 150–161.

76 J. R. Richardson et al., »Developmental Pesticide Exposure Reproduces Features of Attention Deficit Hyperactivity Disorder«, FASEB Jour-

nal 29, no. 5 (Mai 2015): 1960–72; M. A. Elwan et al., »Pyrethroid Pesticide-Induced Alterations in Dopamine Transporter Function«, Toxicology and Applied Pharmacology 211, no. 3 (15. März 2006): 188–97; V. Go, J. Garey, M. S. Wolff und B. G. Pogo, »Estrogenic Potential of Certain Pyrethroid Compounds in the MCF-7 Human Breast Carcinoma Cell Line«, Environmental Health Perspectives 107, no. 3 (März 1999): 173–77.

77 Susanne M. Brander, Guochun He, Kelly L. Smalling, Michael S. Denison und Gary N. Cherr, »The In Vivo Estrogenic and In Vitro Anti-Estrogenic Activity of Permethrin and Bifenthrin«, Environmental Toxicology and Chemistry 31, no. 12 (Dezember 2012): 2848–55.

78 Pierre Mineau und Cynthia Palmer, »The Impact of the Nation's Most Widely Used Insecticides on Birds«, Neonicotinoid Insecticides and Birds, American Bird Conservancy, 2013.

79 Motohiro Tomizawa, »Neonicotinoids and Derivatives: Effects in Mammalian Cells and Mice«, Journal of Pesticide Science 29, no. 3 (2004): 177–83.

80 Manikkam et al., »Transgenerational Actions of Environmental Compounds on Reproductive Disease«; Carlos Guerrero-Bosagna et al., »Epigenetic Transgenerational Inheritance of Vinclozolin Induced Mouse Adult Onset Disease and Associated Sperm Epigenome Biomarkers«, Reproductive Toxicology 34, no. 4 (Dezember 2012): 694–707; Mohan Manikkam et al., »Pesticide and Insect Repellent Mixture Permethrin and DEET Induces Epigenetic Transgenerational Inheritance of Disease and Sperm Epimutations«, Journal of Reproductive Toxicology 34, no. 4 (Dezember 2012): 708–19.

81 Guerrero-Bosagna et al., »Epigenetic Transgenerational Inheritance«.

82 Manikkam et al., »Pesticide and Insect Repellent Mixture Permethrin and DEET«.

83 Ebd.

84 Watts, Poisoning Our Future.

MYTHOS 2

Sehr kleine Mengen

»Die Rückstände sind zu gering, um Probleme zu verursachen«

In den meisten entwickelten Ländern werden Lebensmittel regelmäßig auf Pestizidrückstände getestet. Es wird darauf geachtet, dass Rückstandshöchstmengen und die erlaubte Tagesdosis (ETD) nicht überschritten werden. Die Testergebnisse zeigen in der Regel, dass die Pestizidrückstände unter den Rückstandshöchstmengen und ETDs liegen. Auf Grundlage dieser Ergebnisse erklären die Aufsichtsbehörden die Lebensmittel für sicher; die Rückstände seien zu gering, um Schaden zu verursachen.

Allerdings gibt es ernsthafte Bedenken an den Verfahren, wie diese Grenzwerte festgelegt werden, einige davon wurden bereits im vorherigen Kapitel ausgeführt. Auch hinsichtlich der hormonaktiven Substanzen – also bestimmten synthetischen Chemikalien, die wie Hormone agieren und bereits in winzigen Mengen unser Hormonsystem stören – melden Forscher Bedenken an. Die jetzigen Methoden, mit denen die Giftigkeit von synthetischen Chemikalien in unserem Essen und unserer Umwelt bewertet wird, seien veraltet und nicht geeignet, um Unbedenklichkeitsgrenzen festzulegen.

Dosis-Wirkungs-Kurven

In Dosis-Wirkungs-Kurven misst man, wie stark uns eine bestimmte Menge einer Substanz beeinträchtigt. Die Diagramme im Anhang veranschaulichen diese Wirkungskurven bildhaft.

Monotone Kurve: Die Wirkung lässt mit sinkender Dosis nach, siehe Abbildung 6 (S. 227).

Nichtlineare Kurve: Die Wirkung verändert sich nicht direkt proportional zur Dosis, siehe Abbildung 7 (S. 227).

Nichtmonotone Kurve: Die Wirkung lässt mit sinkender Dosis nach, steigt dann aber wieder an, während die Dosis weiter abnimmt, siehe Abbildung 8 (S. 228).

WHO und UNEP stellten in ihrer 2013 veröffentlichten Metastudie fest, dass es in den jetzigen Testverfahren zur Ermittlung der Sicherheit von Chemikalien viele Lücken gibt. Zum Beispiel können sie nicht abbilden, ob Chemikalien hormonaktiv sind. »Was vielleicht am wichtigsten ist, die Expositionsdauer berücksichtigt nicht die sensiblen Phasen der Entwicklung, in denen wir, wie wir heute wissen, besonders empfindlich sind.«[1] Bei der Entwicklung eines Fötus werden zu bestimmten Zeiten winzige Mengen an Hormonen ausgeschüttet, die den Genen signalisieren, Körperteile wie die Gliedmaßen, das Nervensystem, die Stoffwechsel- und Fortpflanzungsorgane auszubilden. Diese Zeiten bezeichnet man als »sensible Phasen« in der Entwicklung von Föten. In vielen Fällen ist für solche Veränderungen nur eine sehr geringe Hormondosis nötig, gemessen in Teile pro Milliarde oder Teile pro Billion, um die weitere normale Entwicklung des Kindes anzustoßen. Zur Veranschaulichung: Ein Teil pro Billion entspricht einem Tropfen auf gut drei Olympiaschwimmbecken. Die allerkleinsten Mengen bestimmter Chemikalien, darunter auch Pestizide, können wie Hormone agieren und die Entwicklung von Kindern stören, wenn die Aufnahme in eine sensible Phase fällt. Kontrollbehörden ignorieren diesen wichtigen Aspekt weitgehend. Obwohl in vielen Ländern bereits vor einem Jahrzehnt vorgeschrieben wurde, Pestizide auf hormonell wirksame Substanzen zu untersuchen, ist dies bislang nicht geschehen.

Das gängige Modell der Toxikologie (Giftkunde) beruht auf der Annahme: je kleiner die Dosis, desto geringer die Wirkung des Giftstoffs. Wenn bei Tierversuchen eine bestimmte Dosis bei andauernder Aufnahme keine erkennbaren und messbaren Schädigungen hinterlässt (no observed adverse effects – NOAEL), wird diese Dosis zur Grundlage, nach der die erlaubte Tagesdosis (ETD) bestimmt wird. Üblicherweise wird ein Hundertstel des NOAEL zur ETD.

Die Ermittlung von Rückstandshöchstmengen ist komplizierter. Hier dient als Basis die Menge eines Pestizids, die gebraucht wird, um einen Schädling, ein Unkraut oder eine Pflanzenkrankheit in den Griff zu bekommen. Diesen Wert bestimmt man, indem man nach Freilandversuchen die Rückstände auf den Feldfrüchten misst. Im Anschluss schätzen die Aufsichtsbehörden, wie viel von dem Produkt durchschnittlich pro Tag aufgenommen wird, und wenn der errechnete Wert die ETD nicht überschreitet, wird die Rückstandshöchstmenge akzeptiert. Aus diesem Grund gelten auch verschiedene Rückstandshöchstmengen für unterschiedliche Feldfrüchte.

Die Aufsichtsbehörden behaupten darauf aufbauend, dass alle Rückstandsmengen unterhalb der erlaubten Tagesdosis oder der Rückstandshöchstmengen zu gering seien, um gesundheitliche Probleme zu verursachen. Dieses Modell basiert auf der Annahme, dass die toxische Wirkung mit sinkender Dosis linear nachlässt, bis das Präparat nicht mehr giftig ist. Dies hat seinen Ursprung in der Maxime des Paracelsus, Mediziner des 16. Jahrhunderts und Vater der Toxikologie, der meinte: »Alle Dinge sind Gift und nichts ist ohne Gift; allein die Dosis machts, daß ein Ding kein Gift sei.« Das wurde dann abgekürzt zu: »Die Dosis macht das Gift.«

Diese fünfhundert Jahre alte These wurde in den 1990ern für viele Chemikalien im Zusammenhang mit hormonaktiven Substanzen widerlegt, dargestellt in zwei Büchern: *Die bedrohte Zukunft* und *The Feminization of Nature*. Die begutachteten, wissenschaftlichen Arbeiten, die für diese Bücher zusammengetragen wurden, legten dar, dass viele Chemikalien, darunter auch Agrargifte, Hormone wie Östrogen nachahmen – und zwar gerade in niedrigsten Dosen.[2] Solche Chemikalien haben also eine nichtmonotone Dosiswirkung und werden in kleinen Mengen (noch mal) richtig gefährlich.

Die niedrigste Dosis kann also bei manchen Chemikalien die giftigste sein. Daher ist die Methode problematisch, die Aufsichtsbehörden derzeit anwenden, nämlich den Schwellenwert, bei dem keine Schädigung festzustellen ist, einfach zu senken. Dieser Schwellenwert wird in der Annahme festgelegt, dass die Giftigkeit aller Chemikalien und somit aller Pestizide linear abnimmt. Tests, um diese Annahme bei der Festsetzung der ETD zu überprüfen, werden im Moment kaum gemacht.

2012 erschien in der begutachteten Fachzeitschrift *Endocrine Reviews* eine bedeutende Metaanalyse, erstellt von weltweit führenden Experten. Vandenberg und seine Kollegen zeigten, dass Hunderte Studien vorliegen, die nichtmonotone und nichtlineare Wirkungsweisen für Chemikalien nachweisen, das heißt, die Giftigkeit ist jeweils in niedrigen und niedrigsten Dosen am größten:[3]

> Wir liefern eine ausführliche Erörterung der Mechanismen, die für diese Phänomene verantwortlich sind, sowie Hunderte Beispiele aus der Literatur zu Epidemiologie und Versuchen an Zellkulturen und Tieren. Wir legen dar, dass nichtmonotone und niedrigschwellige Wirkungen unter natürlichen Hormonen und hormonaktiven Substanzen auffallend häufig vorkommen, wie durch Studien nachgewiesen wurde. Ob niedrige Dosen von hormonaktiven Substanzen bestimmte menschliche Krankheiten beeinflussen, ist nicht länger nur eine Vermutung, denn epidemiologische Studien belegen, dass eine Umweltexposition gegenüber hormonaktiven Substanzen mit Krankheiten und Behinderungen bei Menschen in Verbindung steht. Daraus folgern wir, dass, wo nichtmonotone Dosis-Wirkungs-Kurven auftreten, die Wirkung von niedrigen Dosen nicht anhand hoher Dosen vorausgesagt werden kann.[4]

Bei der Festlegung von ETDs und Rückstandshöchstmengen, die für Chemikalien, einschließlich Pestizide, gelten, wurde nicht wissenschaftlich geprüft, inwiefern die Gesundheit durch die Störung des Hormonsystems beeinträchtigt wird. Von daher ist der Nachweis von nichtmonotonen Dosis-Wirkungs-Kurven von entscheidender Bedeutung. Es gibt zahlreiche Studien, die belegen, dass viele Pestizide in niedrigeren Bereichen giftiger sind als im Bereich der erlaubten Tagesdosis, obwohl bei der Festlegung des NOAEL, wo mit weit höheren Dosen gearbeitet wird, keine erkennbaren und messbaren Schädigungen auftraten. Ohne Tests mit geringeren Dosen kann man unmöglich feststellen, ob die Berechnung zur Ermittlung der ETD und damit auch der Rückstandshöchstmengen richtig und die Empfehlungen unbedenklich sind.

Es kann keinen sicheren Grenzwert geben, wenn Daten, die aus Versuchen mit höheren Dosen gewonnen wurden, einfach heruntergerechnet werden. »Versuchsdaten legen nahe, dass es für hormonaktive Substanzen und Hormone keine NOAELs oder Grenzwerte gibt, folglich kann keine Dosis je als sicher gelten.«[5] Die Metastudie von WHO und UNEP stellt eines klar: »Nichtlineare Dosis-Wirkungs-Kurven findet man bei hormonaktiven Substanzen sowohl in vitro [im Reagenzglas] als auch in vivo [im lebenden Organismus]. Diese nichtlinearen Messwerte sind häufig recht komplex und umfassen nichtmonotone Dosiswirkungen. Ursächlich hierfür ist eine Vielzahl von Mechanismen, und weil der körpereigene Hormonspiegel schwankt, kann kein Grenzwert angenommen werden.«[6] Um zu ermitteln, ob die im Augenblick geltenden erlaubten Tagesdosen und Rückstandshöchstmengen ungefährlich sind, muss auf der Basis der behördlich festgelegten Grenzwerte geprüft werden, ob es zu hormonaktiven Wirkungen kommt.

Das Hormonsystem

Das Hormonsystem oder endokrine System besteht aus zahlreichen Hormonen, die die normalen Funktionen und den Stoffwechsel aller Lebewesen, also auch des Menschen, steuern. Dazu zählen Sexualhormone wie Östrogen, Progesteron und Testosteron; Wachstumshormone wie Somatropin; Stoffwechselhormone wie Dopamin und Schilddrüsenhormone; Melatonin, das den Tag-Nacht-Rhythmus steuert, und Pankreashormone wie Insulin. Alle Lebewesen produzieren eine Vielzahl an Hormonen oder hormonverwandten Verbindungen, die auf dem richtigen Niveau eingependelt sein müssen, um die Gesundheit und das Wohlbefinden der Pflanze, des Tiers oder des Menschen zu gewährleisten. Ist die Hormonkonzentration zu hoch oder zu niedrig, kann das diverse Krankheiten auslösen. Alle Lebewesen haben integrierte Kontrollsysteme, die den Hormonspiegel im Gleichgewicht (Homöostase) halten. Damit ein Lebewesen gesund bleibt, muss die Homöostase gewahrt sein.

Bereits in den 1980er-Jahren lagen viele Studien vor, die bewiesen, dass zahlreiche Chemikalien, darunter auch Pestizide, **signifikante hormonelle Veränderungen** *in lebenden Organismen verursachten.*

In den 1940ern bemerkten Wissenschaftler erstmals, dass bestimmte Pestizide hormonelle Veränderungen bei den Versuchstieren auslösten. Bereits in den 1980er-Jahren lagen viele Studien vor, die bewiesen, dass zahlreiche Chemikalien, darunter auch Pestizide, signifikante hormonelle Veränderungen in lebenden Organismen verursachten.

Zum Beispiel fanden die Forscher heraus, dass sich viele Chemikalien wie Sexualhormone verhalten, zum Beispiel wie Östrogen, das wichtigste weibliche Geschlechtshormon. Andere Chemikalien wirken Hormonen entgegen und stören beispielsweise das männliche Sexualhormon Testosteron. Diese nennt man »Antiandrogene«. Solche Chemikalien können eine Reihe von Fortpflanzungsproblemen auslösen, unter Umständen bei allen Lebewesen, also auch beim Menschen. Es liegen zahlreiche Studien vor, die belegen, dass viele gebräuchliche Pestizide und zahlreiche andere Chemikalien in geringen Mengen das endokrine System stören, indem sie wie Hormone agieren oder Hormonen entgegenwirken.

Laut der Metastudie von WHO und UNEP stehen diese hormonell wirksamen Chemikalien in Verbindung mit zahlreichen Fortpflanzungsproblemen beim Menschen. Die Studie besagt, dass in manchen Ländern die Spermaqualität von 40 Prozent der jungen Männer beeinträchtigt ist. Sie weist darauf hin, dass genitale Fehlbildungen bei männlichen Babys zugenommen hätten, darunter Hodenhochstand sowie Missbildungen am Penis. Die Chemikalien werden auch mit dem Anstieg schwieriger Schwangerschaftsverläufe in Verbindung gebracht, wozu Frühgeburten und ein niedriges Geburtsgewicht zählen. Die Zunahme verhaltensneurologischer Störungen bei Kindern wird mit Störungen der Schilddrüse in Zusammenhang gebracht. Die Brustentwicklung bei Mädchen setzt immer früher ein, was als Risikofaktor für späteren Brustkrebs gilt. Die Raten von Gebärmutter-, Brust-, Eierstock-, Prostata-, Hoden- und Schilddrüsenkrebs steigen. All diese Krebsarten stehen in Beziehung mit dem Hormonsystem, siehe zum Beispiel Abbildung 9 (S. 228).

Auch die Fallzahlen von Adipositas und Typ-2-Diabetes steigen weltweit rasant an. 1,5 Milliarden Menschen leiden inzwischen an Übergewicht oder Adipositas, das sind weit mehr als die 850 Millionen unterernährten Menschen. Zwischen 1980 und 2008 erhöhte sich die Zahl der Menschen mit Typ-2-Diabetes von 153 Millionen auf 347 Millionen.[7] Für den Anstieg der Adipositas- und Typ-2-Diabetes-Fallzahlen werden hormonaktive Substanzen verantwortlich gemacht, welche die normalen hormonellen Stoffwechselprozesse stören, siehe Abbildung 10 und 11 (S. 229).

Ernährung, Alter, genetische Ausstattung, Geschlechtskrankheiten und Bewegung können die Fortpflanzungsfähigkeit beeinflussen, für die zunehmenden Probleme in diesem Bereich ist das allerdings nur eine Teilerklärung. Zahlreiche wissenschaftliche Studien zeigen, dass hormonaktive Substanzen solcherlei Fortpflanzungsprobleme bei vielen Tieren verursachen. Zu diesen Erkenntnissen gelangte man sowohl bei der Erforschung von Wildtieren als auch in Laborversuchen. Viele Wissenschaftler glauben, dass die allgegenwärtige Belastung mit hormonaktiven Substanzen ein wesentlicher Grund für die weite Verbreitung dieser Probleme ist. In der Metastudie von WHO und UNEP heißt es dazu:

> Nachdem Effekte von Chemikalien auf belastete Wild- und Labortiere beobachtet wurden, die denen auf die Bevölkerung und DES-belastete Einzelpersonen ähneln [Diethylstilbestrol – eine synthetische Chemikalie, die Östrogen nachahmt], musste die Wissenschaftsgemeinde überdenken, ob hormonaktive Substanzen auch Ursache für eine wachsende Bandbreite an reproduktiven Gesundheitsproblemen bei Frauen sein könnten. Hierzu zählen: Veränderungen in der Entwicklung der Brustdrüsen, unregelmäßige oder längere Menstruationszyklen und beschleunigte Pubertät […]. Diese Veränderungen verweisen auf ein erhöhtes Risiko für Gesundheitsprobleme im späteren Leben wie Brustkrebs, Veränderungen bei der Produktion von Muttermilch oder reduzierte Fruchtbarkeit.[8]

Daten der Internationalen Agentur für Krebsforschung, einer Einrichtung der Weltgesundheitsorganisation, zeigen einen alarmierenden Anstieg der Brustkrebsraten bei Frauen. Die Agentur schrieb dazu: »2012 wurde bei 1,7 Millionen Frauen Brustkrebs diagnostiziert, 6,3 Millionen noch lebende Frauen hatten ihre Diagnose innerhalb der letzten fünf Jahre erhalten. Im Vergleich zu den Zahlen von 2008 ist die Brustkrebsrate um über 20 Prozent gestiegen, die Sterblichkeitsrate um 14 Prozent. Brustkrebs fordert unter den Krebsarten die meisten weiblichen Todesopfer (522.000 Tote 2012) und ist auch in 140 von 184 Ländern weltweit die häufigste Krebsdiagnose bei Frauen.«[9]

Der jüngste Krebsüberblick in Australien, 2014 veröffentlicht vom Australian Institute of Health and Welfare, zeigte, dass zwischen 1982 und 2014 die Zahl der Krebsneuerkrankungen um 250 Prozent angestiegen ist, von 47.417 auf 123.920. Zu dieser Zunahme kam es größtenteils wegen höherer Fallzahlen in den Bereichen Brustkrebs bei Frauen, Prostatakrebs bei Männern, Dickdarmkrebs und Lungenkrebs. Prostata- und Brustkrebs stehen klassischerweise mit dem Hormonsystem in Verbindung. Die Forscher begründeten den Anstieg damals mit der alternden und wachsenden Bevölkerung, vermehrten Diagnosen durch Screeningprogramme und einer verbesserten Technologie zur Krebserkennung. Allerdings legten sie auch dar, dass dies den dramatischen Anstieg um 250 Prozent in dreißig Jahren nur teilweise erklären könne. Die Beweise dafür, dass 80 Prozent der Krebsarten umweltbedingt und insbesondere auf Chemikalien zurückzuführen sind – wie ich bereits das USPCP zitierte –, sind erdrückend. Hormonaktive Substanzen, einschließlich Pestizide, spielen bei diesem dramatischen Anstieg eine entscheidende Rolle.[10]

Zahlreiche Wissenschaftler fanden heraus, dass einige dieser synthetischen Chemikalien, die nach einem toxikologischen Standardtest in Teilen pro Million als relativ unbedenklich galten, in Dosen von Teilen pro Milliarde oder Teilen pro Billion wie Hormone agierten. Der Grund hierfür war, dass sie in diesen sehr niedrigen Dosen an die Hormonrezeptoren andocken konnten, in höheren Dosen aber von den Rezeptoren »ignoriert« wurden. Wenn Chemikalien die Hormonrezeptoren besetzen, senden sie Signale an das Hormonsystem, wobei sie entweder das Hormon nachahmen, als sein Gegenspieler agieren oder die normale Funktion des Hormons abblocken. Diese Chemikalien wirken also disruptiv (störend) auf die Signalfunktion des endokrinen Systems (Hormonsystems) ein, weshalb sie auch »endokrine Disruptoren« genannt werden. Dieser Prozess ist vergleichbar mit dem Öffnen einer Tür, in deren Schloss nur ein speziell geformter Schlüssel passt. Ein Metallstab, der größer als der Schlüssel ist, kann die Tür nicht öffnen, weil er nicht in das Schloss passt. Biegt man einen dünnen Draht in die richtige Form, kann man das Schloss knacken, obwohl der Draht anders geformt ist als der Schlüssel. Steckt der Draht einfach nur im Schloss, verhindert er, dass sich der richtige Schlüssel einfügt.

Die meisten Rezeptoren sind so geformt, dass nur ein spezielles Hormon hineinpasst und den Rezeptor wie ein Schlüssel öffnen kann (vgl. Abbildung 12 und 13, S. 230). Dann werden Signale gesendet, die eine spezielle Reaktion der Zelle, des Gewebes, des Organs oder des Gens aktiviert.

Chemikalien in höheren Dosen passen, wie der Metallstab, nicht in den Rezeptor und werden ignoriert (vgl. Abbildung 14, S. 230). In kleineren Dosen aber verhalten sich viele Chemikalien wie der dünne

Draht, aus dem ein Dietrich geformt wird. Sie setzen sich in den Rezeptor und senden Hormonsignale oder blockieren die normalen Hormonsignale (vgl. Abbildung 15, S. 230). Weil es sich nicht um echte Hormone handelt, sind diese Signale künstlich und stören die normale Hormonfunktion.

Auswirkungen auf ungeborene und heranwachsende Kinder

Eine Vielzahl an Forschungsarbeiten zeigt, dass Föten, neugeborene und heranwachsende Kinder auf niedrige Dosen von hormonell wirksamen Substanzen besonders verletzlich reagieren. Die Metastudie von WHO und UNEP befand, dass es »beim Fötus und beim Neugeborenen besonders sensible Phasen gibt, in denen hormonaktive Substanzen allein oder in Mixturen starke und oftmals irreversible Folgen auf sich entwickelnde Organe haben, wohingegen bei belasteten Erwachsenen geringere oder keine Wirkung festzustellen war. Folglich wächst die Wahrscheinlichkeit, dass die Belastung mit chemischen Schadstoffen von Müttern, Föten und Kindern bei der Ursachenforschung zu verschiedenen Krankheiten und Störungen eine größere Rolle spielt als angenommen. Dazu zählen endokrine Erkrankungen und Störungen der Schilddrüse, des Immunsystems, des Verdauungstrakts, des Herz-Kreislauf-Systems, des Fortpflanzungssystems und des Stoffwechselsystems (einschließlich Adipositas und Diabetes im Kindesalter).«[11]

Besonders gefährdet ist der Fötus, wie schon erläutert, wenn die Gene sich einschalten, um spezielle Organe und Systeme zu entwickeln. Kleine Mengen an Hormonen geben dann den Genen das Signal, verschiedene Körperteile und Systeme zu entwickeln: die Fortpflanzungsorgane, das Nervensystem, das Gehirn, das Immunsystem, das Hormonsystem, den Verdauungstrakt, die Gliedmaßen usw. Kleine Störungen dieser Hormonsignale können die Entwicklung dieser Körperteile und -systeme erheblich und unumkehrbar beeinflussen.

> Dies schmälert nicht [die] Bedeutung [hormonaktiver Substanzen für Erwachsene], sondern steht im Kontrast mit der Wirkung beim Fötus und Neugeborenen, wo ein Hormon dauerhafte Auswirkungen zum Beispiel auf Zellvermehrung oder Zelldifferenzierung haben kann, sofern ein frühes Entwicklungsereignis manipuliert wird. Hormone, die während der embryonalen Entwicklung ausgeschüttet werden, lösen die Entwicklung bestimmter Strukturen aus (wie die der männlichen Fortpflanzungsorgane) oder reduzieren andere (wie geschlechtsspezifische Gehirnregionen). Hat eine Hormonaktivität stattgefunden, bleiben die angestoßenen Veränderungen ein Leben lang bestehen.[12]

Man geht davon aus, dass die Wirkung von Hormonen auf die Entwicklung von Hormonsystem und physiologischem System bei Föten wie eine Programmierung zu verstehen ist. Es wird festgelegt, wie diese Systeme beim Erwachsenen funktionieren sollen. »Folglich können kleine Störungen der Östrogentätigkeit während der embryonalen Entwicklung Veränderungen in der Fortpflanzungsachse auslösen und die Fruchtbarkeit mindern […]. Mittlerweile ist sicher, dass ein Programmiervorgang beim Fötus für etliche chronische Erkrankungen im Erwachsenenalter anfällig macht […]; demnach sollte die Verhütung von hormonellen Erkrankungen bei den Müttern und Föten ansetzen.«[13] Deshalb sind ungeborene Kinder hormonaktiven Substanzen gegenüber weitaus anfälliger als Erwachsene, und deshalb dürfen Tests nicht nur, wie im Augenblick, an erwachsenen und heranwachsenden Tieren durchgeführt werden.

Eine Vielzahl an Forschungsarbeiten *zeigt, dass Föten, neugeborene und heranwachsende Kinder auf niedrige Dosen von hormonaktiven Substanzen besonders verletzlich reagieren.*

Es gibt neue Testmethoden mit menschlichen Zellkulturen, die in vielen Fällen die menschlich wie ethisch in der Kritik stehenden Tierversuche abbauen oder gar beenden können. Weil diese Zellkulturen vom Menschen stammen, sind die Ergebnisse in vielen Fällen genauer als die vorliegenden Daten aus Tierversuchen.

Einige wenige Beispiele aus Hunderten wissenschaftlichen Studien

Im Folgenden beleuchte ich anhand von Beispielen aus Hunderten vorliegenden Studien die Wirkung einiger der gängigsten hormonaktiven Pestizide und Chemikalien.

Ein Beispiel ist die in Kapitel 1 bereits erwähnte Studie, die belegte, dass Glyphosat in Mengen, die im Urin der meisten Menschen nachgewiesen wird, die Teilung von Brustkrebszellen beschleunigt und dass dieser Effekt durch Genistein, das in Sojabohnen vorkommt und inzwischen weltweit häufig konsumiert wird, noch verstärkt wird.

Zwei begutachtete Studien von Hayes und Kollegen zeigten, dass Atrazin in einer Konzentration, die bis zu tausendmal geringer ist als der zurzeit in unserem Essen und in unserer Umwelt erlaubte Grenzwert, schwere Deformitäten im Fortpflanzungssystem von Fröschen verursacht.[14] Sara Storrs und Joseph Kiesecker von der Pennsylvania State University bestätigten Hayes' Ergebnisse. Sie setzten die Kaulquappen von vier Froscharten dem Herbizid aus und stellten fest, dass »die Überlebensrate für alle Tiere, die 3 ppb (Teilen pro Milliarde) ausgesetzt waren, verglichen mit einer Exposition von 30 oder 100 ppb, erheblich sank. [...] Das sich hieraus ergebende Muster zeigt, wie wichtig weitere Forschungsarbeiten mit realistischen Belastungen und in unterschiedlichen Entwicklungsstadien sind.«[15] Diese Studien zeigen, dass Atrazin eine klassische hormonaktive Substanz mit nichtmonotoner Dosis-Wirkungs-Kurve ist.

Eine Studie von Newbold und Kollegen, veröffentlicht in der Toxikologiezeitschrift *Birth Defects Research,* kam zu dem Ergebnis, dass der Nachwuchs von Mäusen, die während der Trächtigkeit 1 ppb Diethylstilbestrol (DES – einem synthetischen Östrogen) ausgesetzt waren, im Erwachsenenalter stark adipös wurde. Waren die Mäuse 100 ppb DES ausgesetzt, wurde der Nachwuchs später mager und untergewichtig.[16]

Eine wissenschaftliche Studie, die von Howdeshell und Kollegen in dem begutachteten Journal *Nature* veröffentlicht wurde, zeigte, dass der weibliche Nachwuchs von Mäusen, die vom 11. bis zum 17. Schwangerschaftstag mit 2,4 ppb Bisphenol A (BPA, einem Weichmacher mit Östrogenwirkung, der für viele Plastikartikel, darunter Babyfläschchen und Wasserflaschen, verwendet wird) gefüttert wurden, die Geschlechtsreife früher erreichte als die unbelastete Vergleichsgruppe. Der belastete weibliche Nachwuchs war zum Zeitpunkt der Geschlechtsreife zudem schwerer als die unbelasteten Weibchen. Und das bei einer Dosis, die mehr als tausendmal geringer ist als die 50 ppb, welche die EPA als unbedenklich einstuft.[17]

Eine Studie, die Cavieres und Kollegen 2002 in der Fachzeitschrift *Environmental Health Perspectives* veröffentlichten, beschäftigte sich mit Mixturen aus den geläufigen Herbiziden 2,4-D, Mecoprop, Dicamba und inaktiven Beistoffen. Dort zeigte sich, dass die Zahl der Embryonen und Lebendgeburten bei der niedrigsten getesteten Dosis am stärksten zurückging. Das ist insbesondere deshalb besorgniserregend, weil die Dosis einem Siebtel dessen entspricht, was die amerikanische Umweltschutzbehörde EPA als unbedenklich für unser Trinkwasser einstuft.[18]

Skakkebaek und Kollegen veröffentlichten eine Studie in der Fachzeitschrift *Human Reproduction,* in der sie zu dem Ergebnis kamen, dass eine Vielzahl an Chemikalien, die wie Östrogen oder Antiandrogene agieren, darunter auch gebräuchliche Pestizide, mit anormalen Veränderungen der Hoden bei Föten in Verbindung stehen. Diese hormonaktiven Substanzen stehen laut Studie in Verbindung mit den ständig steigenden Zahlen von Harnwegsproblemen sowie Missbildungen und Krankheiten des Genitalbereichs wie Hodenhochstand, niedrige Spermienzahl, Hypospadie, Intersexualität und Hodenkrebs.[19]

Studien weisen auch darauf hin, dass Pyrethroide hormonaktiv wirken. Go und Kollegen veröffentlichten dazu eine Untersuchung in der Zeitschrift *Environmental Health Perspectives,* welche die Östrogenwirkung von bestimmten Pyrethroid-Mixturen nachwies. Anhand der menschlichen Brustkrebszelllinie MCF-7 konnten sie belegen, dass die Insektizide die Teilung der Krebszellen beschleunigten. Brander erstellte mit seinen Kollegen eine Studie, die zeigte, dass Pyrethroide sowohl wie Östrogene agieren als auch Östrogene blockieren können, was den Sexualhormonhaushalt bei Tieren stören kann.[20]

Die Folgen der hormonell wirkenden Pestizide

Aus den zahlreichen wissenschaftlichen Studien zu hormonell wirksamen Substanzen ergeben sich einige weitreichende Konsequenzen. Erstens: Die derzeitigen Methoden zur Messung von Giftwirkungen, mit deren Hilfe die Grenzwerte für Chemikalien in unserem Essen und Trinken festgelegt werden, basieren auf der Annahme, dass alle Chemikalien mit sinkender Dosis ihre Giftigkeit verlieren, bis sie schließlich ungiftig sind. Das ist für viele Chemikalien eindeutig falsch. Dazu der USPCP-Bericht: »Manche Wissenschaftler geben an, dass die derzeitigen Tests zur Toxizität und Methoden zur Festlegung von Grenzwerten versagen, wenn es darum geht, die tatsächliche Belastung von Menschen mit potentiell gefährlichen Chemikalien genau darzustellen. Die Tests verlassen sich stark auf Tierversuche, bei denen weit höhere Dosen angewandt werden als die, welchen Menschen üblicherweise ausgesetzt sind.«[21] Der Bericht zeigt deutlich die Notwendigkeit, Chemikalien in *den* Dosen zu testen, in denen sie auch in Nahrungsmitteln, in der Umwelt und, was am wichtigsten ist, im menschlichen Körper vorkommen.

Zweitens: Zahlreiche begutachtete Studien bringen hormonaktive Substanzen in handelsüblichen Chemikalien mit verschiedensten Gesundheitsproblemen in Verbindung, die in unserer Gesellschaft eine wachsende Rolle spielen. Dazu zählen die steigenden Zahlen bei Adipositas, Typ-2-Diabetes, ADHS, Depressionen, Verhaltensauffälligkeiten, hormonabhängigem Krebs der Geschlechtsorgane, Missbildungen der genitalen Harnwege ebenso wie bei verminderter Fruchtbarkeit und geringen Spermienzahlen.

Drittens: Die Ergebnisse dieser Studien zeigen, dass die derzeitigen Regelungen die gefahrlose Nutzung von Chemikalien nicht gewährleisten können. Die Mehrzahl der synthetischen Chemikalien, also auch Pestizide, die im Lebensmittelanbau und in unserer Umwelt Verwendung finden, wurde nicht auf Hormonaktivität getestet. Der Bericht des USPCP stellte fest, dass die derzeitigen Testmethoden versagen, wenn es darum geht, die schädlichen Auswirkungen niedriger Dosen nachzuweisen.[22]

Die Metastudie von WHO und UNEP spricht in Bezug auf die derzeitigen Testverfahren dasselbe Thema an: »Knapp 800 Chemikalien sind dafür bekannt oder stehen unter dem Verdacht, Auswirkungen auf Hormonrezeptoren, die Hormonproduktion oder die Hormonumwandlung zu haben. Allerdings wurde nur ein kleiner Teil dieser Chemikalien in einem intakten Organismus auf hormonelle Wirksamkeit getestet.«[23] Bedenklich ist laut Studie vor allem, dass die meisten der vielen tausend Chemikalien überhaupt nicht getestet wurden. Die Autoren zeigen sich besorgt, weil es ohne diese Tests keine verlässlichen wissenschaftlichen Daten darüber gibt, ob die Verwendung dieser Chemikalien unbedenklich ist. »Ohne diese Daten bleibt das wahre Ausmaß des Risikos im Dunkeln, das von Chemikalien ausgeht, die womöglich das Hormonsystem stören.«[24]

Die Metastudie von Vandenberg und Kollegen stellt fest, dass es notwendig ist, Änderungen an den laufenden Testverfahren für Chemikalien vorzunehmen. Aufsichtsbehörden müssen die Möglichkeit nichtmonotoner Dosis-Wirkungs-Kurven mitberücksichtigen, anstatt einfach anzunehmen, dass die Giftigkeit aller Chemikalien mit sinkender Dosis abnimmt. Wer diese Möglichkeit bei Tests von handelsüblichen Chemikalien vernachlässigt, riskiert die Gesundheit von Mensch und Umwelt. »Diese fundamentalen Veränderungen in den Testverfahren für Chemikalien und bei der Grenzwertbestimmung sind erforderlich, um die Gesundheit der Menschen zu schützen.«[25] Auch die Metastudie von WHO und UNEP fordert Veränderungen der derzeitigen Verfahren und die Entwicklung von Tests zu hormonaktiven Substanzen.

Beunruhigend ist vor allem die Tatsache, dass die Aufsichtsbehörden – obwohl ihnen diese Informationen seit über dreißig Jahren vorliegen und obwohl viele (wie die amerikanische EPA und die Europäische Behörde für Lebensmittelsicherheit) explizit in der Pflicht stehen, die Öffentlichkeit vor gefährlichen Chemikalien zu schützen – bis heute nur einen Bruchteil der gut 800 verdächtigen hormonaktiven Substanzen verboten oder in ihrer Verwendung beschränkt haben.

2016 wurden erstmals zwei Herbizide (Amitrol und Isoproturon) verboten, weil hormonelle Wirksamkeit und andere nachteilige Wirkungen bei ihnen nachgewiesen wurden. Dies ist das erste Mal weltweit, dass ein Pestizid wegen hormoneller Wirksamkeit verboten wird. Amitrol ist ein endokriner Disruptor, der unter dem Verdacht steht, Kinder im Mutterleib zu schädigen, toxische Effekte auf die Geschlechtsorgane zu haben und Schilddrüsenkrebs zu verursachen. Isoproturon hat nachteilige Auswirkungen auf die Fortpflanzung, induziert Geschlechtsänderungen und reduziert die Fruchtbarkeit.[26]

Solange es keine sorgfältigen wissenschaftlichen Tests zur hormonellen Wirksamkeit von Chemikalien gibt, ist die Annahme der Aufsichtsbehörden, die Belastung mit Chemikalien unterhalb der empfohlenen Grenzwerte sei unbedenklich, nicht wissenschaftlich abgesichert. Im Lichte Hunderter Studien, die nichtmonotone Dosis-Wirkungs-Kurven für hormonaktive Substanzen nachweisen, steht fest, dass die derzeitigen Testverfahren nicht auf wissenschaftlichen Erkenntnissen beruhen. Begründet mit der Vermutung, dass die Toxizität mit sinkender Dosis linear abnimmt, werden nach Tierversuchen mit hohen Dosen per Extrapolation niedrige Grenzwerte für Rückstandshöchstmengen und erlaubte Tagesdosen festgelegt. Offensichtlich werden hier Entscheidungen anhand von frei schwebenden Annahmen getroffen, und damit ist der Mythos, die Rückstände seien zu gering, um Probleme zu verursachen, eindeutig falsch.

Anmerkungen

1 Bergman et al., State of the Science of Endocrine Disrupting Chemicals 2012.

2 Colborn, Dumanoski und Myers, Our Stolen Future; Cadbury, Feminization of Nature.

3 Laura N. Vandenberg et al., »Hormones and Endocrine-Disrupting Chemicals: Low-Dose Effects und Nonmonotonic Dose Responses«, Endocrine Reviews 33, no. 3 (Juni 2012): 378–455.

4 Ebd.
5 Ebd.
6 Bergman et al., State of the Science of Endocrine Disrupting Chemicals 2012.
7 Ebd.
8 Ebd.
9 »Latest World Cancer Statistics, Global Cancer Burden Rises to 14.1 Million New Cases in 2012: Marked Increase in Breast Cancers Must Be Addressed«, International Agency for Research on Cancer and the World Health Organization, press release, 12. Dezember 2013.
10 Australian Institute of Health und Welfare, »Cancer in Australia: An Overview 2014«, Cancer Series no. 90. Cat. no. CAN 88, Canberra: Australia, 2014.
11 »Latest World Cancer Statistics«, 12. Dezember 2013.
12 Ebd.
13 Ebd.
14 Tyrone B. Hayes et al., »Hermaphroditic, Demasculinized Frogs after Exposure to the Herbicide Atrazine at Low Ecologically Relevant Doses«, Proceedings of the National Academy of Sciences 99, no. 8 (April 2002): 5476–80; Tyrone B. Hayes et al., »Atrazine-Induced Hermaphroditism at 0.1 ppb in American Leopard Frogs (Rana pipiens): Laboratory and Field Evidence«, Environmental Health Perspectives 111, no. 4 (April 2003): 569–75.
15 Sara I. Storrs und Joseph M. Kiesecker, »Survivorship Patterns of Larval Amphibians Exposed to Low Concentrations of Atrazine«, Environmental Health Perspectives 112, no. 10 (Juli 2004): 1054–57.
16 Retha R. Newbold et al., »Developmental Exposure to Estrogenic Compounds und Obesity«, Birth Defects Research Part A: Clinical and Molecular Teratology 73, no. 7 (2005): 478–480.
17 Kembra Howdeshell et al., »Environmental Toxins: Exposure to Bisphenol A Advances Puberty«, Nature 401 (Oktober 1999): 762–64.
18 Cavieres, »Developmental Toxicity of a Commercial Herbicide Mixture in Mice«.
19 N. E. Skakkebaek, E. Rajpert-De Meyts und K. M. Main, »Testicular Dysgenesis Syndrome: An Increasingly Common Developmental Disorder with Environmental Aspects«, Human Reproduction 16, no. 5 (2001): 972–78.
20 Go et al., »Estrogenic Potential of Certain Pyrethroid Compounds«; Brander et al., »The In Vivo Estrogenic and In Vitro Anti-Estrogenic Activity of Permethrin und Bifenthrin«.
21 »U. S. President's Cancer Panel Annual Report«, 2010.
22 Ebd.

23 Bergman et al. (Hrsg.), State of the Science of Endocrine Disrupting Chemicals 2012.

24 Ebd.

25 Vandenberg et al., »Hormones und Endocrine-Disrupting Chemicals«.

26 »EU Commission Proposes Its First Bans for Endocrine Disrupting Pesticides«. Pesticide Action Network. 14.04.16. http://www.pan-europe.info/sites/pan-europe.info/files/public/resources/press-releases/pan-press-release-scopaff-apr-16.pdf.

MYTHOS 3

Abbau

»Moderne Pestizide werden rasch biologisch abgebaut«

Eine der großen Pestizidlegenden ist der Glaube, die meisten modernen Agrargifte würden rasch abgebaut und hinterließen wenige oder keine Rückstände. Uns wird eingeredet, sie würden sich zersetzen und seien, anders als DDT, in unserem Essen kaum noch nachweisbar.

Es folgt eine Stellungnahme der FSANZ, der wichtigsten Aufsichtsbehörde in Australien und Neuseeland, die typisch für die Behauptungen zahlreicher Behörden in anderen Ländern ist. Darin heißt es: »Organophosphat-Pestizide [und] Carbamat-Pestizide sind weitgehend biologisch abbaubar und reichern sich deshalb nicht in der Nahrungskette an. Synthetische Pyrethroide [...] sind in der Regel biologisch abbaubar und neigen nicht dazu, sich in der Umwelt zu halten.«[1] Solche Aussagen vermitteln den falschen Eindruck, dass nur wenige Agrargifte in Lebensmitteln und Umwelt fortbestehen. Tatsächlich hinterlassen die meisten landwirtschaftlichen und veterinärmedizinischen Chemikalien Rückstände im Essen. Aus diesem Grund werden für diese Gifte Rückstandshöchstmengen und erlaubte Tagesdosen festgelegt.

Das United States President's Cancer Panel (USPCP) zeigte in seinem 2010 vorgelegten Bericht, dass nur 23,1 Prozent der Lebensmittelproben gar keine Pestizidrückstände aufwiesen; aus den meisten anderen Ländern liegen ähnliche Testergebnisse vor. Das heißt, die überwältigende Mehrheit der Lebensmittel enthält Pestizidrückstände. Viele der heute eingesetzten Chemikalien, darunter einige synthetische Pyrethroide, Organophosphate, Carbamate und Herbizide wie Atrazin, halten sich ebenso hartnäckig wie die größtenteils verbotenen älteren Chemikalien, etwa die chlororganischen Pestizide, darunter Dieldrin, DDT, Chlordan, Heptachlor, Lindan und Aldrin.

Abbauprodukte von Pestiziden

Die Annahme, dass eine Chemikalie, sobald sie abgebaut ist, harmlos wird und verschwindet, gehört ebenfalls ins Reich der Mythen und Legenden. Die meisten Agrargifte hinterlassen, wenn sie sich zersetzen, Abbau- oder Zwischenprodukte.[2] Diese Abbauprodukte bezeichnet man als »Metaboliten«. Werden sie erforscht, zeigt sich, dass viele Abbauprodukte, zu denen Agrargifte zerfallen, Probleme für Gesundheit und Fortpflanzung verursachen.

Studien haben gezeigt, dass viele in der Landwirtschaft verwendete Pestizide für die Umwelt **noch gefährlicher werden**, *wenn sie in ihre Abbauprodukte, die sogenannten Oxone, zerfallen.*

Nicht wenige Pestizide – zum Beispiel Organophosphate wie Diazinon, Malathion, Chlorpyrifos und Dimethoat – werden noch giftiger, sobald sie sich zersetzen. Die Abbauprodukte von Organophosphaten bezeichnet man als »Oxone«. Wissenschaftler am Cooperative Wildlife Research Laboratory der Southern Illinois University und am Western Ecology Research Center in Kalifornien haben festgestellt, dass Oxone bis zu hundertmal giftiger sein können als das ursprüngliche Pestizid:

> In dieser Studie erwiesen sich die Oxon-Derivate von Chlorpyrifos, Malathion und Diazinon als erheblich giftiger als ihre jeweilige Ausgangsform. Chloroxon tötete alle Kaulquap-

pen von *R. boylii* und war mindestens 100-mal [giftiger] als die niedrigste Chlorpyrifos-Konzentration, die keine Mortalität nach sich zog. Maloxon war fast 100-mal giftiger als Malathion, und Diazoxon war etwa 10-mal giftiger als seine Ausgangsform. Dies steht im Einklang mit anderen Studien, die Ausgangs- und Oxonformen vergleichen.[3]

Dimethoat ist für alarmierenden Zusammenhang ein gutes Beispiel. Es handelt sich um ein systemisches Pestizid, weil es in sämtliche Gewebe der Pflanze eindringt, auch in ihre essbaren Bestandteile wie Fruchtfleisch, Stiele, Knollen und Blätter. Entgegen der Volksmeinung hilft hier Waschen oder Schälen kaum, weil so nur ein geringer Teil der Gifte entfernt wird. Dem größten Teil des Gifts, der sich in der Frucht befindet, kommt man so nicht bei.

Dimethoat wird vielfach gegen Fruchtfliegen eingesetzt, weil es sich so hartnäckig hält, dass Maden, die in der Frucht schlüpfen, noch zwei Wochen später durch die Giftrückstände im Fruchtfleisch getötet werden. Dimethoat zersetzt sich zu einem noch giftigeren Abbauprodukt, dem Omethoat. Omethoat wird ebenfalls als Pestizid genutzt und wurde folglich, anders als die große Mehrheit der übrigen Abbauprodukte, getestet. Laut Weltgesundheitsorganisation liegt die LD_{50} (tödliche Dosis) für Omethoat bei 50 Milligramm pro Kilogramm, während Dimethoat »nur« eine LD_{50} von 150 Milligramm pro Kilogramm aufweist. Das heißt, dass Dimethoat, sobald es sich in der behandelten Frucht zu Omethoat zersetzt, um 300 Prozent giftiger wird. In der WHO-Klassifizierung rückt es damit von einem mäßig gefährlichen zu einem hochgefährlichen Pestizid auf. Mehrere Länder haben Omethoat wegen seiner hohen Giftigkeit und Langlebigkeit die Zulassung als Pestizid entzogen oder sind im Begriff, es zu tun. Andere Länder debattieren noch über ein Verbot. Alle mit Di-

Alle mit Dimethoat behandelten Lebensmittel *enthalten letztlich Rückstände des noch giftigeren und langlebigeren Omethoat sowie weitere toxische Abbauprodukte, die beim Zerfall von Dimethoat entstehen.*

methoat behandelten Lebensmittel enthalten letztlich Rückstände des noch giftigeren und langlebigeren Omethoat sowie weitere toxische Abbauprodukte, die beim Zerfall von Dimethoat entstehen.

In ihrem Artikel »A Case for Revisiting the Safety of Pesticides« nennt Dr. Theo Colborn als Beispiel für die Gefährdung durch Abbauprodukte die Forschung zu Paraoxon, dem wichtigsten Abbauprodukt von Parathion, das sich als hochgiftig erwies und diverse negative Gesundheitsfolgen hatte. »Chronische Paraoxonbelastung (0,1, 0,15 oder 0,2 mg/kg subkutan) in einer Phase schneller cholinerger Hirnentwicklung von PND8 bis PND20 [Phasen der pränatalen Entwicklung] bei männlichen Wistar-Ratten führte zu einer reduzierten Dichte der dendritischen Dornen im Hippocampus, ohne offensichtliche toxische cholinerge Anzeichen bei den anderen Tieren [...]. Einige Tiere in den beiden Gruppen mit der höchsten Dosis starben in den ersten Tagen der Studie. Alle Dosen verursachten verzögertes postnatales Wachstum, und die Cholinesterase-Aktivität im Gehirn war im Stadium PND21 um 60 Prozent reduziert.«[4]

Ein weiteres Beispiel ist Glyphosat. Es zerfällt in die langlebigere Aminomethylphosphonsäure (AMPA), die mit Lebererkrankungen in Verbindung gebracht wird.[5]

Eine wissenschaftliche Studie, erschienen in der Zeitschrift *Annals of Allergy, Asthma & Immunology*, stellte fest, dass die Belastung durch Dichlorophenol mit einer Zunahme von Lebensmittelallergien zusammenhängt. Dichlorophenole sind Abbauprodukte von Chlorpestiziden wie 2,4-Dichlorphenol, Dichlorvos und Chlorpyrifos und wurden in chloriertem Trinkwasser nachgewiesen. Die Forscher kamen zu dem Schluss: »Hohe Dichlorophenol-Konzentrationen im Urin werden mit der Sensibilisierung gegenüber Lebensmitteln in der US-Bevölkerung in Verbindung gebracht. Exzessiver Einsatz von Dichlorophenolen kann mit dem zunehmenden Auftreten von Lebensmittelallergien in westlichen Gesellschaften zusammenhängen.«[6]

Weitere Beispiele sind Desnitro- oder Descyano-Abbauprodukte von Neonicotinoiden. Sie sind für Säugetiere erheblich giftiger als ihre Ausgangsstoffe.[7]

Unreinheiten in Pestiziden

Ein weiterer problematischer Aspekt der Pestizidtests ist, dass dafür, wie schon erwähnt, reine Wirkstoffe in Laborqualität benutzt werden und nicht die tatsächlichen Erzeugnisse aus der industriellen Pestizidproduktion. Herstellungsprozesse können aber eine Reihe von Nebenprodukten hervorbringen, die häufig toxisch sind. Wie das USPCP festhält: »Andere Industriechemikalien oder -prozesse haben gefährliche Neben- oder Abbauprodukte. Zahlreiche in der Herstellung eingesetzte Chemikalien bleiben als Rückstände in oder auf dem Produkt, während andere integrale Bestandteile des Produkts selbst sind.«[8] Diese Nebenprodukte werden von den Aufsichtsbehörden weitgehend ignoriert, weil vermutet wird, sie lägen nur in geringen Konzentrationen vor und seien deshalb harmlos. Sofern Tests durchgeführt wurden, hat sich jedoch stets gezeigt, dass einige dieser Verunreinigungen hochgiftig sind.

Weit verbreitet ist die Verunreinigung durch Dioxine, oder genauer gesagt, polychlorierte Dibenzodioxine (PCDDs, die umgangssprachlich als »Dioxine« bezeichnet werden, weil die Gerüstformel ihrer Molekülstruktur der von Dioxin gleicht). Potenziell gibt es Hunderte Dioxine, die zumeist nur begrenzt getestet wurden. Sie entstehen häufig als Abbauprodukte bei chemischen Prozessen, an denen Chlor beteiligt ist. Dazu zählen Chlorbleichmittel in der Papier- und Textilherstellung, das Holzschutzmittel Pentachlorphenol, Herbizide wie 2,4-D, Insektizide wie Chlorpyrifos und chlorierte Düngemittel wie Kaliumchlorid. Dioxine entstehen durch Verbrennen oder Erhitzen von Substanzen, die Chlor enthalten, wie etwa Haushaltsmüll, Klinikabfälle und Ernterückstände von Pflanzen, die mit chlorierten Pestiziden und Düngemitteln behandelt wurden. Für einen Großteil der Kontamination sind Zuckerfabriken verantwortlich, die ihre mit chlorhaltigen Pestiziden und Düngemitteln behandelten Erntereste verbrennen.

Dioxine gehören zu den giftigsten Chemikalien, die der Wissenschaft bekannt sind, und können verschiedenste Krankheiten auslösen, vor allem Krebs und Geburtsfehler. Vielen Pestiziden werden

Chlor und/oder Dioxine beigemengt, um ihre Giftigkeit und Langlebigkeit zu erhöhen. Folglich enthalten Pestizide häufig Dioxine, und/oder die Dioxine entstehen nach der Anwendung als Abbauprodukte.

Dioxine stören auch den Hormonhaushalt. Einer Studie von WHO und UNEP zufolge verursachen sie Unausgewogenheiten bei der Geschlechterverteilung bei Menschen und Wildtieren, was zur Folge hat, dass weniger männliche Nachkommen zur Welt kommen. »Ein Ungleichgewicht bei der Geschlechterverteilung im Zusammenhang mit EDC [hormonaktiven Substanzen], die zu weniger männlichen Nachkommen bei Menschen führen, existieren (z. B. in Bezug auf Dioxine und 1,2-Dibrom-3-chlorpropan), obwohl die zugrunde liegenden Mechanismen unbekannt sind. Die Auswirkungen von Dioxinen auf die Geschlechterverteilung werden inzwischen durch Ergebnisse aus dem Mausmodell erhärtet.«[9]

Agent Orange – ein Entlaubungsmittel, das im Vietnamkrieg großflächig eingesetzt wurde, um die extrem artenreichen Regenwälder in Vietnam und Laos zu zerstören – war das bekannteste mit Dioxinen kontaminierte Herbizid. Agent Orange kombinierte zwei Wirkstoffe: 2,4-D und 2,4,5-T. Bei der Herstellung von 2,4,5-T entstehen Dioxine in sehr hohen Konzentrationen, insbesondere 2,3,7,8-Tetrachlordibenzodioxin (TCDD). Aus diesem Grund wurde es verboten. 2,4-D wird jedoch immer noch häufig eingesetzt, obwohl es ebenfalls mit TCDD kontaminiert ist, das zu den giftigsten und krebserregendsten Substanzen gehört, die der Menschheit bekannt sind. Wie Vallianatos feststellt: »TCDD bewirkt und fördert Krebs mit einer Wirksamkeit, die 17 Millionen Mal höher ist als von Benzol, 5 Millionen Mal höher als von Tetrachlorkohlenstoff und 100.000-mal höher als von PCBs. In Tieren reichert sich TCDD in dramatischen Raten an: 20.000-mal stärker als Benzol, 6000-mal stärker als Tetrachlorkohlenstoff und 4-mal stärker als PCBs.«[10]

Und das Herbizid 2,4-D enthält zusätzlich noch andere Dioxine. Diese begleiten als Verunreinigungen den Herstellungsprozess; sie können aber auch als Abbauprodukte entstehen, wenn sich 2,4-D zersetzt. Dioxine erweisen sich in der Umwelt als höchst langlebig, folglich leidet Vietnam noch immer unter extrem hoher Umweltverschmutzung, was zu Geburtsfehlern, Immunerkrankungen, Krebs und vielen anderen Problemen führt, und das vierzig Jahre nachdem der massive Einsatz von Agent Orange beendet wurde.

Dioxine sind weltweit allgegenwärtig. Man findet sie im Gewebe der meisten heute lebenden Arten. Besonders stark ist die Anreicherung aber bei Lebewesen am oberen Ende der Nahrungskette wie dem Menschen. Gelegentlich stammen sie aus natürlichen Quellen wie aktiven Vulkanen oder Waldbränden; die allermeisten Dioxine sind jedoch Nebenprodukte der Chemieindustrie. Berüchtigte Skandale waren Love Canal, New York; Times Beach, Missouri, und die massive Freisetzung nach einem Chemieunfall im italienischen Seveso. Auch der Mordversuch an dem ukrainischen Präsidenten Wiktor Juschtschenko durch Dioxinvergiftung hinterließ damals bleibende Gesundheitsschäden. Wegen fehlender Forschung ist jedoch nicht bekannt, in welchem Ausmaß die zahlreichen Chlorpestizide zur Dioxinverseuchung der globalen Umwelt und zur Belastung im Gewebe der meisten lebenden Arten beitragen.

Mesnage und Kollegen entdeckten in einer 2015 erschienenen Untersuchung Rückstände von TCDD in handelsüblichem Tierfutter. Das Futter stammt von denselben Feldfrüchten, die auch der menschlichen Ernährung dienen; man darf also annehmen, dass Menschen nach dem Verzehr von Lebensmitteln aus einer Landwirtschaft, die 2,4-D und andere chlorierte Pestizide und Düngemittel verwendet, potenziell krebserregenden TCDD-Konzentrationen ausgesetzt sind. Anlass zu größter Sorge gibt laut dem staatlichen Institut für Umweltmedizin der USA, dass die meisten Menschen durch Dioxine aus der Nahrung belastet sind, und zwar insbesondere aus »tierischen Produkten, die mit diesen Chemikalien kontaminiert sind. Dioxine werden absorbiert und im Fettgewebe gespeichert, deshalb reichern sie sich in der Nahrungskette an. Über 90 Prozent der menschlichen Belastung erfolgt über Lebensmittel.«[11] Beispiele sind Dioxinfunde in Mozzarella aus Italien und in Schweinefleisch aus Irland 2008 sowie in Tierfutter aus Deutschland 2010.

Das Herbizid 2,4-D hätte ebenso wie 2,4,5-T verboten werden müssen. Letzteres wurde vom Markt genommen, weil es TCDD enthält – warum also ist 2,4-D noch erlaubt? Statt die Kontamination durch Verunreinigungen zu berücksichtigen, wenn sie die Gesundheitsfolgen von Pestiziden einschätzen, tun die Aufsichtsbehörden das Gegenteil. Sie verwerfen Studien mit der Begründung, die zusätzlichen Chemikalien würden die Daten verfälschen. In Kapitel 1 wurde ein Bericht der Internationalen Agentur für Krebsforschung (IARC) erwähnt, der das Herbizid 2,4-D als möglicherweise krebserregend einstuft. In dem Bericht der IARC heißt es: »Wegen möglicher Verzerrungen wurden Studien, die Belastungen durch Herbizidmischungen oder dioxinhaltige Herbizide untersuchten, als wenig aufschlussreich hinsichtlich der Karzinogenität von 2,4-D erachtet.«[12] Folglich blendete die IARC diese Studien aus, obwohl sie einen Zusammenhang zwischen 2,4-D und Krebs bei Menschen aufzeigen.

Aufsichtsbehörden müssen dringend die tatsächlich verwendeten Produkte testen, weil sie es sind, die gesundheitliche Schäden auslösen, und nicht die reinen Chemikalien in Laborqualität, die in der Landwirtschaft gar nicht zum Einsatz kommen.

Erhebungen zu Rückständen in Lebensmitteln sind unvollständig

Meines Wissens hat kein Land der Welt Lebensmittel auf alle Pestizide getestet, die im Einsatz sind. Die meisten prüfen nur auf eine »repräsentative Auswahl« der üblichen Chemikalien und lassen dabei Hunderte zugelassene Pestizide außer Acht. Zum Beispiel prüfen die meisten staatlichen Erhebungen wegen der schwierigen Durchführung nicht auf Glyphosat, obwohl es das gebräuchlichste Pestizid der Welt ist. Das Landwirtschaftsministerium der Vereinigten Staaten (USDA) hat noch nie Lebensmittel auf Glyphosatrückstände getestet. Nur einige europäische Länder haben dies getan und es in verschiedenen Lebensmitteln nachgewiesen. In Großbritannien wurden Glyphosat und sein Hauptabbauprodukt AMPA in über 30 Prozent der Brot- und 50 Prozent der Getreideproben gefunden.[13]

Nur sehr wenige Tests beschäftigen sich mit den Abbau- und Nebenprodukten von Agrargiften in unserem Essen und im Trinkwasser. »Beistoffe« werden praktisch gar nicht untersucht, obwohl die meisten von ihnen giftig sind. Bestenfalls wird auf einige wenige ausgewählte Abbauprodukte getestet, die Mehrzahl bleibt unberücksichtigt. Die 23 Prozent der US-amerikanischen Lebensmittel, in denen bei Tests keine Rückstände gefunden wurden, könnten dennoch giftig sein, und zwar aus zwei Gründen: Erstens ist die Aussage, 23 Prozent der Lebensmittel enthielten keine Rückstände, bedeutungslos, solange nicht 100 Prozent der in der Nahrungserzeugung eingesetzten Chemikalien ermittelt werden. Wie können Aufsichtsbehörden behaupten, Essen sei frei von Rückständen oder die Rückstandsmengen seien unbedenklich, wenn sie nicht auf jeden infrage kommenden Stoff getestet haben? Wie können diese Untersuchungen als glaubwürdig gelten, wenn sie ausgerechnet Glyphosat, das meistverwendete Pestizid, außer Acht lassen? Zweitens, nur weil die Tests den Ausgangsstoff nicht nachweisen, heißt das nicht, dass keine giftigen Rückstände von Abbauprodukten oder toxische Nebenprodukte wie Dioxine enthalten wären, die bei der Herstellung von Pestiziden und giftigen »inaktiven Beistoffen« entstehen, wie etwa den krebserregenden Erdöldestillaten. Wir können den Ergebnissen nur entnehmen, dass es keine entsprechenden Tests gegeben hat.

Weitere Untersuchungen zur Unbedenklichkeit von Abbauprodukten sind erforderlich

Nur sehr wenige Untersuchungen befassen sich mit erlaubten Tagesdosen für die Abbau- und Nebenprodukte von Agrargiften. Folglich gibt es auch kaum Grenzwerte für diese toxischen Stoffe, die unser Essen verseuchen. Nur selten wurde erforscht, welche Auswirkungen Abbauprodukte und Verunreinigungen auf den sich entwickelnden Fötus und auf neugeborene und heranwachsende Kinder haben. Diese Altersgruppen reagieren besonders sensibel auf Gifte, und im Fall von hormonaktiven Substanzen und Nervengiften zeigt die Wissenschaft, dass es keine sicheren Grenzwerte gibt. Vorliegende Forschungsergebnisse über Abbauprodukte von Nervengiften aus Organophosphaten, Neonicotinoiden, Pyrethroiden und Dioxinen sowie

> **Nur sehr wenige Untersuchungen** *befassen sich mit erlaubten Tagesdosen für die Abbau- und Nebenprodukte von Agrargiften.*

über Umwelthormone belegen sehr ernste Auswirkungen für die normale Entwicklung von Kindern.

Die Giftigkeit und die Gesundheitsfolgen von Pestizidabbauprodukten und -verunreinigungen werden, ausgehend von der Vermutung, sie seien ungefährlich, weitgehend ignoriert. Die gesetzlichen Vorschriften über Pestizide basieren angeblich auf wissenschaftlichen Erkenntnissen. Solange aber keine Untersuchungen zur Toxizität und Langlebigkeit sämtlicher Abbauprodukte und Verunreinigungen von Pestiziden erfolgen und in begutachteten Fachzeitschriften vorliegen, besitzen die Aufsichtsbehörden keine belastbaren wissenschaftlichen Erkenntnisse, die beweisen könnten, dass die derzeitigen Rückstandsmengen in Lebensmitteln und in der Umwelt unbedenklich wären. Sie zu ignorieren oder zu vermuten, sie seien ungefährlich, kann kein akzeptables Vorgehen von Aufsichtsbehörden sein. Die Behörden haben aufgrund ihrer Sorgfaltspflicht darauf zu achten, dass die Bevölkerung und insbesondere Kinder nicht durch diese toxischen Chemikalien zu Schaden kommen. Mythen über ihre Unbedenklichkeit lebendig zu halten ist nicht hilfreich.

Anmerkungen

1 Food Standards Australia and New Zealand, »20th Australian Total Diet Survey«.
2 Short, Quick Poison, Slow Poison; Colborn, Dumanoski, und Myers, Our Stolen Future; Cadbury, Feminization of Nature; Cox, »Glyphosate (Roundup)«; Colborn, »A Case for Revisiting the Safety of Pesticides«.
3 D. W. Sparling, Gary Fellers. »Comparative Toxicity of Chlorpyrifos, Diazinon, Malathion and Their Oxon Derivatives to Larval Rana boylii«, Environmental Pollution 147 (2007): 535–39.
4 Colborn, »A Case for Revisiting the Safety of Pesticides«.
5 Cox, »Glyphosate (Roundup)«.
6 Elina Jerschow et al., »Dichlorophenol-Containing Pesticides and Allergies: Results from the U. S. National Health and Nutrition Exa-

mination Survey 2005–2006«, Annals of Allergy, Asthma & Immunology 109, no. 6 (Dezember 2012): 420–25.
7 Motohiro Tomizawa, »Neonicotinoids and Derivatives: Effects in Mammalian Cells and Mice«, Journal of Pesticide Science 29, no. 3 (2004): 177–83.
8 »U. S. President's Cancer Panel Annual Report«, 2010.
9 Bergman et al., State of the Science of Endocrine Disrupting Chemicals 2012.
10 Vallianatos, Poison Spring.
11 National Institute of Environmental Health Sciences, http://www.niehs.nih.gov (abgerufen am 15. Juli 2013).
12 »Glyphosate«, IARC Monographs – 112.
13 Ebd.

MYTHOS 4

Verlässliche Aufsichtsbehörden

»Vertrauen Sie uns – wir haben alles im Griff«

Der Mythos, dass die staatlichen Aufsichtsbehörden die sichere Nutzung von Agrargiften gewährleisten, sollte für uns alle sehr bedenklich sein. In einer Pressemitteilung des US-Landwirtschaftsministeriums zu seinem *Pesticide Data Program* 2013 wurde verlautbart, dass Eltern keine Bedenken zu haben bräuchten, denn die EPA, also die Hauptaufsichtsbehörde zum Thema Pestizide in den USA, habe »strenge, wissenschaftlich fundierte und transparente Auflagen für Pestizide, die den Schutz der Gesundheit von Bevölkerung und Umwelt gewährleisten«.[1]

Einige Länder haben bereits Regelungen zur Lebensmittelsicherheit oder planen die Einführung solcher Regelungen, die besagen, dass Landwirte im Umgang mit Chemikalien geschult werden und über ihren Einsatz Buch führen sollen. Zusätzlich gibt es private oder marktbasierte Programme zur Nahrungsmittelsicherheit mit ähnlichen, teilweise auch strikteren Auflagen.

Allerdings haben die meisten der 206 Staaten der Welt (darunter Länder mit UN-Beobachterstatus und Staaten mit eingeschränkter internationaler Anerkennung) keine angemessenen Kontrollmechanismen, ob Agrargifte nach Vorschrift und gemäß »guter landwirtschaftlicher Praxis« genutzt werden. Die schrittweise Annäherung an einen solchen Standard ist sehr wichtig, gerade in Entwicklungsländern, wo Analphabetismus unter Landwirten weit verbreitet ist. Oft müssen sie sich auf den Rat der örtlichen Handelsvertreter verlassen, wenn es darum geht, welches Pestizid geeignet ist, wie stark es mit Wasser verdünnt werden muss oder welche Menge benötigt wird. Doch auch die Lese- und Rechenkenntnisse der Handelsvertreter sind häufig unzureichend, und ohne die nötige Fachkenntnis können sie keine geeigneten Empfehlungen aussprechen. Teilweise wird für den maximalen Gewinn auch einfach verkauft, was auf Lager ist, und der Käufer irregeführt.

Eine bessere Aufklärung ist jedoch nicht nur für uns Konsumenten zentral, sondern auch für die Gesundheit der Landwirte. Denn die wenigsten Landwirte in Entwicklungsländern nutzen Sicherheitsausrüstung wie Gesichtsmasken oder Schutzbekleidung und -handschuhe. In manchen Fällen rühren sie die Gifte mit bloßen Händen ins Wasser und verteilen sie, wieder ohne Schutzhandschuhe, mit Eimern auf den Feldern. Sicherheitskleidung oder Sprühgeräte können sie sich schlicht nicht leisten. Es kommt auch vor, dass die Bauern gar nicht wissen, dass die Chemikalien für Menschen giftig sind. In großen Teilen Indiens zum Beispiel lautet das Wort für Pestizid *dawai*, was auf Hindi »Heilmittel« bedeutet. Giftige synthetische Agrargifte werden als »Medizin für Pflanzen« vermarktet und verkauft, und so kommt es, dass viele der 600 Millionen indischen Landwirte glauben, Pestizide seien eher gesund als hochgefährlich. Weltweit lagern und mischen die Bauern in ländlichen Gebieten die Chemikalien in ihren kleinen Hütten, umgeben von ihren Familien, in unmittelbarer Nähe zu ihrem Essen. Dementsprechend kommen Pestizidvergiftungen am häufigsten unter Landwirten, ihren Familien, Landarbeitern und in Landgemeinden von Entwicklungsländern vor. In *Poisoning Our Future* widmet Dr. Watts mehrere Kapitel den weitreichenden körperlichen Schäden, die der tägliche Gebrauch von Pestiziden in bäuerlichen Gemeinden auf der ganzen Welt, insbesondere in Entwicklungsländern, anrichtet. Sie zeigt dabei auf, wie der Kontakt mit Pestiziden speziell Kinder schwer schädigt.

Vandana Shiva, ihre Schwester Mira Shiva und Vaibhav Singh geben in ihrem Buch *Poisons in Our Food* zahlreiche Beispiele, wie der unsachgemäße Gebrauch von Pestiziden in Indien schwere Krankheiten in epidemischen Ausmaßen verursacht. In ihrem Buch fassen sie ihre Forschungsarbeiten zusammen, die den Anstieg an Krebserkrankungen und schweren Geburtsfehlern in Indien mit dem Einsatz von Pestiziden in Verbindung bringen. Sie erörtern etwa den Zusammenhang zwischen der weitverbreiteten Nutzung von Endosulfan im Bundesstaat Kerala und einer Vielzahl an Geburtsfehlern im gleichen Gebiet, und wie es in Punjab, der Wiege der Grünen Revolution in Indien, zu einer epidemischen Ausbreitung von Krebserkrankungen kommen konnte, die bis heute Zehntausenden Menschen das Leben kostet. Die Zahl der Erkrankten ist so weit angestiegen, dass dort extra der berüchtigte Krebszug eingerichtet wurde, um Tausende Betroffene zur Behandlung in Krankenhäuser zu bringen.[2]

Giftige synthetische Agrargifte *werden als »Medizin für Pflanzen« vermarktet und verkauft, und so kommt es, dass viele der 600 Millionen indischen Landwirte glauben, Pestizide seien eher gesund als hochgefährlich.*

Die Kontrolle des Pestizideinsatzes ist vollkommen unzureichend

Selbst in wirtschaftlich starken Ländern und Regionen mit staatlichen Aufsichtsbehörden wie den Vereinigten Staaten, Australien und der Europäischen Union gibt es ernste Probleme mit der Umsetzung von Vorschriften. Vallianatos beschreibt in seinem Buch *Poison Spring* viele dieser Defizite, insbesondere die Tatsache, dass die Kontrolleure wenig darüber wissen, wie moderne, industrielle Landwirtschaft funktioniert, und ohne Zugrundelegung von Daten irgendwelche Annahmen über die Anwendung von Agrargiften treffen.

Zum Beispiel hat 1981 eine staatliche Prüfung der landwirtschaftlichen Methoden in Florida ergeben, dass in circa 40 Prozent der Fälle entweder die falschen Mittel auf den Anbauprodukten ausgebracht wurden oder schlichtweg zu viel. Wenn grundsätzlich so falsch vorgegangen wird, ist die Produktion von unbedenklichen Nahrungsmitteln unmöglich, und die Regelungen der EPA werden ad absurdum geführt.

Noch verschlimmert wurde die Situation durch die Schwächung – oder vollständige Eliminierung – der Kontrollmöglichkeiten der EPA.[3]

In den meisten Industriestaaten sowie in einigen Entwicklungsländern wird mit Stichprobenkontrollen getestet, ob Lebensmittel, die in Geschäften und auf Märkten verkauft werden, die zulässigen Rückstandshöchstmengen überschreiten. Meist liegen die Rückstände unter dem Grenzwert. Daraus könnte man schließen, dass die Nahrungsmittel unbedenklich sind und die Verbraucher sie gefahrlos essen können, schließlich werden keine Grenzwerte überschritten. Allerdings sind diese Rückstandshöchstmengen, wie schon in den vorherigen Kapiteln dargelegt, äußerst fragwürdig. Sie beruhen auf überholten Methodologien und vernachlässigen:

- Mixturen und Chemiecocktails
- die tatsächliche Rezeptur des Produkts
- Abbauprodukte, Beistoffe und Verunreinigungen der Pestizide
- die besonderen Auswirkungen auf Föten und Neugeborene
- hormonaktive Substanzen (endokrine Disruptoren)
- epigenetische Veränderungen
- generationsübergreifende Auswirkungen

Die Geschichte zeigt, wie Aufsichtsbehörden immer wieder versagt haben, wenn es um den Schutz der Umwelt und der menschlichen Gesundheit ging – etwa bei dem Schutz vor Produkten, die einstmals als sicher galten, darunter Arsen, Asbest, Blei, Quecksilber, Dioxine, PCB, DDT, Dieldrin und andere schwer abbaubare, organische Umweltgifte. Häufig werden diese Produkte noch weithin genutzt, wie etwa Blei für Zahnfüllungen, Konservierungsstoffe in Impfungen und

Pilzvernichtungsmittel in der Landwirtschaft. Auch DDT-Hersteller sind in Ländern wie Uganda und China noch groß im Geschäft, genauso sind Bleifarbe und Weißasbest noch in vielen Ländern in Gebrauch. Wenn es doch in seltenen Fällen zu Ausmusterungen von Produkten kam, dann erst Jahrzehnte nachdem ihre Schädlichkeit einwandfrei wissenschaftlich nachgewiesen wurde.

Der Berufsverband amerikanischer Kinderärzte kritisierte 2011 in seiner Grundsatzerklärung, wie die EPA das Gefahrstoff-Überwachungsgesetz von 1976 umsetzt: »Es herrscht breiter Konsens, dass es nichts zum Schutz von Kindern, schwangeren Frauen und der Gesamtbevölkerung vor gefährlichen, frei verkäuflichen Chemikalien beiträgt. Beim Versuch, die Bevölkerung vor chemischen Gefahrstoffen zu schützen, zieht das Gesetz die besonderen Verwundbarkeiten von Kindern nicht in Betracht. Prozesse gehen so schleppend voran, dass das Überwachungsgesetz in den über dreißig Jahren seiner Existenz nur bei fünf von Zigtausenden frei verkäuflichen Chemikalien und chemischen Klassen zu Reglementierungen geführt hat.«

Die Autoren dieses Statements betrachteten das Verfahren, wie EPA einige zentrale Aufgaben angeht, äußerst kritisch: »Zum Beispiel ist das *Endocrine Disruptor Screening Program* seit 1996 gesetzlich vorgeschrieben. Die EPA jedoch beauftragte die ersten Tests, ein erster Schritt in einem langwierigen Prozess, erst im Oktober 2009. Das *Voluntary Children's Chemical Evaluation Program* wurde Ende des Jahres 2000 von der EPA in die Wege geleitet. Das magere Ziel des Programms war, Informationen über gesundheitliche Auswirkungen, Belastung, Risiko und Datenbedarf zu 23 Chemikalien zu sammeln, denen Kinder mit besonders hoher Wahrscheinlichkeit ausgesetzt sind. Über ein Jahrzehnt später liegen aus verschiedenen Gründen für keine der Chemikalien vollständige Datensätze vor.«[4] Nicht nur die EPA, sondern Aufsichtsbehörden auf der ganzen Welt ignorieren auf diese Art zahlreiche publizierte Arbeiten, erstellt von Hunderten ausgebildeten Wissenschaftlern und Fachleuten, die klar aufzeigen, dass die jetzigen Methoden zur Risikoeinschätzung von Agrargiften in keiner Weise ausreichen.

Regulierungsprozesse

E. G. Vallianatos arbeitete fünfundzwanzig Jahre lang für die EPA, die Umweltschutzbehörde der Vereinigten Staaten. Sein Buch über diese Zeit, *Poison Spring*, ist ein Bericht über die Korruption der Regulierungsverfahren und erhellt die übermäßige Einflussnahme der Pestizidindustrie auf Entscheidungsprozesse: »Die Behörde ist ein zahnloser Tiger geworden, der nur noch vorgibt, für die Umwelt und die öffentliche Gesundheit zu kämpfen. Bei der EPA ist sehr wohl bekannt, dass die global agierenden Chemie- und Agrarunternehmen auch wissenschaftliche Arbeiten fabrizieren. Sie wissen, dass ihre Erzeugnisse gefährlich sind. Doch die Macht der Industrie korrumpiert die Wissenschaftler der EPA oder bringt sie zum Schweigen, sodass diese gezwungen sind, die Wahrheit zu verbergen oder zu ignorieren. Die Wissenschaftler finden sich in einem Zimmer voller Zerrspiegel wieder und plagiieren Studien der Industrie, um deren Befunde anschließend als die eigenen auszugeben.«[5]

Besorgniserregend ist auch der Interessenkonflikt, den die »Drehtür« mit sich bringt, die ehemalige Manager und Anwälte der Pestizidunternehmen nutzen, um bei der EPA in leitende Positionen zu gelangen. Einmal bei der EPA angestellt, haben sie die Entscheidungsgewalt über Regulierungsmaßnahmen für die Produkte ihrer ehemaligen Arbeitgeber. Im Gegenzug wechseln Führungskräfte der EPA in die Chefetagen der Chemiekonzerne und beeinflussen ihre ehemaligen Kollegen bei der EPA. Mit diesem korrupten und unethischen Verhalten macht man den Bock zum Gärtner und verursacht einen massiven Interessenkonflikt.

Dr. Theo Colborn zeigt in ihrer Studie anhand von Beispielen auf, wie die EPA eine Fülle von begutachteten wissenschaftlichen Studien ignoriert und die eigenen Schlussfolgerungen im Großen und Ganzen auf unveröffentlichte Studien stützt, die von der Pestizidindustrie in Auftrag gegeben wurden. »Wenn es um Risikoabschätzungen ging, nutzte die EPA kaum frei zugängliche Literatur, obwohl diese Informationen vorliegen, sondern in der Regel die Angaben der Hersteller.«[6]

Sie stellt fest, dass es die EPA fast vollständig versäumt, Entwicklungsverzögerungen und morphologische oder funktionelle Schädigungen am Fötus in den Blick zu nehmen, weil sich die Behörde weitestgehend auf die Daten der Pestizidindustrie verlässt. Auch Daten dazu, wie Pestizide die physiologischen Systeme beim Menschen beeinflussen, werden von der EPA weitgehend ignoriert. »Zum Beispiel publizierte Brucker-Davis (1998) eine umfassende Übersicht zur frei zugänglichen Literatur und fand dabei 63 Pestizide, die auf die Schilddrüse einwirken – ein Organ, von dem man bereits seit einem Jahrhundert weiß, dass es Einfluss auf die Gehirnentwicklung, die Intelligenz und das Verhalten hat. Dennoch hat die Umweltbehörde EPA bis dato noch keine Schritte gegen irgendein Pestizid unternommen, weil es die Schilddrüse beeinträchtigt.«[7]

Die bereits in Kapitel 2 beschriebene Metastudie der Weltgesundheitsorganisation und des UNEP stellt zudem eindeutig fest, dass die jetzigen Regulierungssysteme versagen, wenn es um die Frage der hormonaktiven Substanzen geht: »Wir können nicht darauf vertrauen, dass das jetzige System zum Schutz von Menschen und Wildtieren vor hormonaktiven Substanzen so gut funktioniert, wie es sollte, um negativen Folgen für die Gesundheit von Mensch und Wildtierbestand vorzubeugen.«[8]

Auch der Bericht des President's Cancer Panel der USA kritisiert die gängigen Prüfmethoden und die Untätigkeit der Aufsichtsbehörden, wenn es um die Begutachtung der Giftigkeit von Chemikalien geht, wie sie von neuesten begutachteten Studien nachgewiesen wurde:

> Das vorherrschende Prinzip, nach dem in den Vereinigten Staaten gehandelt wird, ist Nachsorge statt Vorsorge. Das heißt, anstatt präventiv in Aktion zu treten, wo unsicher ist, ob eine Chemikalie Schäden am Menschen oder der Umwelt anrichten könnte, muss erst eine Gefährdung einwandfrei nachgewiesen werden, bevor Schritte zur Verbesserung eingeleitet werden. Überdies müssen weder die Industrie noch andere Befürworter einer bestimmten Chemikalie, eines Geräts oder einer Maßnahme deren Sicherheit nachweisen, nein, der Öffentlich-

keit wird aufgebürdet, den Nachweis zu erbringen, dass eine vorliegende Umweltbelastung gefährlich ist.[9]

Auch gegenüber den Aufsichtsbehörden der Europäischen Union (EU) gibt es massive Kritik, aktuell besonders zum Thema Glyphosat. Dr. Nancy Swanson und Dr. Mae-Wan Ho untersuchten etwa den Entscheidungsfindungsprozess in der EU in Bezugnahme auf den Bericht zur Risikobewertung von Glyphosat. Verantwortlich für den Bericht ist das deutsche Bundesinstitut für Risikobewertung (BfR). So schreiben Swanson und Ho: »In fünfzehn Dokumenten mit insgesamt 3744 Seiten finden sich keine Informationen zur Urheberschaft. Zwischen April und Juni 2014 gingen zu verschiedenen Gelegenheiten vier Anfragen beim BfR ein, alle zu dem Thema, wer die Verfasser des Berichts seien und welcher Ausschuss beim BfR die Verantwortung dafür trage. Bis dato liegt keine Antwort vor.«[10] Swanson und Ho dokumentierten auch, wie Mitarbeiter von Pestizidunternehmen die Entscheidungen zur Regulierung der Produkte ihrer Firma beeinflussen können, weil sie Sitze in den Ausschüssen haben, die diese Entscheidungen treffen: »In der BfR-Kommission für Pflanzenschutzmittel und deren Rückstände, von der man annehmen kann, dass sie den Risikobewertungsbericht erstellt hat, kamen 2014 drei von zwölf Mitgliedern, zwischen 2011 und 2013 vier von sechzehn Mitgliedern von der BASF oder Bayer CropScience. Dieser schwerwiegende Interessenkonflikt in einer Aufsichtsbehörde beschränkt sich nicht nur auf das BfR, der gesamte Kontrollapparat der EU ist davon betroffen.«

In der Europäischen Union *fällen Menschen mit Verbindungen zur Pestizidindustrie die Regulierungsentscheidungen für deren Produkte.*

Wie Vallianatos es in seinem Buch über die EPA beschreibt, existiert der »Drehtüreffekt« auch in der Europäischen Union, wo Menschen mit Verbindungen zur Pestizidindustrie die Regulierungsentscheidungen für deren Produkte fällen. Swanson und Ho konnten auch für die Mehrheit der Mitglieder im wissenschaftlichen Gremium der Europäischen Behörde für Lebensmittelsicherheit (EBL) Verbindungen zur Industrie nachweisen. »Der Bericht ›Unhappy Meal‹, des Corporate Europe Observatory vom Oktober 2013 deckte auf, dass 59 Prozent der EBL-Mitglieder im wissenschaftlichen Gremium direkte oder indirekte Verbindungen zu Unternehmen hatten, deren Aktivitäten in den Aufgabenbereich der EBL fielen. Infolgedessen beschloss das Europäische Parlament im April 2014, Wissenschaftler mit Verbindungen zur Agrar- und Lebensmittelindustrie aus der Behörde auszuschließen, und gab der EBL zwei Jahre, um für Ordnung zu sorgen.«[11]

Das Einschreiten des Europäischen Parlaments ist erst einmal eine gute Nachricht, doch laut Swanson und Ho ist das Treiben damit nicht beendet. Wie bei der amerikanischen EPA gibt es bei der europäischen EBL weiterhin Interessenkonflikte, denn die Behörde verlässt sich weitgehend auf von der Industrie finanzierte Studien und Experten. Sie fanden heraus, dass der europäische Risikobewertungsbericht zu Glyphosat zum Großteil von einem Dokument der Glyphosate Task Force (GTF) abgeschrieben wurde, einer Organisation der Pestizidindustrie, beherrscht von einigen europäischen Chemiekonzernen und Monsanto. Swanson und Ho schließen: »[…] der Interessenkonflikt ist noch unverhohlener als gedacht. Es waren Monsanto und ein Konsortium europäischer Chemiekonzerne, die die Risikobewertung für die Wiederzulassung von Glyphosat durchgeführt haben.«

Steven Druker liefert in seinem gründlich recherchierten Buch *Altered Genes, Twisted Truth* zahlreiche Beispiele dafür, wie dieselben Konzerne die Erforschung und die Regulierung von gentechnisch veränderten Organismen manipuliert haben, sodass die neuartigen Pflanzen wenig bis gar nicht geprüft zugelassen wurden.[12] Die Bücher von Druker und Vallianatos sind jedem zu empfehlen, der verstehen will, wie die Wissenschaft, Forscher, Aufsichtsbehörden, politische Entscheidungsträger und die Mainstreammedien korrumpiert und manipuliert werden, sodass sie fundierte, begutachtete, publizierte Forschungsergebnisse und Warnungen von Experten ignorieren und Entscheidungen stützen, die eindeutig der Umwelt und der allgemeinen Gesundheit, insbesondere der unserer Kinder, schaden.

Die Monsanto-Papers

Nachdem ein kalifornischer Landwirt 2015 nach jahrelanger Nutzung von Monsantos Unkrautvernichtungsmittel Roundup an Krebs gestorben war, reichte die Anwaltskanzlei Baum Hedlund eine Klage wegen widerrechtlicher Tötung ein. Seitdem haben sich Hunderte andere der Klage angeschlossen. Im Zuge des Verfahrens gelang es Baum Hedlund, die Veröffentlichung von internen Dokumenten zur Giftigkeit von Glyphosat und Roundup zu erzwingen. Die Dokumente sind nun öffentlich zugänglich und auf der Website von Baum Hedlund für jedermann einsehbar.[13]

Laut Baum Hedlund »zeichnen diese Dokumente ein besorgniserregendes Bild von Ghostwriting, wissenschaftlichen Manipulationen, Absprachen mit der Environmental Protection Agency (EPA) und bis dato geheim gehaltenen Informationen darüber, wie der menschliche Körper auf Glyphosat reagiert«. Diese zuvor geheimen Dokumente verdeutlichen die Konsequenzen für die öffentliche Gesundheit, die Monsanto mit dem Vertrieb von Roundup in Kauf nimmt. Und sie bestätigen Druker und Vallianatos, die in ihren Büchern beschreiben, wie Absprachen zwischen Aufsichtsbehörden und Industrie die evidenzbasierte Wissenschaft korrumpieren. Aus den Papieren geht hervor, wie Funktionäre von Monsanto und EPA über die Jahrzehnte zusammengearbeitet haben, um die Beweise, dass Glyphosat eine Reihe von Krankheiten wie Krebs und Nierenschäden verursacht, unter der Decke zu halten.

Die Papiere zeigen auch, wie der Konzern einen Großangriff gegen die Internationale Agentur für Krebsforschung (IARC) und ihre Einstufung von Glyphosat startete. Monsanto schrieb und veröffentlichte ein »unabhängiges« Expert Panel Manuscript, um die Erkenntnisse der IARC anzufechten. Es wurde ebenfalls enthüllt, dass Monsanto Mitglieder dieses »unabhängigen« Expertengremiums als Fachberater bezahlte und mit einem Mitarbeiter der Zeitschrift *Forbes* einen Presseangriff plante, noch bevor die IARC ihre Ergebnisse überhaupt veröffentlichte.

Aus den Papieren geht hervor, dass Monsanto versuchte, »die Bedeutung der IARC zu schmälern« und »zukünftigen nachteiligen IARC-Entscheidungen zu Pestiziden/GVOs vorzubeugen«. Monsanto nutzte seinen politischen Einfluss in den USA, um die Weltgesundheitsorganisation und andere unter Druck zu setzen und die IARC zu kontrollieren.

Außerdem erfährt man aus den Veröffentlichungen, wie Monsanto über EPA-Funktionäre auf die europäischen Behörden wie die europäische Behörde für Lebensmittelsicherheit einwirkte, damit sie die Beweise zur Schädlichkeit von Glyphosat ignorieren. Monsanto fungierte sogar als Ghostwriter für einige Studien, die Aufsichtsbehörden wiederum nutzten, um die erlaubten Tagesdosen und Rückstandshöchstmengen festzulegen.

Diese Studien sollten als betrügerisch zurückgezogen werden und nicht die Grundlage für die Festlegung von »unbedenklichen« Rückständen in unserem Essen bilden!

EPA, EBL und Glyphosat

Erst kürzlich unterzogen EPA wie EBL Glyphosat einer erneuten Überprüfung und beschlossen, die Grenzwerte für Rückstandshöchstmengen und die erlaubte Tagesdosis in unserem Essen und unserer Umwelt erheblich zu erhöhen. Hierbei erklärten beide Aufsichtsbehörden, es gebe keine Beweise dafür, dass Glyphosat Krebs verursacht. Die Internationale Agentur für Krebsforschung (kurz IARC), eine Einrichtung der Weltgesundheitsorganisation, ist allerdings anderer Meinung. Im März 2015 klassifizierte sie Glyphosat als wahrscheinlich krebserregend und verwies auf mehrere wissenschaftliche Studien, die es mit verschiedenen Krebsarten in Verbindung bringen, zum Beispiel Non-Hodgkin-Lymphomen, Nierenkrebs, Hautkrebs und Bauchspeicheldrüsenkrebs. Die IARC veröffentlichte ihre Ergebnisse in der Fachzeitschrift *Lancet Oncology*, dem weltweit führenden Journal für Krebsstudien.

Siebzehn unabhängige Experten aus elf Ländern prüften die Studien und ordneten Glyphosat ihren Ergebnissen entsprechend unter 2A, der zweithöchsten Klasse für Karzinogene, ein. Die

Einstufung karzinogener Substanzen nach IARC erfolgt in fünf Klassen:

- Gruppe 1: karzinogen für Menschen
- Gruppe 2 A: wahrscheinlich karzinogen
- Gruppe 2 B: möglicherweise karzinogen
- Gruppe 3: nicht eingestuft
- Gruppe 4: wahrscheinlich nicht karzinogen

In Gruppe 1 gehören Substanzen wie Tabak, Alkohol, Asbest und Benzol, denen zahlreiche wissenschaftliche Studien ihre krebserregende Wirkung nachweisen. Nur etwa hundert von über neunhundert klassifizierten Substanzen wurden dieser Gruppe zugeordnet. In Gruppe 2 A eingeordnet sind Substanzen, die bewiesenermaßen Krebs bei Tieren verursachen, zu denen aber nicht genügend Studien für Menschen vorliegen. Laut IARC wurde die 2 A-Klassifikation an Glyphosat vergeben, weil es »stichhaltige, mechanistische Beweise gibt; für Malathion und Glyphosat liefern mechanistische Beweise unabhängige Unterstützung für die 2 A-Klassifikation, basierend auf dem Nachweis karzinogener Wirkungen bei Menschen und Versuchstieren«.[14]

Bereits 1985 stufte die amerikanische Umweltschutzbehörde EPA Glyphosat als karzinogen ein. 1991 nahm die EPA die Studien erneut in Augenschein und manipulierte nach Meinung von Swanson, Ho und anderen Experten die Interpretation der Daten, um dann zu behaupten, es gebe keine krebserregende Wirkung. Die Anwaltskanzlei Baum Hedlund veröffentlichte ein internes Dokument von Monsanto, aus dem hervorgeht, dass Monsanto damals aktiv darauf hinwirkte, die Verbindung zwischen Krebs und Glyphosat zu verschleiern. Das Dokument zeigt auf, dass Dr. George Levinskas, Monsantos Direktor für Umweltprüfung und Toxikologie, höchstselbst versucht hat, das karzinogene Potenzial von Glyphosat unter den Teppich zu kehren. 1985 schrieb er in einem internen Brief: »Die Geschäftsleitung der EPA begutachtet einen Antrag, Glyphosat in Kategorie C ›möglicherweise karzinogen für Menschen‹ einzuordnen, weil bei männlichen

Mäusen Nierenadenome aufgetreten sind. Dr. Marvin Kuscher wird die Nieren begutachten und der EPA seine Bewertung präsentieren in dem Bestreben, die Agentur zu überzeugen, dass die Tumore nichts mit Glyphosat zu tun haben.«[15]

Ebendiese Präsentation wurde genutzt, um Glyphosat wieder aus der Liste der Karzinogene zu streichen, allerdings nicht vorbehaltlos. Drei Mitglieder im zuständigen EPA-Ausschuss weigerten sich, das Abschlussdokument zu unterstützen; zwei davon schrieben, dass sie dem Ergebnis nicht zustimmen könnten. Experten im IARC-Ausschuss stellten nach ihrer letzten Begutachtung fest, dass einige dieser frühen Studien eindeutige Beweise lieferten, dass Glyphosat Krebs verursacht.[16]

Das deutsche Bundesinstitut für Risikobewertung widerspricht der Einstufung von Glyphosat als karzinogen. Das BfR erklärte, Glyphosat sei nicht krebserregend und sogar so unbedenklich, dass man der EBL vorschlug, die Grenzwerte deutlich heraufzusetzen. Um diesen Widerspruch aufzulösen, bat die EBL das BfR, seine Einschätzung erneut zu prüfen. Das BfR tat wie geheißen und kam zu dem Ergebnis, dass Glyphosat für Menschen wahrscheinlich nicht karzinogen sei.[17] Diese Entscheidung überrascht kaum, wenn man bedenkt, wie viele Mitarbeiter von Pestizidunternehmen laut Swanson und Ho in der BfR-Kommission für Pflanzenschutzmittel und ihre Rückstände saßen. Auch der französische Investigativjournalist Stéphane Foucart, der für *Le Monde* schreibt, bestätigte, dass mehrere Mitglieder dieser Kommission Angestellte der Chemieindustrie sind. Und genau diese Kommission ist es, die die Sicherheit von Pestiziden wie Glyphosat prüft. Es besteht ein gewaltiger Interessenkonflikt, wenn Vertreter von Organisationen mit direkten oder

Es besteht ein gewaltiger Interessenkonflikt, *wenn Vertreter von Organisationen mit direkten oder indirekten wirtschaftlichen Interessen im Zusammenhang mit dem Verkauf oder der Nutzung von Pestiziden an der Entscheidung beteiligt sind, ob diese Produkte beschränkt oder verboten werden sollen.*

indirekten wirtschaftlichen Interessen im Zusammenhang mit dem Verkauf oder der Nutzung von Pestiziden an der Entscheidung beteiligt sind, ob diese Produkte beschränkt oder verboten werden sollen. Hier wird tatsächlich der Bock zum Gärtner gemacht.[18]

Dass die EBL Glyphosat als wahrscheinlich nicht krebserregend einstuft, stieß auf einige Vorbehalte vonseiten zahlreicher internationaler und europäischer Forscher und Wissenschaftler. In Anbetracht der umfangreichen Studien und der klaren und transparenten Analyse, nach der die IARC Glyphosat die 2 A-Klassifikation gab, schien die Entscheidung des BfR wenig plausibel. Folgerichtig schrieben 96 Professoren, unabhängige Experten und Wissenschaftler im Staatsdienst aus aller Welt einen offenen Brief an Vytenis Andriukaitis, EU-Kommissar für Gesundheit und Lebensmittelsicherheit der Europäischen Kommission, in dem sie die Methoden und den Entscheidungsfindungsprozess des BfR kritisierten: »Wir haben uns zusammengeschlossen und schreiben Ihnen zum jetzigen Zeitpunkt, um unserer ernsten Besorgnis über die jüngste Entscheidung der Europäischen Behörde für Lebensmittelsicherheit Ausdruck zu geben, das weitverbreitete Herbizid Glyphosat stelle wahrscheinlich keine kanzerogene Gefahr für Menschen dar.«

Sie legten dar, dass ihnen die Entscheidung des BfR nicht plausibel erscheinen, weil die wissenschaftliche Beweislage deren Folgerungen nicht stützte und auch der Entscheidungsprozess nicht transparent gestaltet worden sei. »Dementsprechend fordern wir Sie und die Europäische Kommission auf, den mangelhaften Befund der EBL zu Glyphosat nicht in Ihrer Politikformulierung zu Gesundheit und Umwelt in Europa zu berücksichtigen und eine transparente, freie und glaubwürdige Begutachtung der wissenschaftlichen Literatur anzustoßen.«[19]

Vorsorge statt Nachsorge

Pestizide finden, gerade weil sie giftig sind, Einsatz in unserer Nahrungsmittelproduktion. Ihre Hauptfunktion ist es, Schädlinge, Krankheitserreger und Unkraut mittels Gift abzutöten. Aufsichtsbehörden müssen gewährleisten, dass Mensch und Umwelt von diesen Giften nicht beeinträchtigt werden. Diese Fürsorgepflicht hat besondere Bedeutung, wenn es um die Gesundheit unserer Kinder – unserer Zukunft – geht.

Bislang waren es Proteste der Zivilgesellschaft und das Einschreiten besorgter Wissenschaftler, die Aufsichtsbehörden dazu brachten, die Nutzung einiger Chemikalien teilweise einzuschränken. Diese Eingriffe betreffen meist die Nutzung der Chemikalien oder führen in seltenen Fällen zu einem Verbot zugunsten der Sicherheit von Mensch und Umwelt. Es sollte aber doch nicht der Öffentlichkeit obliegen, mit einem erheblichen Aufwand an Zeit und Geld die Schädlichkeit von Pestiziden nachzuweisen. Vielmehr sollte die Industrie, der Sektor, der von diesen Chemikalien profitiert, eindeutige Beweise dafür vorlegen, dass ihre Produkte Menschen und Umwelt nicht schaden, wenn sie damit in Berührung kommen.

Aufsichtsbehörden sollten einen vorbeugenden Ansatz verfolgen, so wie es das USPCP befürwortet. Wenn eine neu veröffentlichte, begutachtete wissenschaftliche Studie auf gesundheitliche Risiken im Zusammenhang mit den Verwendungsmustern von Pestiziden hinweist, sollte das Vorsorgeprinzip gelten, um jegliches Leid zu vermeiden. Das Vorsorgeprinzip wird in der Politik angewandt, wenn ein Risiko für die menschliche Gesundheit oder die Umwelt vermutet wird; es besagt, dass es unter diesen Umständen nicht nötig ist, wissenschaftliche Gewissheit zu erlangen, bevor Schutzmaßnahmen ergriffen werden. Das könnte heißen, dass die Chemikalie nicht mehr genutzt werden darf, bis unabhängige, begutachtete wissenschaftliche Tests einen neuen, sicheren Grenzwert ermitteln. Leider gilt in der Realität die umgekehrte Vorgehensweise: Aufsichtsbehörden ignorieren neue wissenschaftliche Erkenntnisse und leiten erst dann den einen oder anderen zaghaften Schritt ein, nachdem besorgte Mahner aus der Zivilgesellschaft und der wissenschaftlichen Gemeinschaft jahrelange Arbeit investiert haben.

Glyphosat – jahrzehntelange Missachtung wissenschaftlicher Forschungen

Der Umgang mit Glyphosat ist ein gutes Beispiel, wenn es um die Ignoranz von Aufsichtsbehörden gegenüber Unmengen an publizierten Studien geht, die aufzeigen, welche Schäden dieses weitverbreitete Pestizid verursachen kann. Laut Monsanto ist es das weltweit meistgenutzte Unkrautvernichtungsmittel, und seit der Einführung Glyphosat-resistenter, gentechnisch veränderter Nutzpflanzen ist der Absatz weiter angestiegen.

Glyphosat und die Rezepturen, in denen es steckt, gelten als unbedenklich und werden folglich viel genutzt: Besprüht werden nicht nur Felder für den Lebensmittelanbau, sondern auch Straßenränder, Gehwege, Spielplätze, Parks und Gärten. Viel zitierte Argumente zur Unbedenklichkeit von Glyphosat finden sich auf der Website EXTOXNET. Das Extension Toxicology Network (EXTOXNET) wird aber inzwischen von Informationsblättern des National Pesticide Information Center (NPIC) ersetzt, einer Kooperation der Oregon State University und der Umweltschutzbehörde EPA. Deren allgemeines Informationsblatt zu Glyphosat wurde im September 2010 überarbeitet und erweckt den Eindruck, dass auf Glyphosat basierende Mittel besonders sicher seien, obwohl es »bei sehr hohen Dosen« ein paar Probleme geben könne.[20] Das Informationsblatt geht dabei nicht auf die zahlreichen Studien ein, die aufzeigen, dass es bei umweltrelevanten Dosen eine Vielzahl an Gesundheitsproblemen verursachen kann.

Zellschäden – Wegbereiter für Krebs und Geburtsfehler

Forschungen zeigen, dass Glyphosat für Schäden am Erbgut, Entwicklungsstörungen, Erkrankungen und Sterbefälle verantwortlich ist, und zwar selbst bei bis dato als normal geltenden Dosen.[21] Im Artikel »Differential Effects of Glypohosate and Roundup on Human Placental Cells and Aromatase« (»Unterschiedliche Auswirkungen von Glyphosat und Roundup auf Plazentazellen und Aromatase beim Menschen«), veröffentlicht von Richard und Kollegen in der Zeitschrift

Environmental Health Perspectives, wird beschrieben, wie nach nur 18 Stunden Belastung mit einer noch geringeren Konzentration als in handelsüblichen Unkrautvernichtungsmitteln Glyphosat die Plazentazellen schädigte. Die Wissenschaftler erklärten, dass sich »dieser Effekt mit zunehmender Konzentration und Zeit oder mit der Beifügung von Roundup-Zusatzstoffen verstärkte«.[22]

Für eine andere Studie, die in der Zeitschrift *Toxicology* erschien, wurden vier verschiedene handelsübliche glyphosathaltige Mittel analysiert. Bereits bei Dosen von nur 5 ppm (Teile pro Million) fand man Brüche in 50 Prozent der DNA-Stränge menschlicher Leberzellen. Ein solcher Schaden beeinträchtigt die Funktion der DNA beim Versenden von Nachrichten an verschiedene physiologische Systeme, wozu auch das Hormonsystem zählt. Dies hielten die Forscher für signifikant, weil die Leber als primäres Entgiftungsorgan auf Schadstoffe in der Nahrung besonders empfindlich reagiert.[23]

Geburtsfehler bei Tieren

Clements und Kollegen veröffentlichten 1997 eine Studie, mit der sie Schäden an der DNA von Ochsenfroschkaulquappen nachwiesen, die Glyphosat ausgesetzt gewesen waren. Die Forscher schlossen daraus, dass die »Genotoxizität [von Glyphosat] in relativ geringer Konzentration« nicht zu vernachlässigen sei.[24] Lajmanovich und Kollegen beschrieben in ihrer Studie von 2003, dass 55 Prozent der Kaulquappen, die mit einem glyphosathaltigen Herbizid in Kontakt kamen, Fehlbildungen an Mund, Augen, Schädel, Wirbelsäule und Ruderschwanz entwickelten.[25] Ebenfalls 2003 fanden Dallegrave und Kollegen in einer Studie heraus, dass der Nachwuchs trächtiger Ratten, die Glyphosat aufgenommen hatten, häufiger Veränderungen in der Skelettstruktur aufwies.[26]

Biologen von der Trent University, der Carleton University (Kanada) und der University of Victoria (Kanada) leiteten 2004 eine Studie, in der sich zeigte, dass verschiedene glyphosathaltige Herbizide in Konzentrationen, wie sie in der Umwelt vorkommen, Entwicklungsstörungen bei Kaulquappen verursachten. Die belasteten Kaulquappen blieben kleiner als ihre Artgenossen, wiesen eine verzögerte

Entwicklung auf, und bei 10 bis 25 Prozent traten Fehlbildungen der Geschlechtsorgane auf.[27]

In einer Studie, die 2010 publiziert wurde, kam man zu dem Ergebnis, dass 60 Prozent der Kaulquappen, die Roundup in einer Dosis von einem Teil pro Million ausgesetzt waren, Fehlbildungen wie Verkrümmungen der Wirbelsäule (Kyphose, Skoliose) und Ödeme entwickelten.[28] 2012 konnte Relyea zudem in einer Studie nachweisen, dass bei Kaulquappen, die Roundup in umweltrelevanten Dosen ausgesetzt waren, Veränderungen der Ruderschwänze auftraten.[29]

Eine der bedeutendsten Studien untersuchte die Giftigkeit von Roundup als chemischer Rezeptur und von Glyphosat als aktivem Inhaltsstoff. Alejandra Paganelli und ihre Kollegen konnten durch ihre Arbeit 2010 eine mögliche Erklärung für die in den vorherigen Studien schon festgestellten Geburtsfehler liefern. Die Forscher fanden heraus, dass sowohl Glyphosat pur als auch Roundup schwere Fehlbildungen bei den Embryonen von Hühnern und Fröschen verursachten; bei den Fröschen reichte sogar eine Dosis von unter 0,5 ppm. Sie kamen zu dem Schluss, dass die Chemikalien die Signalwege der Retinsäure, einen wichtigen biochemischen Mechanismus, störten.[30]

Der Retinsäure-Signalweg dient bei allen Wirbeltieren, also auch beim Menschen, dazu, die normale Entwicklung von Organen, Knochen und Gewebe beim Embryo zu gewährleisten. Er ist auch essenziell für die normale Sexualentwicklung, insbesondere bei Männern. Über die Signalübertragung werden der genaue Zeitpunkt und Ort angegeben, an dem ein Organ oder Gewebe beim Embryo entstehen soll. Auch Fehlbildungen können hierdurch gleich im Anfangsstadium korrigiert werden. Ist aber das Gleichgewicht gestört, können die verschiedenen Organe und Gewebe falsche Signale erhalten, und es entstehen Fehlbildungen, die nicht mehr zu korrigieren sind.[31]

Glyphosat, Krebs und Tumore

Wie schon früher in diesem Kapitel angesprochen, ordnete die IARC auf Grundlage vieler wissenschaftlicher Studien Glyphosat in die zweithöchste Kategorie der krebserregenden Substanzen ein. Im Folgenden führe ich einige Beispiele aus den zahlreichen Studien an, die

Glyphosat mit Krebs in Verbindung bringen.

Die IARC ordnete *auf Grundlage vieler wissenschaftlicher Studien Glyphosat in die zweithöchste Kategorie der krebserregenden Substanzen ein.*

Forschungen von Mesnage und Kollegen zeigten, dass menschliche Zellen bei Dosen von 1 ppm bis 20.000 ppm Roundup durch Nekrose absterben. Bei 50 ppm verzögert es die Apoptose der Zellen, die für die normale Funktion und die Regeneration von Zellen, Geweben und Organen unerlässlich ist.[32] Eine verzögerte oder vollständig unterbundene Apoptose gilt als mögliche Ursache für Krebs.

Eine von Flower und Kollegen geleitete Studie untersuchte 2004 die Krebsraten unter den Kindern der Familien, die Glyphosat zur Unkrautbekämpfung einsetzen. Sie kamen zu dem Ergebnis, dass die Fallzahlen aller Krebsarten, die typischerweise im Kindesalter auftreten, erhöht waren, wozu auch sämtliche Lymphome wie etwa das Non-Hodgkin-Lymphom zählen.[33]

Eine Fallkontrollstudie, die im März 1999 von den schwedischen Wissenschaftlern Hardell und Eriksson publiziert wurde, brachte das Non-Hodgkin-Lymphom (NHL) ebenfalls mit der Belastung durch verschiedene Pestizide und Herbizide, darunter auch Glyphosat, in Verbindung.[34] Vor den 1940er-Jahren zählte das Non-Hodgkin-Lymphom zu den seltensten Krebsarten überhaupt. Inzwischen ist es weit verbreitet. Zwischen 1973 und 1991 stiegen die Fallzahlen des Non-Hodgkin-Lymphoms in den USA um 3,3 Prozent im Jahr, der drittstärkste Zuwachs bei einer Krebsart zum damaligen Zeitpunkt.[35] In Schweden stiegen die Fallzahlen von NHL seit 1958 bei Männern um 3,6 Prozent im Jahr, bei Frauen um 2,9 Prozent.

Verschiedene Tierversuche zeigen, dass Glyphosat Genmutationen und Chromosomenveränderungen verursachen kann. Derartige Schäden am Erbgut gelten als Wegbereiter für Krebs.[36] Glyphosat soll auch oxidativen Stress begünstigen, was ebenfalls zur Entstehung von Krebs beiträgt.[37]

2004 erschien eine Studie, die besagt, dass Herbizide auf Glyphosatbasis Fehlregulationen im Zellzyklus verursachen, was zu Krebs führen kann. Die Forscher erklärten: »Fehlregulationen im Zellzyklus sind ein Kennzeichen von Tumorzellen und Krebs beim Menschen. Der Ausfall von Kontrollpunkten des Zellzyklus führt zu genomischer Instabilität und später zur Entwicklung von Krebs, ausgehend von der betroffenen Zelle.« Es wurden verschiedene Pestizide auf Glyphosatbasis getestet, und alle verursachten Fehlregulationen im Zellzyklus.[38]

Forschungen, die 2013 in der Fachzeitschrift *Food and Chemical Toxicology* erschienen (und die ich bereits in Kapitel 1 und 2 erwähnt habe), kamen zu dem Ergebnis, dass Glyphosat in Dosen, wie es im menschlichen Körper häufig vorkommt, die Teilung von östrogen-sensitiven Brustkrebszellen beim Menschen um das 5- bis 13-Fache beschleunigt.[39]

In der einzigen veröffentlichten, begutachteten, vergleichenden Langzeitstudie bekamen Ratten eine Portion Genmais beziehungsweise minimale Roundup-Rückstände ins Futter. Man stellte fest, dass die belasteten Ratten bedeutend häufiger unter Tumoren, Nierenkrankheiten, Leberschäden und anderen Gesundheitsproblemen litten. Weibchen, die entweder Genmais oder Mais mit Roundup-Rückständen zu fressen bekamen, entwickelten fast immer häufiger und früher große Gesäugetumore als die Vergleichsgruppe (siehe Abbildung 16 auf S. 231). Alle belasteten Weibchen, abgesehen von einem, welches Eierstockkrebs bekommen hatte, wiesen Brustdrüsenvergrößerungen auf und in manchen Fällen Knoten in den Brustdrüsen. Belastete Männchen entwickelten viermal häufiger Tumore, die so groß waren, dass man sie mit der Hand ertasten konnte, als die Vergleichsgruppe, und diese traten auch bis zu 600 Tage früher auf.[40]

Hormonelle Wirksamkeit

Über die sehr bedenkliche hormonelle Wirksamkeit von Glyphosat sprach ich bereits in Kapitel 2. Thongprakaisang und Kollegen fanden heraus, dass Glyphosat wie Östrogen agiert und damit die Teilung von östrogensensitiven Brustkrebszellen beschleunigt.[41]

2009 berichteten Gasnier und seine Kollegen von einer hormonaktiven Wirkung von Glyphosat bei 0,5 ppm. Laut den Autoren ist diese Dosis »800-mal geringer als die Grenzwerte für einige Nahrungs- oder Futtermittel (400 ppm, USEPA, 1998)«.[42]

2014 veröffentlichte Professor Séralini in *Environmental Sciences Europe* eine Studie, in der sich zeigte, dass sowohl Roundup als auch Genmais hormonaktiv wirken und ihr Konsum den Tod weiblicher Ratten zur Folge hatte – deren Sterberate war im Vergleich zur Kontrollgruppe zwei- bis dreimal höher. Die Hirnanhangdrüse war das am zweithäufigsten geschädigte Organ, und der Geschlechtshormonhaushalt war bei Tieren, die Genmais und Roundup fraßen, gestört.[43] Die kontroverse Diskussion, die sich rund um diese Studie entsponnen hat, werde ich im letzten Kapitel näher beleuchten.

Störungen der Stoffwechselwege

Einen der bedeutendsten Beiträge zum Thema Glyphosat lieferten Samsel und Seneff, die ihre Studie 2013 in dem begutachteten wissenschaftlichen Journal *Entropy* veröffentlichten. Ihre umfangreiche Forschungsarbeit unter dem Titel »Glyphosate's Suppression of Cytochrome P450 Enzymes and Amino Acid Biosynthesis by the Gut Microbiome: Pathway to Modern Disease« (»Wie Glyphosat Cytochrom-P450-Enzyme und den Aminosäurestoffwechsel der Darmflora unterdrückt: Wegbereiter moderner Krankheiten«) zeigte, wie Glyphosat zahlreiche biochemische Prozesse sowie die Darmflora im menschlichen Körper stört und folglich zu verschiedenen Krankheiten führen kann.[44] In ihrer wissenschaftlichen Arbeit liefern sie umfassende und bestechende Beweise. Hier öffnen sich wichtige Bereiche, in denen weitere Forschung zu Glyphosat und anderen Chemikalien dringend notwendig ist, um die menschliche Gesundheit zu schützen.

Cytochrom P450 (CYP) ist eine Superfamilie der Enzyme, die für circa 75 Prozent der Stoffwechselreaktionen im Zusammenhang mit Arzneimittelstoffwechsel und der Oxidation von organischen Molekülen verantwortlich und die fast überall im menschlichen Gewebe zu finden ist. CYPs verstoffwechseln Tausende Chemikalien, körpereigene wie auch körperfremde Stoffe, die über Nahrung, Wasser oder die Atmosphäre aufgenommen werden oder in der Darmflora vorkommen. Sie sind auch beteiligt an der Verstoffwechslung und Synthese zahlreicher wichtiger biochemischer Verbindungen wie Retinol, Vitamin D und Neurotransmittern (z. B. Serotonin und Melatonin) und anderer gesundheitlich relevanter Verbindungen wie L-Tryptophan und Cholesterin. Eine wichtige Rolle spielen CYPs auch bei der Synthese und Verstoffwechslung von Hormonen wie Östrogen, Testosteron, Aldosteron, Androstendion, Cortisol, Corticosteron und Dehydroepiandrosteron und gewährleisten so die Homöostase. Interessant ist auch, dass CYPs toxische Verbindungen wie Pestizide, Medikamente und andere Chemikalien verstoffwechseln.

Samsel und Seneff ermittelten verschiedene Wege, über die Glyphosat die CYP-Enzyme stört und welche Krankheiten daraus resultieren. Die Autoren erklären:

> Wie Glyphosat Cytochrom-P450-(CYP-)Enzyme unterdrückt, ist ein lange übersehener Faktor seiner Giftigkeit für Tiere. CYP-Enzyme spielen eine entscheidende Rolle in der Biologie, eine davon ist die Entgiftung von Fremdstoffen. Folglich verstärkt Glyphosat die schädlichen Wirkungen von chemischen Rückständen und Umweltgiften in Lebensmitteln. Beeinträchtigungen des Körpers stellen sich schleichend ein und manifestieren sich erst mit der Zeit, wenn Entzündungen die Zellsysteme überall im Körper schädigen. Hier zeigen wir, wie die Beeinflussung von CYP-Enzymen mit der Störung der Biosynthese von aromatischen Aminosäuren durch die Darmflora und dem Sulfattransport zusammenhängt. In der Folge entstehen sehr viele Krankheiten, die wir mit der Ernährung in der westlichen Welt in Verbindung bringen; dazu zählen Magen-Darm-Erkrankungen, Adipositas, Diabetes, Herzkrankheiten, Depressionen, Autismus, Unfruchtbarkeit, Krebs und Alzheimer. Wir erklären die dokumentierten Auswirkungen von Glyphosat und seine Fähigkeit, Krankheiten hervorzurufen, und wir zeigen, dass Glyphosat das Paradebeispiel für exogene semiotische Entropie ist: die Störung der Homöostase durch Umweltgifte.[45]

Samsels und Seneffs Forschungen bestätigen damit auch die Arbeit von Paganelli und Kollegen, die zu dem Schluss kamen, dass Glyphosat den Retinsäure-Signalweg stört. Wie weiter oben schon ausgeführt, hat Retinsäure eine Schlüsselrolle in der Embryonalentwicklung inne und verhütet die Entstehung von Geburtsfehlern. Eine wichtige Aufgabe hierbei ist die Verstoffwechslung von überschüssigem Retinol (einer Form des Vitamin A). Hierfür ist CYP26 zuständig, eines der vielen Mitglieder der Cytochrom-P450-Superfamilie. Dass Glyphosat diese wichtige Enzymgruppe stören kann, ist ein Beispiel dafür, wie es den Retinsäure-Signalweg außer Kraft setzt.

Das Potenzial zahlreicher anderer Chemikalien, darunter Pestizide, die Signalwege der Cytochrom-P450-Enzyme in allen lebenden Organismen, einschließlich des Menschen, zu stören, muss gründlich untersucht werden, da sie für sehr viele Stoffwechselfunktionen zuständig sind. Bis dato steckt die Forschung zu diesem Thema noch in den Kinderschuhen; die lange übersehenen, komplexen Interaktionen konnten noch nicht einmal ganz nachvollzogen werden. Samsel und Seneff liefern zahlreiche Beweise dafür, wie diese wichtigen Stoffwechselsysteme von Fremdstoffen, zum Beispiel synthetischen Chemikalien, beeinträchtigt werden. Dies wiederum dürfte einer der Gründe für den dramatischen Anstieg einiger Krankheiten sein, die vor allem in Industriestaaten und der wachsenden Mittelschicht in Entwicklungsländern eine Rolle spielen.

Diese Entdeckung gewinnt noch an Bedeutung, wenn man die Vielzahl an Studien bedenkt, die Geburtsfehler, Krebs und andere Krankheiten mit Glyphosat in Verbindung bringen.

Störung der Darmflora

Samsels und Seneffs Forschung zeigt, wie Glyphosat die Darmflora beeinträchtigt, indem es die Biosynthese von Cytochrom-P450-Enzymen und wichtigen Aminosäuren unterdrückt. In ihrer späteren Arbeit »Glyphosate, Pathways to Modern Diseases II: Celiac Sprue and Gluten Intolerance« (»Glyphosat, Wegbereiter moderner Krankheiten II: Zöliakie und Glutenintoleranz«) konnten die beiden Wissenschaftler nachweisen, dass der derzeitige Anstieg der Zöliakie-Erkrankungen und der Glutenintoleranz bei Menschen mit dem negativen Einfluss von Glyphosat auf die Darmflora zusammenhängt. Sie heben hervor, dass Glyphosat als Biozid patentiert wurde und es folglich auch nützliche Darmbakterien tötet, was zu einem Anstieg an Magenerkrankungen führe.[46] Krüger und Kollegen konnten diesen Effekt von Glyphosat an Pferden und Kühen nachweisen.[47] Shehata und Kollegen fanden heraus, dass dies auch für Geflügel gilt; die Forscher erklären: »Hochpathogene Bakterien wie *Salmonella Enteritidis, Salmonella Gallinarum, Salmonella Typhimurium, Clostridium perfringens* und *Clostridium botulinum* erwiesen sich gegenüber Glyphosat als sehr widerstandsfähig. Die meisten nützlichen Bakterien wie *Enterococcus feacalis, Enterococcus faecium, Bacillus badius, Bifidobacterium adolescentis* und *Lacotbacillus spp.* hingegen stellten sich als teilweise stark anfällig heraus.«[48] Beide Forscherteams postulierten, dass auch die Häufung von Fleischvergiftungen mit Glyphosat in Verbindung stehen könnte.

Leber- und Nierenerkrankungen

Seit den 1990er-Jahren berichten Forscher in Sri Lanka, wie Nierenversagen unter Arbeiterinnen und Arbeitern im Reisanbau, die Glyphosat in Kombination mit Mineralien in hartem Wasser ausgesetzt waren, epidemische Ausmaße angenommen hat. Laut Jayasumana und Kollegen führen die stark Chelat bildenden Eigenschaften von Glyphosat dazu, dass es Schwermetalle und Arsen im Wasser an sich bindet, was zu Schäden im Nierengewebe führt und schließlich chronische Nierenerkrankungen verursacht. Die Autoren folgern daraus: »Die GMA-[Glyphosat-Metall-/Arsen-Komplex-]Verbandhypothese erlaubt einleuchtende und logische Erklärungen für die vielen Beobachtungen und unbeantworteten Fragen, die mit den mysteriösen Nierenerkrankungen im ländlichen Sri Lanka einhergehen. Des Weiteren könnte es die ähnliche Epidemie von chronischen Nierenerkrankungen unbekannter Ursache in Andhra Pradesh (Indien) und Mittelamerika erklären.«[49]

In der Lebenszeit-Fütterungs-Studie mit Ratten von 2014 unter der Leitung von Séralini und Kollegen zeigten sich bei den belasteten

Männchen 2,5- bis 5,5-mal öfter Stauungslebern und Lebernekrose als bei der Kontrollgruppe. Schwere Nierenerkrankungen traten 1,3- bis 2,3-mal öfter auf.

Seit den 1990er-Jahren *berichten Forscher in Sri Lanka, wie Nierenversagen unter Arbeitern im Reisanbau, die Glyphosat in Kombination mit Mineralien in hartem Wasser ausgesetzt waren, epidemische Ausmaße angenommen hat.*

In einer später erschienenen Studie, die sich mit der Frage beschäftigte, warum Roundup und Unkrautvernichtungsmittel auf Glyphosatbasis Nieren- und Leberschäden bei Ratten verursachten, entdeckten die Wissenschaftler, dass extrem niedrige Dosen des Herbizids die Funktion verschiedener Gene stört. Das Ergebnis waren Veränderungen, die denen von mehreren Leber- und Nierenerkrankungen entsprachen.

Die Forscher erklärten: »Unsere Resultate legen nahe, dass im bewährten Modell zur Bestimmung von Toxizität mithilfe von Versuchstieren die chronische Belastung mit Herbiziden auf Glyphosatbasis in extrem niedrigen, umweltrelevanten Dosen Leber- und Nierenschäden verursachen kann, die potenziell gesundheitliche Folgeerscheinungen für Tier und Mensch bedeuten.«[50]

Oxidativer Stress und Zellschäden

Als »oxidativen Stress« bezeichnet man ein Ungleichgewicht zwischen freien Radikalen und der Fähigkeit des Körpers, die von den freien Radikalen verursachten Schäden zu reparieren. Dies ist eines der Markenzeichen von Krebs sowie ein begünstigender Faktor für viele chronische Erkrankungen; oxidativer Stress wird neben Krebs unter anderem mit Alzheimer und Parkinson in Verbindung gebracht. Cattani und Kollegen fanden heraus, dass akute wie chronische Belastung mit Roundup oxidativen Stress auslöst, was im Test bei jungen Ratten zum Absterben von Nervenzellen und neurotoxischen Wirkungen in der Hirnregion des Hippocampus führte.[51] Lushchak und Kollegen kamen zu dem Ergebnis, dass eine 96 Stunden andauernde Belastung mit niedrigen Dosen Roundup im Wasser von Goldfischen oxidativen Stress in den Zellen des Gehirns, der Leber und der Nieren auslöste.[52] Studien von El-Shenewy, de Liz Oliveira Cavalli und Kollegen bestätigen, dass Roundup und Glyphosat bei Ratten oxidativen Stress und Zelltod in der Leber, den Hoden und den Sertoli-Zellen verursacht.[53]

Entwicklungsneurotoxizität

Unter »Entwicklungsneurotoxizität« versteht man die Beeinträchtigung der normalen Entwicklung von Nervenzellen durch Chemikalien. Eine Studie, die bereits in Kapitel 1 Erwähnung fand und die in der Fachzeitschrift *NeuroToxicology* publiziert wurde, zeigt, dass sich Nervenzellen nicht richtig entwickeln, wenn sie kleinen Mengen Glyphosat ausgesetzt sind. Die Forscher konnten nachweisen, dass Zellen, die mit Glyphosat belastet waren, kürzere Axone ohne Verzweigungen sowie weniger komplexe Dendriten hatten.[54]

Der Zusammenhang zwischen Glyphosat und Krankheiten in den USA

Forschungsarbeiten von Dr. Nancy Swanson und Kollegen zeigen eine Verbindung zwischen dem steigenden Glyphosatzeinsatz, den wachsenden Ackerflächen, auf denen genmanipulierte Pflanzen angebaut werden, und 22 Krankheiten, die in den USA weit verbreitet sind.[55] Dr. Swanson nutzte dazu statistische Daten aus namhaften Quellen wie den Zentren für Krankheitskontrolle und Prävention (CDC) und dem US-Landwirtschaftsministerium (USDA) und erstellte Diagramme, um die Übereinstimmungen aufzuzeigen. Zur Analyse verwendete sie die Standardmethode des Korrelationskoeffizienten. Nach diesem Korrelationskoeffizienten lässt sich die Wahrscheinlichkeit, dass der zunehmende Glyphosateinsatz und die steigenden Fallzahlen bei den betrachteten 22 Krankheiten zufällig korrelieren, auf eins zu zehntausend ($<10^{-5}$) beziffern.

In Anbetracht dieser Daten ist die Wahrscheinlichkeit hoch, dass Glyphosat seinen Anteil an den steigenden Fallzahlen zu diesen Krankheiten hat, die da wären: Bluthochdruck, Diabetes, Adipositas, Alzheimer, senile Demenz, Autismus, entzündliche Darmerkrankungen, Darminfektionen, terminale Niereninsuffizienz, akutes Nierenversagen und Krebs der Schilddrüse, Leber, Blase, Bauchspeicheldrüse und Niere.

Die Ergebnisse der Studie zeigen einen jähen Anstieg der Erkrankungsraten, der Mitte der 1990er seinen Anfang nimmt (siehe Abbildungen 17 bis 25 auf S. 232–236). Diese Veränderungen überschneiden sich mit der kommerziellen Produktion von genmanipulierten Nutzpflanzen, insbesondere von glyphosatresistenten Pflanzen. Seit Mitte der 1990er konnte kein anderes Pestizid einen stärkeren Zuwachs verzeichnen als Glyphosat, und zwar dank der Verbreitung von glyphosatresistenten, genmanipulierten Feldfrüchten.

Obwohl eine Überschneidung noch kein Beweis für einen Zusammenhang ist, sollte der auffällige Korrelationskoeffizient in Verbindung mit den zahlreichen Studien, nach denen Glyphosat diverse Krankheiten verursacht, ausreichen, um zu dem Schluss zu kommen, dass die derzeitige Regulierung von Glyphosat zum Schutz unserer Gesundheit sehr wenig beiträgt.

Glyphosat behindert die wichtige Proteinsynthese

Samsel und Seneff haben einen Forschungsbericht zu Studien veröffentlicht, die nachweisen, dass sich Glyphosat als synthetische Aminosäure wie Glycin verhält – eine elementare Aminosäure, die in allem Leben, also auch im menschlichen Körper, vorkommt. Glycin ist für viele Bereiche im Organismus zuständig, darunter DNA, Proteinsynthese, Hormone und viele weitere wichtige Stoffwechselfunktionen. Die Forscher legen Beweise dafür vor, dass Glyphosat als Glycinersatz eine entscheidende Rolle bei der epidemischen Ausbreitung nichtübertragbarer Krankheiten spielt. »Glyphosat als Ersatz für konserviertes Glycin erklärt mit Leichtigkeit den Zusammenhang mit Diabetes, Adipositas, Asthma, chronisch obstruktiven Lungenerkrankungen, Lungenödemen, Nebenniereninsuffizienz, Schilddrüsenunterfunktion, Alzheimer, amyotropher Lateralsklerose (ALS), Parkinson, Prionerkrankungen, Lupus, mitochondrialen Erkrankungen, Non-Hodgkin-Lymphomen, Neuralrohrdefekten, Unfruchtbarkeit, Bluthochdruck, grünem Star, Osteoporose, Fettleberkrankheit und Nierenversagen. Die Korrelation der Daten und der direkte biologische Beleg erbringen einen zwingenden Beweis für die Glycin-Ersatz-Wirkung von Glyphosat und die daraus resultierende Giftigkeit desselben.«[56]

Die Reaktionen der Aufsichtsbehörden stimmen nicht mit der publizierten Forschungsliteratur überein

Dass die US-amerikanische EPA und die Europäische Behörde für Lebensmittelsicherheit (EBL) kürzlich entschieden haben, die Rückstandshöchstmengen und die erlaubten Tagesdosen für Glyphosat zu erhöhen, war für viele eine schwere Enttäuschung. Damit folgten die Behörden einem Antrag von Monsanto; die große Zahl begutachteter Studien, die eine Vielzahl von Krankheiten mit Glyphosatbelastung in Verbindung bringen, wurde nicht berücksichtigt. Eine Überraschung war die Entscheidung allerdings nicht, wie Dr. Colburn darlegte: »Für ihre Risikobewertungen nutzt die US-EPA weniger die frei verfügbare Literatur, sondern vielmehr die Daten, die Hersteller unterbreiten.«[57]

Den Antrag für die Anhebung der Grenzwerte stellte Monsanto, weil der Einsatz von Glyphosat in der Landwirtschaft rasant angestiegen ist, denn das Gift wird nicht nur auf genmanipulierten Pflanzen angewandt, sondern auch, damit Getreidesorten wie Weizen schneller trocknen. Demzufolge ist die Wahrscheinlichkeit höher, dass Glyphosatrückstände die früheren Grenzwerte überschreiten. Um nun zu verhindern, dass ihnen Gewinne entgehen, weil die gesetzestreuen Landwirte nach Möglichkeiten suchen, Glyphosat teilweise zu ersetzen, verlegt Monsanto sich einfach darauf, die Vorschriften zu ändern, sodass die Rückstände unterhalb der erlaubten Tagesdosis bleiben und als »ungefährlich« gelten.

Die europäischen Aufsichtsbehörden und Glyphosat

Im Allgemeinen neigen die Staaten der Europäischen Union dazu, Pestizide häufiger zu überprüfen als andere Länder der Welt. Man kann ihnen zugutehalten, dass sie mehr Pestizide verboten oder in ihrer Nutzung eingeschränkt haben als andere Regionen, aber wie ihre Gutachten durchgeführt werden, ist teilweise mehr als fragwürdig.

In der EU ist immer ein konkretes Land für bestimmte Pestizide zuständig. Im Falle von Glyphosat ist das Deutschland, das damit als berichterstattender Mitgliedstaat die Forschungen vornehmen muss. Somit übernimmt das deutsche Bundesinstitut für Risikobewertung (BfR) die Verantwortung, Glyphosat zu testen.

Laut Swanson und Ho nutzte das BfR als Grundlage für ihr Gutachten ein Dokument, das von einer Organisation der Pestizidindustrie namens Glyphosat Task Force bereitgestellt wurde, die aus einigen europäischen Chemiekonzernen und Monsanto besteht. Sie erklärten: »Der berichterstattende Mitgliedstaat akzeptierte fraglos nahezu alle Befunde, die er von den Chemieunternehmen erhalten hatte. Viele Angaben wurden geschwärzt (Autor, Titel, Laboratorium), die Trägerunternehmen aber wurden genannt (Monsanto, Syngenta usw.), und die Befunde sind mit Nummern gekennzeichnet.«

Swanson und Ho beschreiben, wie die Glyphosat Task Force nur die vorteilhaftesten Industriestudien nutzte und auf widersprüchliche Daten nur am Rande verwies. Zudem verwarf die Organisation alle Studien, die mit Rezepturen arbeiteten, obwohl nur diese in der Landwirtschaft und Lebensmittelproduktion eingesetzt werden. Sie akzeptierte ausschließlich Studien, in denen 99 Prozent reines Glyphosat verwendet wurde. Allerdings erreicht Glyphosat, das in industriellen Verfahren hergestellt wird, eine solche Reinheit niemals und enthält vielmehr zahlreiche toxische Neben- und Abbauprodukte. Obwohl in der Praxis ausschließlich Rezepturen wie Roundup eingesetzt werden, verschmähte die Glyphosat Task Force Studien, die sich mit Roundup befassten!

Die Task Force verwarf die überwältigende Mehrheit an unabhängigen, begutachteten Studien, um die umfänglichen wissenschaftlichen Beweise, die den Schaden, den Glyphosat anrichtet, weiterhin ignorieren zu können.

> Die Glyphosat Task Force nahm sich alle begutachteten Studien vor und erfand ständig Ausreden, um diejenigen auszusortieren, die nicht mit den bereits akzeptierten Industriestudien übereinstimmten. Zunächst sortierten sie all diejenigen aus, die mit einem konkreten Produkt arbeiteten (Roundup, Rodeo, Lasso etc.), weil sich der Prozentsatz der aktiven Inhaltsstoffe darin von Produkt zu Produkt unterscheidet und weil sich die enthaltenen Tenside von Produkt zu Produkt unterscheiden, sodass die Ergebnisse nicht vergleichbar und daher nicht beweiskräftig seien. Außerdem warfen sie alle Studien raus, die mit ihrer Meinung nach zu hohen Dosen arbeiteten im Vergleich zu ihren »sicheren« Konzentrationen, obwohl ihre eigenen Studien bei gleichen Dosen zu denselben Ergebnissen kommen. Sie sortierten aus, was sie für nicht auf Säugetiere übertragbar hielten (Froschembryonen, Insektenlarven usw.) oder was nicht auf natürliche Weise verabreicht wurde (Injektionen). Sie nahmen Anstoß daran, wie viele Ratten/Mäuse/Hunde/Meerschweinchen als Versuchstiere zu Verfügung standen oder nicht und wie die Dinge gemessen oder angegeben wurden oder nicht.

Die Glyphosat Task Force sonderte auch alle Studien am Menschen aus, obwohl der Ausschuss der IARC diese bei seiner Bewertung von Glyphosat als wahrscheinlich krebserregend als relevant eingestuft hatte.

Größte Besorgnis erregt, dass die EU-Aufsichtsbehörden das Dokument der Pestizidindustrie akzeptierten und die zahlreichen Beweise aus unabhängigen Forschungsarbeiten ignorierten. Vallianatos' Zitat über die Umweltschutzbehörde EPA lässt sich wohl auch auf das deutsche Bundesinstitut für Risikobewertung übertragen: Sie »plagiieren Studien der Industrie, deren Befunde sie einfach kopieren und anschließend als die eigenen ausgeben«.[58]

Die Reaktion der Aufsichtsbehörden auf die Paganelli-Studie, welche nachwies, dass Glyphosat bei Hühner- und Froschembryonen zu schweren Fehlbildungen führt, zeigt ebenfalls anschaulich, wie Begutachtungsprozesse funktionieren.

Die Glyphosat Task Force *sonderte alle Studien am Menschen aus, obwohl der Ausschuss der IARC diese bei seiner Bewertung von Glyphosat als wahrscheinlich krebserregend als relevant eingestuft hatte.*

Aufsichtsbehörden und die Pestizidindustrie wiesen die Studie von Paganelli und Kollegen weit von sich, anstatt sie zu wiederholen, um zu sehen, ob man zum gleichen Ergebnis gelangt, obwohl dies der korrekte Weg wäre, eine wissenschaftliche Studie auf Genauigkeit und Konsistenz zu testen. Das deutsche Bundesamt für Verbraucherschutz und Lebensmittelsicherheit (BVL) fertigte ein Dokument an, in dem es auf andere Studien hinwies, die Paganellis Studie entkräften sollten, und behauptete, es gebe keine Beweise dafür, dass Glyphosat Geburtsfehler verursachen kann. Die Bewertung der Aufsichtsbehörden spielten die Beweise herunter, die Paganelli und seine Kollegen vorbringen, und meinten, die Bedingungen der Giftstoffbelastung seien »hochgradig künstlich« und es gebe »keinen eindeutigen Zusammenhang« zwischen Geburtsfehlern und massivem Pestizideinsatz.[59]

Dieser Schritt ließ Bedenken darüber aufkommen, wie Aufsichtsbehörden und die Pestizidindustrie zusammenarbeiten, um giftige Produkte auf dem Markt zu halten, obwohl zahlreiche Studien darauf hinweisen, dass diese Produkte verboten oder strengen Auflagen unterworfen werden sollten. In Erwiderung darauf veröffentlichte Michael Antoniou mit einem Team von Wissenschaftlern 2012 eine Studie in der Fachzeitschrift *Environmental and Analytical Toxicology* – untertitelt mit »Divergence of Regulatory Decisions from Scientific Evidence« (»Die Divergenz zwischen Entscheidungen von Aufsichtsbehörden und wissenschaftlichen Beweisen«). Thema der Studie war, wie das Bundesamt für Verbraucherschutz und Lebensmittelsicherheit nicht nur eine große Zahl veröffentlichter Arbeiten ignorierte, sondern die Daten aus ausgewählten Studien bewusst falsch darstellten, um die erlaubte Tagesdosis festzusetzen.[60] Die unabhängigen Wissenschaftler begutachteten die Studien, die das BVL genutzt hatte, und fanden heraus, dass darin weit mehr Beweise dafür zu finden waren, dass Glyphosat Fehlbildungen verursacht, als die deutsche Behörde angegeben hatte. Zusammenfassend erklärten die unabhängigen Forscher:

> Die Begutachtung des Entwurfs für den Bewertungsbericht der deutschen Behörde, welcher die Grundlage für die Genehmigung von Glyphosat in der EU bildet, brachte weitere Beweise für eine teratogene [das Kind im Mutterleib schädigende] Wirkung von Glyphosat zutage. Viele der beobachteten Fehlbildungen glichen denjenigen in der wissenschaftlichen Literatur, die mit Retinsäure-Teratogenen in Verbindung stehen. Allerdings spielten die deutschen und die EU-Behörden diese Ergebnisse in ihrer Bewertung herunter und entschieden sich für eine womöglich gefährlich hohe erlaubte Tagesdosis (ETD) für Glyphosat.[61]

Antoniou und Kollegen kamen zu dem Schluss, dass es notwendig ist, die Daten von unabhängigen Wissenschaftlern prüfen zu lassen, um zu verlässlichen Entscheidungen zu kommen, die gewährleisten, dass die Menschen durch den erlaubten Glyphosatzeinsatz keine negativen gesundheitlichen Folgen erleiden müssen.[62]

Unveröffentlichte, von der Industrie finanzierte Studien

Dass die deutschen Behörden die Paganelli-Studie verwarfen und sich sogar dafür aussprachen, Glyphosat mit erhöhten Grenzwerten wieder zuzulassen, wirft die Frage auf, inwieweit Aufsichtsbehörden unveröffentlichte, nicht begutachtete, von der Industrie finanzierte Studien nutzen. Die Entscheidung des BVL beruhte zum Teil auf diesen nicht publizierten Industriestudien, die eigens in Auftrag gegeben werden, um sie den Behörden vorzulegen. Solche Studien erheben die Behauptung, Glyphosat verursache keine Geburtsfehler und wirke auch nicht toxisch auf das Fortpflanzungssystem. Anstelle von begutachteten Untersuchungen, die in Fachzeitschriften erscheinen, neigen Aufsichtsbehörden also dazu, sich in ihrer Bewertung auf Industriestudien zu stützen.

Ein großer Teil dieser unveröffentlichten Studien kann von Wissenschaftlern und Vertretern der Zivilgesellschaft nicht eingesehen werden, da sie »vertraulich behandelt« werden. In vielen Fällen kommt man an die Berichte und toxikologischen Daten nur heran, wenn man vor Gericht zieht und/oder sich auf das Informationsfreiheitsgesetz des jeweiligen Landes beruft. Diesen Weg nahmen auch Antoniou und seine Kollegen, als sie sich mit der Bewertung von Glyphosat durch die deutschen Behörden beschäftigten. Zwar war der Sachstandsbericht zu Glyphosat, den die deutschen Behörden 1998 verfasst hatten, zugänglich, die toxikologischen Daten der Industrie darin waren indes nicht frei verfügbar. Die Chemiekonzerne beanspruchten für sich, diese seien quasi als Betriebsgeheimnisse vertraulich zu behandeln. Um an die Daten zu gelangen, zog das Pesticide Action Network Europe vor Gericht.[63]

Ein weiteres Beispiel dieser Art ist eine Arbeit, die Monsanto im März 2015 in der Zeitschrift *Critical Reviews in Toxicology* veröffentlichte, genau in dem Monat, in dem die IARC Glyphosat als krebserregend für Tiere und wahrscheinlich karzinogen für Menschen einstufte. In dem Beitrag zog Monsanto das Fazit, die für die Arbeit begutachteten Studien stützten »die Schlussfolgerung, dass Glyphosat im Hinblick auf eine mögliche krebserregende Wirkung beim Menschen unbedenklich ist«.[64] Anders als die Monografie der IARC, die alle Studien und Schlussfolgerungen der Experten offen, transparent und detailreich ausgearbeitet hatte, nutzte das Monsanto-Team für seine Darstellung allerdings vertrauliche Studien, die für die Öffentlichkeit nicht zugänglich sind und die auch Forscher nicht begutachten können. Die Autoren von Monsanto erklärten: »Der Großteil der toxikologischen Studien für die Gutachten der Aufsichtsbehörden ist von kommerziellem Interesse und gilt als Betriebsgeheimnis. Angesichts der großen Aufmerksamkeit gegenüber diesem Molekül erhielten die Autoren Zugang zu den Daten zur Kanzerogenität, welche den Aufsichtsbehörden unterbreitet wurden, und einem Überblick zu jeder Studie sowie einer Auswertung der Daten zur Tumorinzidenz.«

Die Plausibilität der Behördenentscheidungen bleibt fragwürdig, weil man sie kaum als offen und transparent bezeichnen kann, solange die verwendeten Studien vor der Öffentlichkeit versteckt werden und nicht von Forschern und Experten begutachtet und ausgewertet werden können. Die Nutzung von unveröffentlichten, geheimen Industriestudien stellt einen schwerwiegenden Interessenkonflikt dar, und die Frage, die wir uns stellen müssen, lautet: Was versuchen sie, vor uns zu verstecken? So befeuert man noch das Misstrauen, das die Öffentlichkeit und weite Teile der wissenschaftlichen Gemeinschaft ohnehin schon gegenüber Entscheidungen der Aufsichtsbehörden und deren Kompetenz, solche zu treffen, hegen.

Angriff auf den Überbringer der Botschaft

Eine weitere Strategie, auf die globale Pestizid- und Gentechnikkonzerne (sie sind größtenteils identisch) oft zurückgreifen, besteht darin, die Autoren der Studien anzugreifen, um sie als Forscher und Wissenschaftler in Verruf zu bringen. Dies geschieht meist durch Medienkampagnen, die darauf abzielen, die Qualität der Forschungsarbeiten und die Menschen, die sie durchführen, zu diskreditieren. Vandana Shiva berichtete im Vorwort zu diesem Buch schon von den Konzernen, die versuchen, Karriere und Glaubwürdigkeit unabhängiger Wissenschaftler wie Arpad Putzai, Tyron Hayes, Ignacio Chapela und Gilles-Éric Séralini zu zerstören.

Vallianatos und Druker liefern in ihren Büchern zahlreiche Beispiele dafür, wie der Druck der Industrie die Karrieren von Forschern zerstört und fundierte wissenschaftliche Erkenntnisse unterdrückt hat, die Gesundheitsschäden durch gentechnische veränderte Organismen und Pestizide nachweisen.

Ein erschreckendes Beispiel dafür, wie aggressiv Chemie- und Gentechnikkonzerne dabei vorgehen, sind Professor Gilles-Éric Séralini –, und seine 2012 in der Fachzeitschrift *Food and Chemical Toxicology* erschienene Studie. Es handelt sich dabei um die einzige von

Experten begutachtete Lebenszeitstudie (zwei Jahre), die die Fütterung mit gentechnisch verändertem Mais beziehungsweise Roundup untersucht. Die Studie ergab, dass Ratten, deren Futter Genmais oder winzige Rückstände einer Pestizidrezeptur, in diesem Fall Roundup, beigemischt wurde, signifikant häufiger an Nierenleiden, Leberschädigung, Tumoren und anderen Gesundheitsschäden, darunter Störungen im Hormonsystem, erkrankten.[65]

Es gibt keine Vorschriften, wie Tests zur Unbedenklichkeit von gentechnisch veränderten Lebensmitteln auszusehen haben, weil sie, basierend auf einer simplen chemischen Analyse, gegenüber nicht gentechnisch veränderten Erzeugnissen als »substanziell äquivalent« gelten. Keine Aufsichtsbehörde verlangt Langzeitstudien auf chronische Toxizität für gentechnisch veränderte Organismen oder Pestizidrezepturen wie Roundup, die in der Lebensmittelproduktion zum Einsatz kommen, obwohl einige Unternehmen freiwillig 90-tägige Fütterungsstudien etwa mit Genmais durchführen.

Zuvor hatten Dr. Séralini und Kollegen 19 dieser 90-Tage-Genfutter-Studien evaluiert, die zu dem Schluss gekommen waren, gentechnisch veränderte Lebensmittel seien unbedenklich. Diese Studien deckten über 80 Prozent der weltweit angebauten gentechnisch veränderten Feldfrüchte ab. Die Prüfung der Studien, veröffentlicht in der Zeitschrift *Environmental Sciences Europe,* ergab deutlich erhöhte Fallzahlen für Nieren- und Leberleiden bei den Tieren, die Genfutter erhalten hatten. Die Wissenschaftler stellten fest: »Die Nieren waren besonders betroffen, wobei sich 43,5 Prozent aller beeinträchtigten Parameter auf Männchen konzentrierten, während bei Weibchen die Leber besonders beeinträchtigt war (30,8 Prozent aller beeinträchtigten Parameter).«[66]

Um die Langzeitfolgen des Verzehrs von Genlebensmitteln besser einschätzen zu können, beschlossen die Forscher, eine von Monsanto durchgeführte 90-Tage-Fütterungsstudie zu replizieren. Dabei stellten sie Beeinträchtigungen bei den Gesundheitsparametern fest, vor allem bei Leber- und Nierenfunktion, – während die Ergebnisse von Monsanto dem Genfutter Unbedenklichkeit attestierten. Die Monsanto-Forscher verwarfen die Resultate als biologisch nicht aussagekräftig, und die Europäische Behörde für Lebensmittelsicherheit (EBL) akzeptierte Monsantos Interpretation für NK603-Mais.

Séralini und Kollegen beschlossen daraufhin, eine Lebenszeitstudie über den Zeitraum von zwei Jahren durchzuführen, um zu sehen, ob bei den Tieren nach dem Zeitraum von 90 Tagen Probleme auftauchten. Die Monsanto-Forscher hatten für das Design ihres Experiments die Richtlinie 408 der Organisation für wirtschaftliche Zusammenarbeit und Entwicklung (OECD) angewandt. Dies gilt als hervorragendes Verfahren für toxikologische Studien, folglich benutzten Séralini und sein Team dieselbe Richtlinie.

Sie testeten dieselbe Anzahl an Tieren derselben Rattenstämme wie die Monsanto-Studie, um bis zur 90-Tage-Grenze einen exakten Vergleich vorlegen zu können. Auch wollten sie sehen, ob der Rounduptolerante Genmais (NK603) oder das Pestizid Roundup die Gesundheitsschäden verursachten, die sie bei der Begutachtung der ursprünglichen Studie festgestellt hatten. Um dies zu beobachten, ergänzten sie die Versuche durch zusätzliche Gruppen: Eine Gruppe wurde mit NK603 ohne Roundup gefüttert, mehrere Gruppen erhielten NK603-Mais mit unterschiedlichen Konzentrationen umweltrelevanter Rounduprückstände. An die Kontrollgruppe wurde die ähnlichste nicht gentechnisch veränderte Maislinie verfüttert, und gentechnikfreier Mais mit umweltrelevanten Roundupkonzentrationen wurde verwendet, um die Langzeitfolgen von Roundup zu studieren.

Durch Vergleich der einzelnen Gruppen mit der Kontrollgruppe, die nur gentechnikfreien Mais verzehrte, konnten die Forscher sehen, ob gesundheitliche Unterschiede zu beobachten waren. War dies der Fall, so konnten sie feststellen, ob die Gesundheitsprobleme durch Genmais, Roundup oder die Kombination von Genmais und Roundup entstanden.[67]

Die Studie ergab, wie schon geschildert, dass bei den mit Genfutter behandelten Männchen vermehrt eine Stauungsleber und Nekrose (abgestorbenes Gewebe) zu beobachten war, und zwar mit Raten, die 2,5- bis 5-mal höher lagen als bei der Kontrollgruppe; zudem kam es im Vergleich zur Kontrollgruppe mit einer 1,3- bis 2,3-mal höheren Rate zu deutlichen und schweren Nierenschäden, und bei den Weibchen kam es häufiger und früher zu größeren Gesäugetumoren als die Kontrollgruppe. Auch Männchen, die Genmais beziehungsweise Futter mit Rounduprückständen erhalten hatten, entwickelten 4-mal so häufig Tumore, die mit der Hand ertastet werden konnten, und zwar viel früher als die Kontrollgruppe.

Zwei wichtige Resultate waren:

- die nichtmonotonen hormonaktiven Wirkungen von Roundup, bei denen die geringsten Dosen am giftigsten waren;
- die Überexpression des eingeschleusten EPSPS-Gens (eines Gens, das aus einem anderen Organismus, in diesem Fall Bakterien, stammt und zur gentechnischen Veränderung benutzt wird) und andere Mutationseffekte im Genmais, die zu nachteiligen Folgen für den Stoffwechsel führen.

Diese Ergebnisse lassen weitreichende Schlussfolgerungen zu, denn die nichtmonotonen Effekte von Roundup zeigen, dass keine Dosis sicher ist, auch nicht die kleinsten Rückstände. Des Weiteren ergibt sich, dass die Überexpression eines gentechnisch eingeschleusten Fremdgens schädlich für Stoffwechselorgane wie Leber und Niere ist und zu Tumorbildung führt. Hier wurde ein neuer Mechanismus entdeckt, der zeigt, dass alle gentechnisch veränderten Lebensmittel flächendeckende Gesundheitsgefahren bergen könnten.

Séralini und seine Kollegen kamen zu der Schlussfolgerung, »dass essbare landwirtschaftliche Erzeugnisse, die GVO und Pestizidrezepturen enthalten, sehr sorgfältig durch Langzeitstudien evaluiert werden müssen, um ihre potenziell toxischen Wirkungen zu ermessen«.[68]

Man kann nur staunen, dass diese Produkte immer noch in der Lebensmittelproduktion eingesetzt werden, obgleich Langzeitstudien über ihre Gesundheitsfolgen fehlen und keine Daten darüber vorliegen, ob sie ein Leben lang gefahrlos verzehrt werden können. Dies ist ein schweres, die öffentliche Sicherheit gefährdendes Versäumnis seitens der Industrie und der Aufsichtsbehörden. Jeder vernünftige Mensch würde zustimmen, dass diese Untersuchungen dringend durchzuführen sind.

Séralinis Studie ist die erste veröffentlichte Lebenszeitstudie, die sich mit einer kompletten Pestizidrezeptur befasst. Dass nicht schon früher Lebenszeitstudien zu Tausenden Pestizidrezepturen durchgeführt wurden, die in unserer Lebensmittelproduktion Einsatz finden, ist als massives Versäumnis der Forschung einzuordnen. Man kommt nicht umhin, der Pestizidindustrie und den Aufsichtsbehörden entweder Inkompetenz oder Betrug zu unterstellen. Wie können sie behaupten, die Pestizidrezepturen seien unbedenklich, wenn keine Daten zu einer lebenslangen Belastung vorliegen? Wir sollen unser ganzes Leben lang toxische Chemikalien zu uns nehmen, ohne dass eine evidenzbasierte Forschung ihre Unbedenklichkeit nachgewiesen hat? Bei den Unbedenklichkeitserklärungen handelt es sich ganz eindeutig um frei schwebende Annahmen, was zahlreiche Kritiker als Beleg für Inkompetenz und/oder Betrug seitens Industrie und Aufsichtsbehörden sehen.

Nach Erscheinen der Studie in der Zeitschrift *Food and Chemical Toxicology (FCT)* im September 2012 entflammte eine heftige Kontroverse. Innerhalb einer Woche startete die Pestizid- und Gentechnikindustrie eine breit angelegte Kampagne mit dem Ziel, die Studie zu diskreditieren. So wurde zum Beispiel der Herausgeber der Zeitschrift in einem Brief aufgefordert, den Artikel zurückzuziehen. Die Kritik kam hauptsächlich von Pflanzenbiologen ohne Erfahrung in Toxikologie, die negative Folgen für ihre Branche befürchteten. Der ehemalige Monsanto-Mitarbeiter Richard E. Goodman schrieb in einem Brief an den Chefredakteur: »Die Implikationen und Auswirkungen dieser unkontrollierten Studie haben GEWALTIGE Folgen für den internationalen Handel, das Verbrauchervertrauen in alle Aspekte der Lebensmittelsicherheit und ganz sicher für Volksabstimmungen in US-Bundesstaaten über Kennzeichnungspflicht.«[69] Obwohl Séralini und seine Co-Autoren in einem Beitrag, der am 9. November 2012 in der Zeitschrift *Food and Chemical Toxicology* erschien, auf all diese Kritikpunkte antworteten, wurde die Kampagne in verschiedenen Publikationen mit potenziell rufmörderischen Kommentaren fortgesetzt, die eine Zurückziehung der Studie forderten.[70]

Zahlreichen Personen, die sich an der Verleumdungskampagne

beteiligten, wurde inzwischen nachgewiesen, dass sie Verbindungen zur Gentechnik- und Pestizidindustrie pflegen und Eigeninteressen an Gentechnologie und Patenten verfolgen. Diese Verbindungen blieben in den Medienbeiträgen und den veröffentlichten Schreiben an die Fachzeitschrift *FCT* meist unerwähnt; sie wurden jedoch von Séralini und Kollegen, investigativen Journalisten und Organisationen wie Center for Public Integrity und U.S. Right to Know aufgedeckt.[71]

Richard E. Goodman erhielt damals bei *FCT* den neu geschaffenen Posten eines Mitherausgebers für Biotechnologie. Gleichzeitig wurde der ehemalige *FCT*-Europaredakteur Dr. José L. Domingo, der die Begutachtung von Séralinis Studie übernommen hatte, aus dem Redaktionsteam gedrängt. *FCT*-Chefredakteur A. Wallace Hayes hat zugegeben, dass Goodman in die Redaktion aufgenommen wurde, nachdem er sich in einem Brief an die Zeitschrift über Séralinis Studie beschwert hatte. Goodman forderte in seinem Brief eine »Bewertung durch unabhängige Toxikologen«.[72] Folglich ließ Hayes eine zweite Peer-Review durchführen, die keine nennenswerten Probleme damit hatte.

Dennoch zog Hayes die Studie am 19. November 2013 zurück. In seinem Brief an Professor Séralini erklärte Hayes, die Daten seien nicht fehlerhaft und er habe ihm weder Fehlverhalten noch Betrug oder absichtliche Fehlinterpretation der Daten vorzuwerfen. Hayes stellte fest, man könne allerdings keine Schlussfolgerungen aus der Studie ziehen, weil zehn Ratten pro Gruppe getestet worden waren, weil Sprague-Dawley-Ratten verwendet worden waren und weil die Daten keine eindeutigen Aussagen über Krebs zuließen.[73]

Dieser Einwand ist mehr als fadenscheinig. Séralini und Kollegen hatten in ihrem Beitrag das Wort »Krebs« gar nicht erwähnt, weil die Untersuchung nicht als Kanzerogenitätsstudie angelegt war, wozu nach OECD-Richtlinien 50 Ratten pro Gruppe nötig gewesen wären. Es handelte sich um eine toxikologische Studie, und deshalb wurde mit zehn Ratten pro Gruppe gearbeitet, wie die OECD-Richtlinien es für toxikologische Untersuchungen vorsahen. Nach den OECD-Richtlinien müssen Forscher bei toxikologischen Untersuchungen sämtliche Läsionen dokumentieren und melden. Tumoren sind Läsionen, also entsprach die Meldung von Tumoren in dieser Studie den Richtlinien.

Sprague-Dawley-Ratten werden in solchen Studien standardmäßig verwendet, weil sie auf ähnliche Weise wie Menschen Tumoren entwickeln. Deshalb gelten sie als gutes Modell, um Giftstoffe auf Gesundheitsschäden zu testen, die auch Menschen betreffen können.

Tatsache ist, dass die Studie gemäß den OECD-Richtlinien für toxikologische Untersuchungen durchgeführt wurde. Die Gutachter und der Chefredakteur räumten ein, es gebe keine Hinweise auf Betrug oder absichtliche Fehlinterpretation von Daten. In Wirklichkeit wurde die Studie höchsten Maßstäben gerecht, und ihre Ergebnisse liefern fundierte Aussagen über alle negativen Auswirkungen, einschließlich Tumoren. Tumoren sind nicht das Gleiche wie Krebs; allerdings können sie so groß werden, dass sie normale Organfunktionen stören und zu Krankheiten, inneren Blutungen und häufig zum Tod führen. Es kann auch sein, dass sie zu todbringenden Krebsgeschwulsten mutieren.

Hayes' Argument, die Arbeit mit Sprague-Dawley-Ratten und zehn Ratten pro Gruppe bedeute, dass »die vorgelegten Ergebnisse (obgleich nicht fehlerhaft) uneindeutig sind und deshalb nicht den Ansprüchen für eine Publikation in *Food and Chemical Toxicology* gerecht würden«,[74] läuft ins Leere, denn in diesem Fall müssten etliche toxikologische Studien zurückgezogen werden. Zudem gibt es viele publizierte Studien, die sich nicht an die OECD-Richtlinien halten und daher bei Methodik und Ergebnissen weit weniger strenge Maßstäbe als die Studie von Séralini erfüllen. Besonders bezeichnend ist, dass die ältere 90-Tage-Studie von Monsanto, die ebenfalls mit Sprague-Dawley-Ratten und zehn Tieren pro Gruppe arbeitete, vom Chefredakteur der Zeitschrift nicht zurückgezogen wurde. Tatsächlich wurde auf dieser Basis keine einzige andere Studie zurückgezogen.

Zudem: Würde man publizierte Studien wegen uneindeutiger Ergebnisse generell im Orkus verschwinden lassen, so müssten Tausende wissenschaftliche Studien zurückgezogen werden, denn es kommt häufig vor, dass Untersuchungen zu uneindeutigen Ergebnissen gelangen. Folglich ist diese Tatsache allein kein Grund für die Rücknahme von Beiträgen.

Gründe für einen solchen Schritt wurden vom Committee on Publication Ethics (COPE) exakt niedergelegt. COPE zufolge sind die einzigen Gründe für eine Zurückziehung (1) klare Hinweise darauf, dass die Ergebnisse wegen Fehlverhaltens oder ehrlichen Irrtums unglaubwürdig sind, (2) Plagiat oder redundante Publikation oder (3) unethische Forschung.

Auf Séralinis Untersuchung trifft keines dieser Kriterien zu, deshalb hätte sie auch nicht zurückgezogen werden dürfen. *FCT* sollte als Mitglied von COPE die Regeln des Komitees beherzigen. In diesem Fall wurden die Regeln ignoriert, und der Chefredakteur hat sich dem Druck der Industrie gebeugt und einfach selbst eine neue Regel erfunden.

Das Verschweigen eines Interessenkonflikts dagegen kann sehr wohl einen klaren Grund für die Rücknahme wegen Fehlverhaltens darstellen. Dennoch wurden weder die publizierten Briefe noch die ältere Monsanto-Studie zurückgezogen, deren Autoren ihren Interessenkonflikt verschwiegen hatten.[75]

Tatsache ist, dass die Séralini-Studie die OECD-Richtlinien für die gute Praxis bei toxikologischen Untersuchungen erfüllte, ihre Ergebnisse sind also eindeutig und aussagekräftig. Für viele Menschen war die Rücknahme eine politische Entscheidung und eine Korrumpierung der wissenschaftlichen Objektivität, die weder ethisch noch wissenschaftlich zu rechtfertigen ist. Zahlreiche Wissenschaftler sahen diese Entscheidung als Zensur der Forschung über Gesundheitsrisiken und sorgten sich, dass sie den Wert, die Integrität, Unparteilichkeit und Glaubwürdigkeit publizierter wissenschaftlicher Studien untergräbt.

Wissenschaftler schrieben über hundert Briefe an die Leitung des Elsevier Verlags und den Herausgeber von *FCT*, um sich für Séralinis Studie und die Freiheit der Wissenschaft einzusetzen. Sie forderten, die Rücknahme der Studie rückgängig zu machen. Zwei der Schreiben waren offene Briefe. Einer war von 1.402 Wissenschaftlern und 4.030 Nichtwissenschaftlern aus hundert Ländern unterzeichnet worden, der andere von 182 Wissenschaftlern. Die Unterstützer der Studie und ihrer Verfasser schrieben weit mehr Briefe als die Industrievertreter, die versuchten, Séralinis Arbeit zu diskreditieren.[76] Auch verschiedene Beiträge, vor allem im Internet, begannen, die Unparteilichkeit der Entscheidung zu hinterfragen, und wiesen auf uneingestandene Verbindungen von Séralinis Kritikern zur Industrie hin. Sie zeigten, dass mehrere Mitglieder der *FCT*-Redaktion Beziehungen zur Gentechnik- und Pestizidindustrie und/oder zum International Life Sciences Institute (ILSI) pflegen, das von Gentechnik- und Pestizidkonzernen finanziert wird.[77]

Dass Richard Goodman, ein Geschäftspartner des ILSI und Exmitarbeiter von Monsanto, den neu geschaffenen Posten eines Mitherausgebers für Biotechnologie in der *FTC*-Redaktion erhalten hatte, wurde als Interessenkonflikt und Beeinträchtigung der Objektivität und Unparteilichkeit der Zeitschrift seitens der Industrie gewertet.

Das Center for Public Integrity enthüllte, dass Chefredakteur A. Wallace Hayes als Führungskraft bei RJR Nabisco gearbeitet hatte, wo er für Fragen der Tabak- und Lebensmittelsicherheit zuständig war. In einem Tätigkeitsbericht von 1990 hieß es, Wallace Hayes habe unter anderem das »Ziel« verfolgt, »unseren Wissensstand über den Einfluss von Nikotin/Cotinin auf Genuss/Befriedigung durch Rauchen zu verbessern«.[78] Die geheimen internen Monsanto-Dokumente, die von der US-Anwaltsfirma Baum Hedlund veröffentlicht wurden, zeigen außerdem, wie Monsanto Wallace Hayes erfolgreich unter Druck setzte, die Séralini-Studie zurückzuziehen. Die Papiere decken auf, dass Wallace Hayes finanzielle und andere Verbindungen zu Monsanto unterhielt. Vor allem aber zeigen sie, dass Monsanto das Abfassen der Briefe und die rufmörderische Medienkampagne organisiert hatte, um die Glaubwürdigkeit von Séralinis Forscherteam zu untergraben.

Die Monsanto Papers *zeigen, dass Monsanto das Abfassen der Briefe und die rufmörderische Medienkampagne organisiert hatte, um die Glaubwürdigkeit von Séralinis Forscherteam zu untergraben.*

Die Rücknahme der Séralini-Studie war ein Versuch, durch eine orchestrierte Kampagne seitens der Industrie solide Wissenschaft zu unterdrücken und den Ruf glaubwürdiger Forscher zu beschädigen, die als Gefahr für ihr Geschäftsmodell und ihre Profite gesehen wurden. Aber die Rechnung ging nicht auf. Die Studie von Séralini und Kollegen durfte am 24. Juni 2014 in der Zeitschrift *Environmental Sciences Europe* erneut erscheinen, und zwar zusammen mit einer Darstellung der Interessenkonflikte derjenigen Personen, die die Studie attackiert hatten, und einer Widerlegung ihrer Behauptungen und Falschdarstellungen.

Der Konflikt hatte zur Folge, dass die Zeitschrift *FCT* und ihr Chefredakteur ihre Glaubwürdigkeit weitgehend eingebüßt hatten. Nachdem die Séralini-Studie erneut erschienen war, wurde Chefredakteur Wallace Hayes in aller Stille abgesetzt. An seine Stelle trat der ursprüngliche Herausgeber von Séralinis Studie, Dr. José L. Domingo. Auch Goodman wurde aus der Redaktion entfernt. Unter ihrem neuen Chefredakteur hat *FCT* Studien veröffentlicht, die zeigen, dass die Unbedenklichkeit von genmanipulierten Feldfrüchten keineswegs erwiesen ist.[79]

Séralini und sein Team haben die Kritiker in zwei Verfahren vor dem Pariser Strafgericht wegen übler Nachrede erfolgreich verklagt. Einer dieser Kritiker wurde vom Pariser Strafgericht wegen des schwerwiegenderen Vorwurfs der Fälschung verurteilt, weil er »Beweismittel«, mit denen er Séralini und Kollegen diskreditieren wollte, frei erfunden hatte.[80]

Professor Séralini wurde 2015 wegen seiner standhaften Weigerung, seine Berufsethik zu opfern, mit dem Whistleblower-Preis der Vereinigung Deutscher Wissenschaftler und der deutschen Sektion der International Association of Lawyers against Nuclear Arms ausgezeichnet. In der Begründung heißt es: »Professor Séralini fand mit seiner Haltung und seinen Arbeiten weltweit Unterstützung bei vielen WissenschaftlerInnen, die die von ihm gewählten Methoden verteidigten und seine gewonnenen Ergebnisse für weiterführend halten […].«[81]

Wenn das Ziel der Rufmordkampagne, orchestriert durch die Gentechnik- und Pestizidindustrie, darin bestand, diese Studie zum Verschwinden zu bringen, dann ging das grandios schief. Statt in der

Mülltonne der Geschichte zu landen, erlangte diese Studie höchste Aufmerksamkeit und wurde wahrscheinlich von mehr Menschen gelesen als jede andere wissenschaftliche Abhandlung der letzten zehn Jahre.

Jedoch manipuliert die Industrie mit schmutzigen Tricks nach wie vor Wikipedia und Internetblogs, um Séralini zu schaden. Industrievertreter besuchten zudem sämtliche Stiftungen und andere Finanzinstitutionen, die Séralinis Forschungsarbeit fördern, um ihn zu diskreditieren und um zu erreichen, dass ihm die Mittel gestrichen werden. Dies hat für seine Universität zu diversen finanziellen und sonstigen Schwierigkeiten geführt. Dennoch hat Séralini nach wie vor seine Position als hoch angesehener Professor inne und veröffentlicht zahlreiche Untersuchungen zum Thema Pestizide.

Da laufend weitere Studien erscheinen, die zeigen, dass gentechnisch veränderte Organismen und Pestizidrezepturen zahlreiche Gesundheitsprobleme verursachen, darf diese Studie von Professor Séralini und Kollegen als wegweisend gelten.

REACH – die groß angelegte Überprüfung von Chemikalien in der EU

Die Europäische Union hat vor einiger Zeit eine Überprüfung aller handelsüblichen Chemikalien angeordnet und damit einen ersten Schritt in die richtige Richtung getan. Die zugehörige Verordnung zur Registrierung, Bewertung, Zulassung und Beschränkung chemischer Stoffe wird, hergeleitet aus dem Englischen, unter dem Kürzel REACH geführt.[82] REACH ist seit 2007 in Kraft und soll bis 2018 vollständig umgesetzt werden. Zunächst konzentrierte man sich auf Chemikalien, von denen mehr als 1000 Tonnen pro Jahr importiert oder in der EU produziert werden. Bis 2018 soll die Verordnung alle chemischen Stoffe bis eine Tonne pro Jahr erfassen. Rund 143.000 chemische Substanzen, die in der EU vermarktet werden, wurden bis zum Stichtag am 1. Dezember 2008 vorregistriert.[83]

Viele Schlüsselprobleme geht REACH allerdings nicht an. Weiterhin unberücksichtigt bleiben Chemiecocktails, die besonderen Bedürfnisse von Föten und neugeborenen und heranwachsenden Kindern, hormonelle Wirksamkeit, Abbauprodukte von Pestiziden, generationsübergreifende Auswirkungen, epigenetische Veränderungen und Entwicklungsneurotoxizität. Zudem sind Produkte, von denen weniger als eine Tonne im Jahr importiert oder produziert werden, von der Verordnung befreit.

REACH kann als guter Anfang betrachtet werden, immerhin findet zum ersten Mal in der Geschichte eine umfassende Überprüfung aller in der Region gängigen Chemikalien statt. Ebenfalls zum ersten Mal testen die Aufsichtsbehörden die tatsächlichen Produkte anstelle einzelner Wirkstoffe. Statt der EU aber zu diesem lange überfälligen und wichtigen Schritt zu gratulieren und es ihr womöglich nachzutun, setzt eine Gruppe von Ländern die EU mit diplomatischen Mitteln unter Druck – darunter die Vereinigten Staaten, Brasilien, Australien, Indien, Japan, Mexiko, Singapur, Südafrika, Thailand, Chile, Israel, Südkorea und Malaysia. Mit der Begründung, die Verordnung würde den freien Chemikalienhandel behindern, sollen die Verfahren verwässert werden.

Bedenkt man allerdings, wie die EBL in der Vergangenheit mit Glyphosat und anderen Chemikalien umgegangen ist, setzen viele, die den Umgang mit chemischen Stoffen kritisch betrachten, nur geringe Hoffnungen in die REACH-Verordnung. Sie bezweifeln, ob die Entscheidungen Menschen, Kinder und die Umwelt wirklich vor Schaden bewahren, und befürchten, die Aktion sei eher teure Öffentlichkeitsarbeit als ein transparenter und kompetenter Prüfvorgang mit aussagekräftigen Ergebnissen.

Die Notwendigkeit transparenter, publizierter, begutachteter Wissenschaft

Dass Aufsichtsbehörden zur Entscheidungsfindung geheime, unveröffentlichte, nicht begutachtete, von der Industrie finanzierte Studien nutzen, stellt ein großes Problem dar. Abgesehen von den daraus resultierenden Interessenkonflikten hat die Öffentlichkeit das Recht, über die Forschungen, die die Sicherheit von Pestiziden in ihren Lebensmitteln bestimmen, informiert zu werden.

> **Dass Aufsichtsbehörden** *zur Entscheidungsfindung geheime, unveröffentlichte, nicht begutachtete, von der Industrie finanzierte Studien nutzen, stellt ein großes Problem dar.*

Gute wissenschaftliche Arbeit basiert auf begutachteter Forschung, die in angesehenen Fachzeitschriften veröffentlicht wird. Aus so einer Arbeit sollte hervorgehen, welche Materialien und Methoden verwendet wurden, sodass andere Wissenschaftler die Versuche wiederholen können, um zu überprüfen, ob sie zum selben Ergebnis kommen. Nur so kann die Richtigkeit der Resultate bestätigt werden. Die Studie muss dann von unabhängigen Experten praktisch begutachtet und einer kritischen Analyse unterzogen werden. Eine Begutachtung ist nötig, um sicherzustellen, dass den Forschern bei der Versuchsanordnung und der Interpretation der Daten nichts entgangen ist, was die Ergebnisse und die daraus gezogenen Schlüsse verzerren könnte. Auf Studien, die in begutachteten Journalen erscheinen, können alle wichtigen Akteure zugreifen, sie lesen und analysieren. Das gewährleistet Transparenz und kann eine breitere und kritischere Debatte über die Daten und Schlussfolgerungen anstoßen.

Beteiligte Forscher sollten zudem darlegen, ob etwaige Interessenkonflikte bestehen, zum Beispiel ob ihre Studie von der Industrie finanziert wird. Solche Transparenz würde viel dazu beitragen, das Problem der versteckten Absichten und Befangenheiten zu lösen und einen vollständig offenen Prozess zu gestalten. Der Vorwurf, dass die Industrie Daten manipuliert, um die gewünschten Behördenentscheidungen herbeizuführen, wird in der Fachliteratur vielfach untermauert. Lässt man die Geheimniskrämerei und stellt sicher, dass alle Entscheidungen auf der Basis von transparenten Prozessen einschließlich begutachteter Studien gefällt werden, würden die Anschuldigungen, die Industrie beeinflusse Studien, leiser, wenn sie nicht ganz verstummen. Leider ist das in der heutigen Praxis nicht der Fall.

Widersprüchliche Bewertungen verschiedener Aufsichtsbehörden

Ein weiteres Argument, das dafür spricht, Behördenentscheidungen auf Grundlage veröffentlichter, begutachteter Forschungen zu treffen, besteht darin, dass momentan verschiedene Aufsichtsbehörden zu unterschiedlichen Bewertungen kommen. Es leuchtet wirklich nicht ein, dass Rückstandsmengen chemischer Stoffe in dem einen Land als bedenklich gelten, im nächsten als unbedenklich und zulässig. Was für Menschen schädlich ist, variiert nicht von Land zu Land.

Chlorpyrifos etwa ist in den Vereinigten Staaten in der Lebensmittelproduktion verboten, die meisten anderen Länder ignorieren die wissenschaftlichen Studien, und es findet dort weiterhin rasanten Absatz. DDT wird in Ländern wie Indien, China und Uganda noch großflächig genutzt, trotz der überwältigenden wissenschaftlichen Beweise, die diverse schädliche Wirkungen für Gesundheit und Umwelt belegen, und obwohl es zahlreiche bessere Alternativen gibt. Atrazin ist eines der weltweit meistverwendeten Herbizide; in der Europäischen Union und der Schweiz allerdings wurde es verboten, weil es zahlreiche Gewässer verschmutzt hatte, in sehr vielen Regenwasserproben gefunden und mit verschiedenen Gesundheitsschäden in Verbindung gebracht wurde.

Die Regulierungsverfahren in Australien geben ein gutes Beispiel für diese Widersprüchlichkeiten ab. Ein Gutachten des World Wildlife Fund und des National Toxics Network zeigte auf, dass australische Landwirte circa 80 Chemikalien verwenden, die in anderen Ländern verboten sind, weil sie ein Risiko für Mensch und Umwelt darstellen. Die Autoren erklärten: »Die Liste umfasst 17 Chemikalien, die bekanntermaßen, wahrscheinlich oder möglicherweise karzinogen wirken, und 48 Chemikalien, die als hormonwirksam gekennzeichnet sind. Mehr als 20 wurden von der Weltgesundheitsorganisation als extrem oder sehr gefährlich eingestuft, trotzdem stehen sie für die Nutzung in der australischen Landwirtschaft weiterhin zur Verfügung.«[84] Australien rangiert für gewöhnlich weltweit auf den hinteren Rängen, wenn es um das Verbot giftiger Chemikalien geht. Wenn anderswo eine chemische Substanz auf Grundlage begutachteter Studien vom Markt genommen wird, kann dieser Schritt in Australien noch Jahrzehnte dauern. Endosulfan ist hierfür ein gutes Beispiel. Australien untersagte die Nutzung als eines der letzten Länder weltweit. Auch als die US-amerikanische Umweltbehörde EPA Chlorpyrifos aus der Lebensmittelproduktion verbannte, nachdem Studien es mit einer Reihe von Gesundheitsproblemen in Zusammenhang gebracht hatten, sahen sich die australischen Behörden nicht in der Pflicht, ähnliche Schritte einzuleiten.

Derartige Widersprüchlichkeiten zeigen, dass Behördenentscheidungen mehr auf Grundlage politischer Debatten getroffen werden als aufgrund logischer Schlussfolgerungen, gezogen aus glaubwürdigen, publizierten Forschungsarbeiten. Und einmal mehr wird dadurch bestätigt, dass bei vielen Entscheidungen von Aufsichtsbehörden das Vorsorgeprinzip nicht viel gilt.

Wir brauchen neue Wege bei den Zulassungsverfahren

Abschließend sei bemerkt, dass nicht nur sehr viele wissenschaftliche Beweise vorliegen, die belegen, dass das derzeitige System zur Regulierung von Pestiziden nicht genügt, um Mensch und Umwelt zu schützen, sondern dass es auch schon zahlreiche öffentliche Forderungen nach neuen Zulassungsverfahren gibt.

So empfiehlt der Berufsverband amerikanischer Kinderärzte etwa, »das Chemikalienmanagement in den Vereinigten Staaten zu überarbeiten, sodass nicht nur Kinder und Schwangere, sondern auch die übrige Bevölkerung besser geschützt ist«.[85]

Das Cancer Panel des Präsidenten der Vereinigten Staaten (USPCP) prangert an, dass Aufsichtsbehörden ihrer Verantwortung nicht nachkommen und die Öffentlichkeit nur unzureichend vor Umweltgiften, zum Beispiel Pestiziden, und den daraus resultierenden schweren Krankheiten wie Krebs schützen. »Im Großen und Ganzen existieren bereits hinreichende Aufsichtsbehörden und Infrastruktur für die Umweltgesundheit, aber die zuständigen Behörden, welche die Aufgabe haben, Regelungen zu treffen und durchzusetzen, nehmen ihre Aufgaben in Bezug auf Umweltbelastungen nicht wahr [...] Beim Thema Schadstoffe sollte ein vorbeugender Ansatz nach dem Vorsorgeprinzip das derzeitige Nachsorgeprinzip ersetzen, nach welchem der Schaden am Menschen erst bewiesen werden muss, bevor Maßnahmen ergriffen werden, um die Kontamination zu reduzieren oder zu beseitigen.«[86]

Aufsichtsbehörden ignorieren die zahlreichen glaubwürdigen, begutachteten wissenschaftlichen Studien und treffen ihre Entscheidungen weitgehend auf Basis von unveröffentlichten Industriestudien. Diese Herangehensweise ist eindeutig mangelhaft und ergreift Partei zugunsten der Industrie und zuungunsten unabhängiger Wissenschaftler und Forscher. Die Behörden müssen sich aller Interessenkonflikte entledigen, wozu geheime, unveröffentlichte Industriestudien ebenso gehören wie Repräsentanten der Chemieindustrie, die in leitenden Positionen ebenjener Behörden sitzen oder bei der Beschlussfindung zu den eigenen Produkten beteiligt sind. Solange das nicht geschieht, ist es ins Reich der Mythen und Legenden zu verweisen, dass »strenge, wissenschaftlich fundierte und transparente Auflagen für Pestizide [existieren], die den Schutz der Gesundheit von Bevölkerung und Umwelt gewährleisten«.[87]

Anmerkungen

1 USDA 2013 Pesticide Data Program press release, http://www.usda.gov/wps/portal/usda/usdahome?contentid=2014/12/0276.xml.
2 Vandana Shiva, Mira Shiva und Vaibhav Singh, Poisons in Our Food (India: Natraj Publishers, 2012).
3 Vallianatos, Poison Spring.
4 American Academy of Pediatrics, Chemical-Management Policy: Prioritizing Children's Health, 2011 Policy Statement.
5 Vallianatos, Poison Spring.
6 Colborn, »A Case for Revisiting the Safety of Pesticides«.
7 Ebd.
8 Bergman et al., State of the Science of Endocrine Disrupting Chemicals 2012.
9 »U. S. President's Cancer Panel Annual Report«, 2010.

10 Nancy Swanson, Eva Sirinathsinghji und Mae Wan Ho, »Scandal of Glyphosate Re-assessment in Europe, in Banishing Glyphosate«, Institute of Science in Society, 15. September 2015, http://www.i-sis.org.uk/Banishing_Glyphosate.php.

11 Stéphane Horel und Corporate Europe Observator, Unhappy Meal: The European Food Safety Authority's Independence Problem, Oktober 2013, http://corporateeurope.org/sites/default/files/attachments/unhappy_meal_report_23_10_2013.pdf.

12 Steven M. Druker, Altered Genes, Twisted Truth: How the Venture to Genetically Engineer Our Food Has Subverted Science, Corrupted Government, and Systematically Deceived the Public (Salt Lake City: Clear River Press, 2015).

13 https://www.baumhedlundlaw.com/toxic-tort-law/monsanto-roundup-lawsuit/monsanto-secret-documents/ (aufgerufen am 28. 11. 17).

14 »Glyphosate«, IARC Monographs – 112.

15 https://usrtk.org/wp-content/uploads/2017/05/MDL1985mouseslidememo.pdf.

16 »SECOND Peer Review of Glyphosate«, Office of Pesticides and Toxic Substances, United States Environmental Protection Agency, Washington, D. C., 30. Oktober 1991.

17 European Food Safety Authority, »Conclusion on the Peer Review of the Pesticide Risk Assessment of the Active ubstance Glyphosate«, EFSA Journal 13, no. 11 (2015): 4302; European Food Safety Authority, »Final Addendum to the Renewal Assessment Report«, EFSA Journal 13, no. 11 (2015): 4302, http://registerofquestions.efsa.europa.eu/roqFrontend/outputLoader?output=ON-4302.

18 S. Foucart, »Noire semaine pour l'espertise«, Le Monde (Paris), 2015, http://www.lemonde.fr/acces-restreint/idees/article/2015/03/30/6d6b629b69676fc595686764649971_4605627_3232.html.

19 Open Letter: Review of the Carcinogenicity of Glyphosate by EFSA and BfR, 27. November 2015, http://images.derstandard.at/2015/11/30/glyphosate.pdf.

20 »Glyphosate General Fact Sheet«, National Pesticide Information Center, September 2010, http://npic.orst.edu/factsheets/glyphogen.pdf (aufgerufen am 26. 01. 14).

21 Cox, »Glyphosate (Roundup)«.

22 Richard et al., »Differential Effects of Glyphosate and Roundup«.

23 Céline Gasnier et al., »Glyphosate-Based Herbicides are Toxic and Endocrine Disruptors in Human Cell Lines«, Toxicology 262 (2009): 184–91.

24 Chris Clements, Steven Ralph und Michael Petras, »Genotoxicity of Select Herbicides in Rana catesbeiana Tadpoles Using the Alka-

line Single-Cell Gel DNA Electrophoresis (Comet) Assay«, Environmental and Molecular Mutagenesis 29, no. 3 (1997): 277–88.

25 Rafael C. Lajmanovich, M. T. Sandoval, Paola M. Peltzer, »Induction of Mortality and Malformation in Scinax nasicus Tadpoles Exposed to Glyphosate Formulations«, Bulletin of Environmental Contamination Toxicology 70, no. 3 (März 2003): 612–18.

26 Eliane Dallegrave et al., »The Teratogenic Potential of the Herbicide Glyphosate-Roundup in Wistar Rats«, Toxicology Letters 142, no. 1–2 (April 2003): 45–52.

27 Christina M. Howe et al., »Toxicity of Glyphosate-Based Pesticides to Four North American Frog Species«, Environmental Toxicology and Chemistry 23, no. 8 (August 2004): 1928–38.

28 Uthpala A. Jayawardena et al., »Toxicity of Agrochemicals to Common Hourglass Tree Frog (Polypedates cruciger) in Acute and Chronic Exposure«, International Journal of Agriculture and Biology 12 (2010): 641–48.

29 Rick A. Relyea, »New Effects of Roundup on Amphibians: Predators Reduce Herbicide Mortality; Herbicides Induce Antipredator Morphology«, Ecological Applications 22 (2012): 634–47.

30 Alejandra Paganelli et al., »Glyphosate-Based Herbicides Produce Teratogenic Effects on Vertebrates by Impairing Retinoic Acid Signaling«, Chemical Research in Toxicology 23, no. 10 (August 2010): 1586–95.

31 Ebd.

32 Mesnage, Bernay und Séralini, »Ethoxylated Adjuvants of Glyphosate-Based Herbicides«.

33 K. B. Flower, J. A. Hoppin, C. F. Lynch, A. Blair, C. Knott, D. L. Shore, et al., »Cancer Risk and Parental Pesticide Application in Children of Agricultural Health Study Participants«, Environmental Health Perspectives 112, no. 5 (2004): 631–35.

34 Lennart Hardell und Mikael Eriksson, »A Case-Control Study of Non-Hodgkin Lymphoma and Exposure to Pesticides«, Cancer 85, no. 6 (15. März 1999): 1353–60.

35 Angela Harras, ed., Cancer Rates and Risks, 4th ed. (Washington, D. C.: U. S. Department of Health and Human Services, Public Health Service, National Institutes of Health, 1996).

36 Cox, »Glyphosate (Roundup)«.

37 W. H. Goodson, »Assessing the Carcinogenic Potential of Low-Dose Exposures to Chemical Mixtures in the Environment: The Challenge Ahead« Carcinogenesis 36, no. 1 (Juni 2015).

38 Julie Marc, Odile Mulner-Lorillon und Robert Bellé, »Glyphosate-Based Pesticides Affect Cell Cycle Regulation«, Biology of the Cell 96, no. 3 (April 2004): 245–49.

39 Thongprakaisang et al., »Glyphosate Induces Human Breast Cancer Cells Growth«.
40 Gilles-Éric Séralini et al., »Long-Term Toxicity of a Roundup Herbicide and a Roundup-Tolerant Genetically Modified Maize«, Environmental Sciences Europe, republished study (2014): 14.
41 Thongprakaisang et al., »Glyphosate Induces Human Breast Cancer Cells Growth«.
42 Ebd.
43 Séralini et al., »Long-Term Toxicity«.
44 Anthony Samsel und Stephanie Seneff, »Glyphosate's Suppression of Cytochrome P450 Enzymes and Amino Acid Biosynthesis by the Gut Microbiome: Pathways to Modern Diseases«, Entropy 15, no. 4 (2013): 1416–63.
45 Ebd.
46 Anthony Samsel und Stephanie Seneff, »Glyphosate, Pathways to Modern Diseases II: Celiac Sprue and Gluten Intolerance«, Interdisciplinary Toxicology 6, no. 4 (2013): 159–84, http://sustainablepulse.com/wp-content/uploads/2014/02/Glyphosate_II_Samsel-Seneff.pdf (aufgerufen am 21. 03. 14).
47 Monika Krüger, Awad Ali Shehata, Wieland Schrödl und Arne Rodloff, »Glyphosate Suppresses the Antagonistic Effect of Enterococcus spp. on Clostridium botulinum«, Anaerobe 20 (April 2013): 74–78.
48 Awad Ali Shehata, Wieland Schrödl, Alaa A. Aldin, Hafez M. Hafez und Monika Krüger, »The Effect of Glyphosate on Potential Pathogens and Beneficial Members of Poultry Microbiota in Vitro«, Current Microbiology 66, no. 4 (2012): 350–58.
49 Channa Jayasumana, Sarath Gunatilake und Priyantha Senanayake, »Glyphosate, Hard Water and Nephrotoxic Metals: Are They the Culprits Behind the Epidemic of Chronic Kidney Disease of Unknown Etiology in Sri Lanka?«, International Journal of Environmental Research and Public Health 11, no. 2 (Februar 2014): 2125–47.
50 Robin Mesnage, Matthew Arno, Manuela Costanzo, Manuela Malatesta, Gilles-Éric Séralini und Michael N. Antoniou, »Transcriptome Profile Analysis Reflects Rat Liver and Kidney Damage Following Chronic Ultra-Low Dose Roundup exposure«, Environmental Health 14 (2015): 70.
51 Daiane Cattani et al., »Mechanisms Underlying the Neurotoxicity Induced by Glyphosate-Based Herbicide in Immature Rat Hippocampus: Involvement of Glutamate Excitotoxicity«, Toxicology 320 (März 2014): 34–45.
52 Oleh V. Lushchak et al., »Low Toxic Herbicide Roundup Induces Mild Oxidative Stress in Goldfish Tissues«, Chemosphere 76, no. 7 (2009): 932–37.

53 Nahla S. El-Shenawy, »Oxidative Stress Responses of Rats Exposed to Roundup and Its Active Ingredient Glyphosate«, Environmental Toxicology and Pharmacology 28, no. 3 (November 2009): 379–85; Vera Lúcia de Liz Oliveira Cavalli et al., »Roundup Disrupted Male Reproductive Functions By Triggering Calcium-Mediated Cell Death In Rat Testis And Sertoli Cells«, Free Radical Biology & Medicine 65 (December 2013): 335–46.

54 Romina P. Coullery, María E. Ferrari, Silvana B. Rosso, Neuronal development and axon growth are altered by glyphosate through a WNT non-canonical signalling pathway, NeuroToxicology 52 (2016) 150–161.

55 Nancy Swanson, André Leu, Jon Abrahamson und Bradley Wallet, »Genetically Engineered Crops, Glyphosate and the Deterioration of Health in the United States of America«, Journal of Organic Systems 9 (2014): 6–37.

56 Anthony Samsel und Stephanie Seneff, Glyphosate pathways to modern diseases V: Amino acid analogue of glycine in diverse proteins, Journal of Biological Physics and Chemistry, Vol. 16, Juni 2016.

57 Colborn, »A Case for Revisiting the Safety of Pesticides«.

58 Swanson, Sirinathsinghji und Ho, »Scandal of Glyphosate Re-assessment in Europe, in Banishing Glyphosate«.

59 Bundesamt für Verbraucherschutz und Lebensmittelsicherheit, http://www.powerbase.info/images/b/b8/BVL2010.comments.Paganelli.pdf.

60 Michael Antoniou et al., »Teratogenic Effects of Glyphosate-Based Herbicides: Divergence of Regulatory Decisions from Scientific Evidence«, Journal of Environmental and Analytical Toxicology (2012): S4:006. doi:10.4172/2161-0525.S4-006.

61 Ebd.

62 Ebd.

63 Ebd.

64 Helmut Greim, David Saltmiras, Volker Mostert und Christian Strupp, »Evaluation of Carcinogenic Potential of the Herbicide Glyphosate, Drawing on Tumor Incidence Data from Fourteen Chronic/Carcinogenicity Rodent Studies«, Critical Reviews in Toxicology 45, No. 3 (March 2015): 185–208.

65 Séralini et al., »Long-Term Toxicity of a Roundup Herbicide«.

66 Gilles-Éric Séralini, Robin Mesnage, E. Clair, S. Gress, Joël Spiroux de Vendomois und D. Cellier, »Genetically Modified Crops Safety Assessments: Present Limits and Possible Improvements«, Environmental Sciences Europe 23 (2011): 10.

67 Gilles-Éric Séralini, Robin Mesnage, Nicolas Defarge und Joël Spiroux de Vendômois, »Conflicts of Interests, Confidentiality and

Censorship in Health Risk Assessment: The Example of an Herbicide and a GMO«, Environmental Sciences Europe 26 (2014): 13, http://www.enveurope.com/content/26/1/13.

68 Gilles-Éric Séralini, Emilie Clair, Robin Mesnage, Steeve Gress, Nicolas Defarge, Manuela Malatesta, Didier Hennequin, Joël Spiroux de Vendômois, »Long Term Toxicity of a Roundup Herbicide«.

69 Séralini et al., »Conflicts of Interests, Confidentiality and Censorship«.

70 Gilles-Éric Séralini, Robin Mesnage, Nicolas Defarge, S. Gress, D. Hennequin, E. Clair, M. Malatesta, Joël Spiroux de Vendomois, »Answers to Critics: Why There Is a Long Term Toxicity Due to NK603 Roundup-Tolerant Genetically Modified Maize and to a Roundup Herbicide«, Food and Chemical Toxicology 53 (2013): 461–68.

71 Séralini et al., »Conflicts of Interests, Confidentiality and Censorship«.

72 Ebd.

73 A. Wallace Hayes, Retraction Letter to Professor Séralini, November 19, 2013, http://www.gmwatch.org/files/Letter_AWHayes_GES.pdf.

74 Hayes, Retraction Letter to Professor Séralini.

75 Séralini et al., »Conflicts of Interests, Confidentiality and Censorship«.

76 »Scientists Support Séralini: Introduction«, GMOSeralini.org, http://www.gmoseralini.org/introduction-to-scientists-support-seralini/; »Open Letter on Retraction and Pledge to Boycott Elsevier«, Institute of Science in Society, 12. April 2013, http://www.i-sis.org.uk/Open_letter_to_FCT_and_Elsevier.php; »Journal Retraction of Séralini GMO Study Is Invalid and an Attack on Scientific Integrity«, End Science Censorship, http://www.endsciencecensorship.org/en/page/Statement#signed-by.

77 Christoph Then, »Economic Interests Quashing Scientific Controversy?«, TestBiotech, 29. November 2013, http://www.testbiotech.org/node/972.

78 Chris Young und Erin Quinn, »Food Safety Scientists Have Ties to Big Tobacco«, Center for Public Integrity, 15. April 2015, http://www.publicintegrity.org/2015/04/15/17144/food-safety-scientists-have-ties-big-tobacco.

79 Ebd.

80 »Séralini's Team Wins Defamation and Forgery Court Cases on GMO and Pesticide Research«, GMOSeralini.org, 27. November 2015, http://www.gmoseralini.org/seralinis-team-wins-defamation-and-forgery-court-cases-on-gmo-and-pesticideresearch/.

81 »Federation of German Scientists Whistleblower Award Goes

to Prof Gilles-Éric Séralini«, GMOSeralini.org, 23. October 2015, http://www.gmoseralini.org/federationof-german-scientists-whistleblower-award-goes-to-prof-gilles-eric-seralini/.

82 European Commission, »What is REACH?«.

83 Ebd.

84 Jo Immig, »A List of Australia's Most Dangerous Pesticides«, National Toxics Network, Juli 2010, http://www.ntn.org.au/wp/wp-content/uploads/2010/07/FINAL-A-list-of-Australias-most-dangerous-pesticides-v2.pdf.

85 American Academy of Pediatrics, »Chemical-Management Policy: Prioritizing Children's Health«, 2011 Policy Statement.

86 »U. S. President's Cancer Panel Annual Report«, 2010.

87 USDA 2013 Pesticide Data Program press release.

MYTHOS 5

Pestizide sind für die Landwirtschaft unentbehrlich

»Ohne Pestizide würden wir verhungern«

Der größte Mythos überhaupt besagt, dass wir uns mit zahlreichen toxischen Chemikalien belasten *müssen,* weil es andernfalls zu großen Hungersnöten käme – es sei quasi unmöglich, ohne den massenhaften Einsatz dieser Gifte genügend Essen anzubauen. Die Agrarchemieindustrie, Bauernverbände, PolitikerInnen und Aufsichtsbehörden erklären beharrlich, der Verzicht auf Pestizide und andere Agrochemikalien würde zu Ernteausfällen und dramatischen Ertragseinbußen führen.

Tatsächlich trifft genau das Gegenteil zu: Wenn wir unsere Anbaumethoden nicht radikal umstellen, wird die Welt wegen der schweren Schäden verhungern, die die industrielle Landwirtschaft anrichtet.

Der UN-Milleniumsbericht zur Bewertung von Ökosystemen ist die umfassendste Studie, die je zum Zustand der Umwelt auf dem Planeten durchgeführt wurde. Der ausführliche Bericht, von 2001 bis 2005 von weltweit führenden Experten erstellt, zeigte, dass unsere derzeitige Landwirtschaft nicht nachhaltig ist: »In den letzten 50 Jahren haben die Menschen die Ökosysteme schneller und umfassender als in jedem anderen vergleichbaren Zeitraum der Menschheitsgeschichte verändert, und dies in erster Linie, um den rasch steigenden

Bedarf an Nahrungsmitteln, Süßwasser, Holz, Fasern und Brennstoffen zu decken. Dies hat zu einem erheblichen und weitgehend unumkehrbaren Verlust der Vielfalt des Lebens auf der Erde geführt.«[1]

Eine Studie der University of California von 2001 ergab, dass die Landwirtschaft in den nächsten 50 Jahren eine treibende Kraft der globalen Umweltveränderungen sein wird, mit ähnlich verheerenden Folgen wie die Treibhausgase. David Tilman, Erstautor der Studie, stellte fest, dass der Einsatz von Pestiziden, chemischen Düngemitteln und die Zerstörung von Lebensräumen ein großes Massenaussterben verursacht, das weltweit die Artenvielfalt bedroht und die Ökologie verändert. Tilman erklärte: »Weder die Gesellschaft noch der Großteil der Wissenschaftler begreifen die Bedeutung der Landwirtschaft. Ihre Betrachtung unterliegt groben Fehleinschätzungen, und sie ist kaum auf dem Radar, ist aber wahrscheinlich ebenso bedeutend wie der Klimawandel. Wir müssen klügere Anbaumethoden entwickeln.«[2]

Auch der Weltagrarbericht des Weltagrarrats (IAASTD) berichtet Ähnliches. Der Bericht fasst die größte Untersuchung unserer derzeitigen globalen landwirtschaftlichen Anbausysteme zusammen, die je durchgeführt wurde. Zahlreiche Akteure waren an diesem Prozess beteiligt: Über 400 wissenschaftliche Autoren, 61 Länder und ein Büro, finanziert von der UN-Ernährungs- und Landwirtschaftsorganisation (FAO), der Globalen Umweltfazilität (GEF), dem UN-Entwicklungsprogramm (UNDP), der UNESCO, dem Umweltprogramm der Vereinten Nationen (UNEP), der Weltbank und der Weltgesundheitsorganisation (WHO). Der Bericht nennt diverse Umweltprobleme, die ernste Folgen für die Nachhaltigkeit der weltweiten Agrarproduktion haben. Dazu zählen:

1. *Bodenverschlechterung und Nährstoffarmut:*
   Bodenverschlechterung betrifft weltweit rund 2.000 Millionen Hektar, das sind 38 Prozent der Anbauflächen der Welt. Dabei wurden dem Boden Nährstoffe entzogen, was im Jahr 2000 zu einem Mangel an Stickstoff, Phosphor und Kalium auf jeweils 59 Prozent, 85 Prozent und 90 Prozent der gesamten Erntefläche führte,

einhergehend mit einem Verlust von 1.136 Millionen Tonnen der Gesamtagrarproduktion im Jahr weltweit. Heute sind 1,9 Milliarden Hektar (und 2,6 Milliarden Menschen) von erheblicher Bodenverschlechterung betroffen.

II. *Versalzung und Versauerung:*
Von Versalzung sind rund zehn Prozent der bewässerten Böden weltweit betroffen. Zusätzlich gibt es eine Versauerung der Böden, die auf übermäßige Entnahme von Nährstoffen durch einseitige oder monotone Fruchtfolgen und unangepasste Verwendung von Dünger zurückgeht.

III. *Verlust der Artenvielfalt und damit verbundener agroökologischer Funktionen:*
Die ober- und unterirdische Artenvielfalt wird drastisch reduziert durch wiederholten Einsatz von Monokulturverfahren, übermäßigen Einsatz von Agrochemikalien, Ausweitung des Anbaus auf fragile Gebiete und exzessive Rodung der natürlichen Vegetation mit negativen Folgen für die Fruchtbarkeit.

VI. *Reduzierte Verfügbarkeit von Wasser:*
Vor 50 Jahren betrug die Wasserentnahme aus Flüssen noch nur ein Drittel der heutigen Menge – die Landwirtschaft verbraucht bereits 70 Prozent dieses weltweit entnommenen Süßwassers. Zusätzlich wirken sich Pestizide und Düngemittel weltweit negativ auf die Qualität von Wasserquellen aus.

V. *Zunehmende Verschmutzung von Luft, Wasser und Land:*
Die zunehmende Verschmutzung trägt ebenfalls zu Problemen mit der Wasserqualität von Flüssen und Bächen bei. Weltweit zeigt der Einsatz von Pestiziden und Düngemitteln negative Auswirkungen auf Boden, Luft und Wasserressourcen. Die Landwirtschaft ist für rund 60 Prozent der menschengemachten Methan- und rund 50 Prozent der Lachgasemissionen verantwortlich. Unsachgemäße Düngung hat zu Eutrophierung und ausgedehnten Todeszonen in zahlreichen Küstengewässern geführt, und unsachgemäßer Einsatz von Pestiziden hat Grundwasserverschmutzung, Gesundheitsprobleme und einen Verlust an Biodiversität zur Folge.

In dem Bericht hieß es: »Die Methoden, mit denen die Welt ihre Lebensmittel anbaut, müssen sich, um die Armen und Hungernden besser zu versorgen, radikal verändern, wenn die Welt das Bevölkerungswachstum und den Klimawandel verkraften und gleichzeitig den sozialen Zusammenbruch und den Umweltkollaps verhindern soll.«

Der Weltagrarbericht *kam zu dem Schluss, dass unsere derzeitigen landwirtschaftlichen Produktionssysteme nicht nachhaltig sind und sich verändern müssen.*

Der Weltagrarbericht sprach sich gegen Gentechnik und die Paradigmen der industriellen Landwirtschaft aus, weil sie keine nachhaltigen Lösungen bieten, und regte stattdessen an, auf lokaler Ebene mit vergleichbar geringerem Aufwand, bäuerlichen Familienbetrieben und anerkannten agrarökologischen und biologischen Anbaumethoden zu arbeiten. »Weitermachen wie bisher ist keine Option, wenn wir ökologische Nachhaltigkeit erreichen wollen.«[3]

Biolandwirtschaft fördert die Artenvielfalt

Die Forschung zeigt, dass auf biologisch bewirtschafteten Feldern im Vergleich zu anderen Anbaumethoden die größte Artenvielfalt herrscht.

Die umfangreichste Biodiversitätsuntersuchung, die 76 Studien aus aller Welt prüfte und biologische mit konventioneller Landwirtschaft verglich, stellte fest, dass Biolandwirtschaft die Artenvielfalt auf jeder Ebene der Nahrungskette stärkt, angefangen mit Bodenorganismen wie etwa Bakterien bis hin zu Säugetieren.

> Sie identifizierte ein breites Spektrum an Taxa, darunter Vögel und Säugetiere, Wirbellose und Ackerbegleitflora, die vom biologischen Anbau durch zahlenmäßigen Zuwachs und/oder Artenreichtum profitieren. Sie beleuchtet auch drei ökologische Bewirtschaftungsmethoden (Verbot/reduzierter Einsatz von chemischen Pestiziden und Kunstdünger; rücksichtsvolle

Bewirtschaftung nicht genutzter Flächen; Bewahrung landwirtschaftlicher Mischbetriebe), die für den Biolandbau spezifisch (aber nicht exklusiv) und die insbesondere für die Tierwelt der Agrarlandschaft von Vorteil sind.[4]

Biolandwirtschaft trägt zum Klimaschutz bei

Der Klimawandel ist eine schwere Bedrohung für die Biodiversität und das Überleben zahlreicher Spezies, auch der unsrigen. Wir tragen die Verantwortung, unseren Kindern und den künftigen Generationen eine bessere Welt zu hinterlassen. Denn wir wollen nicht als die Generation in die Geschichte eingehen, die ihre Chance verstreichen ließ und es versäumte, den Klimawandel aufzuhalten.

Je nachdem, wie die Grenzen gezogen und die Emissionen ermittelt werden, ist die Landwirtschaft direkt und indirekt für mehr als 50 Prozent der Treibhausgase verantwortlich.[5] Fundierte Studien zeigen klar, dass die Biolandwirtschaft nicht nur weniger Treibhausgase produziert; weil sie CO_2 bindet und im Boden als organisches Material speichert, reduziert sie die Treibhausgasemissionen sogar.

Eine begutachtete Untersuchung des Rodale Farming Systems Trial, eine Langzeitvergleichsstudie von konventionellen und biologischen Anbausystemen, stellte fest, dass im Biolandbau weniger fossile Brennstoffe eingesetzt und 30 Prozent weniger Treibhausgase ausgestoßen werden.[6] Im Vergleich zu herkömmlichen Bioanbaumethoden kann die Direktsaat mit Fruchtwechsel nach dem System des Rodale Institute den Treibstoffbedarf für jede so erzeugte Feldfrucht um bis zu 75 Prozent reduzieren.[7] Die Biomethoden benötigen deutlich weniger Energie als die konventionelle Landwirtschaft, was zu sehr viel geringeren Treibhausgasemissionen führt. Eine begutachtete Analyse der unterschiedlichen Produktionssysteme ergab:

Energieaufwand bei verschiedenen Maisanbausystemen:

Konventionell mit Pflug: 231 Liter pro Hektar
Konventionelle Direktsaat: 199 Liter pro Hektar
Biologisch mit Pflug: 121 Liter pro Hektar
Biologische Direktsaat: 77 Liter pro Hektar[8]

Auch die Langzeitvergleichsstudie von Reganold und Kollegen zum Apfelanbau im Staat Washington ergab, dass im Biolandbau die Energie effizienter genutzt und daher weniger Treibhausgase freigesetzt wurden.[9]

Überdies stammt der Großteil der landwirtschaftlichen Treibhausgase aus dem Einsatz von Stickstoffdüngern und nicht aus den Emissionen der Landmaschinen. Synthetische Düngemittel tragen wegen der Energie, die in ihre Herstellung fließt, und des Lachgases (N_2O) und Methans (CH_4), das sie an die Luft abgeben, erheblich zum Klimawandel bei.

Lachgas ist ein hochwirksames Treibhausgas, das von der Landwirtschaft produziert wird. Ein einziges N_2O-Molekül trägt so viel zur Klimaerwärmung bei wie 310 CO_2-Moleküle. Es verbleibt 120 bis 150 Jahre in der Atmosphäre und schädigt zudem die Ozonschicht. Den größten Beitrag zur menschengemachten Lachgasverschmutzung leisten synthetische Stickstoffdünger wie Harnstoff und Ammoniumnitrat. Die Herstellung dieser Düngemittel verschlechtert die Gesamtbilanz um zusätzliches Kohlendioxid und Lachgas.

Dass synthetischer Stickstoffdünger auf den Feldern ausgebracht wird, trägt noch auf andere Weise zur Freisetzung von CO_2 bei, das 80 Prozent aller Treibhausgasemissionen ausmacht. Nach Erkenntnissen von Wissenschaftlern der University of Illinois, die eine 50-jährige Landwirtschaftsstudie ausgewertet haben, führt der Einsatz synthetischer Stickstoffdünger dazu, dass sämtliche kohlenstoffhaltigen

Ernterückstände verschwinden sowie im Durchschnitt pro Hektar 10.000 Kilogramm des im Boden gespeicherten Kohlenstoffs freigesetzt werden. Dies entspricht 36.700 Kilogramm Kohlendioxid pro Hektar zusätzlich zu den vielen tausend Kilogramm an Ernterückständen, die jährlich in CO_2 umgewandelt werden.[10] Die Forscher stellten fest, dass mit zunehmender Verwendung von synthetischen Stickstoffdüngern auch der Verlust des im Boden gespeicherten Kohlenstoffs wächst.

Abgesehen von ihren geringeren CO_2-Emissionen, binden Bioanbaumethoden sogar CO_2 und speichern es als organisches Material im Boden. Folglich entziehen Biobauern der Atmosphäre mehr Treibhausgase, als sie produzieren. In einer begutachteten Metastudie, in die 41 internationale Vergleichsuntersuchungen einflossen, berichten Gattinger und Kollegen 2012, dass biologische Anbaumethoden 2.018,5 Kilogramm CO_2 pro Jahr und Hektar binden.[11] Eine Metaanalyse von Aguilera und Kollegen aus dem Jahr 2013, die 24 Vergleichsstudien aus dem mediterranen Raum zu biologischen und konventionellen Anbausystemen heranzog, kam zu dem Ergebnis, dass mit Bioanbaumethoden 3.559,9 Kilogramm CO_2 pro Jahr und Hektar gebunden werden. Rechnet man diesen Wert auf die globalen landwirtschaftlichen Flächen hoch, so könnte der Bioanbau schätzungsweise 17,4 Gigatonnen CO_2 jährlich binden.[12]

Auch das Rodale Institute bestätigte mit seinem Farming Systems Trial (FST) zu biologischen und konventionellen Bewirtschaftungssystemen, dass der Biolandbau imstande ist, CO_2 aus der Atmosphäre zu entfernen und in Form von organischen Resten im Boden zu binden.[13] Die mit Leguminosen bepflanzten FST-Bioflächen banden 2.055,2 Kilogramm CO_2 pro Jahr und Hektar. Andere Bioanbaumethoden erzielten noch höhere Werte: So wurden auf den mit Mist gedüngten FST-Flächen 3.596,6 Kilogramm CO_2 pro Jahr und Hektar gebunden, was, hochgerechnet auf die weltweite Landwirtschaft, rund 17,5 Gigatonnen CO_2 aus der Atmosphäre holen könnte.

Der *Compost Utilization Trial* von Rodale, eine Studie zur Nutzung von Kompost, ergab sogar einen Wert von 8.220,8 Kilogramm gebundenem CO_2 pro Jahr und mit Kompost gedüngtem Hektar –

dieses Verfahren würde also, hochgerechnet auf die globalen Anbauflächen, 40 Gigatonnen CO_2 binden.

Derzeit steigen die CO_2-Werte jährlich um 2 ppm (Teile pro Million). 1 ppm entspricht 7,76 Gigatonnen CO_2. Das heißt, wir müssen pro Jahr 15,52 Gigatonnen CO_2 aus der Atmosphäre entfernen, um das CO_2-Niveau zu stabilisieren. Die massive Förderung und Ausweitung des Biolandbaus kann hier erheblich dazu beitragen, Treibhausgase zu reduzieren und dem Klimawandel Einhalt zu gebieten. Statt den Klimawandel voranzutreiben, könnte die Landwirtschaft also helfen, seine potenziell katastrophalen Folgen für unseren Planeten und für die Menschheit abzuwenden.

Aufsichtsbehörden und Industrie rechtfertigen Pestizideinsatz

Wie im vorhergehenden Kapitel gezeigt, schlagen sich die Aufsichtsbehörden in der Regel auf die Seite der Pestizidindustrie und verbreiten munter die alte Legende, Pestizide seien unentbehrlich für die Nahrungsmittelproduktion.

In Australien ist die Australian Pesticides and Veterinary Medicines Authority (APVMA) für die Zulassung von Pestiziden zuständig. Sie rechtfertigt ihr Vorgehen so: »Pestizide und Tierarzneimittel sind unverzichtbar für die Produktion von hochwertigen Lebensmitteln und Fasern. Australiens Produktion aus dem Landwirtschaftssektor bringt rund 30 Milliarden Dollar pro Jahr ein, auf den Export entfallen über 25 Milliarden Dollar jährlich. Viele landwirtschaftliche Erzeuger greifen auf Pestizide und Tierarzneimittel zurück, um ihre Feldfrüchte und ihre Tiere vor Krankheiten und Schädlingen zu schützen.«[14]

Wenn Pestizide durch die Behörden auf schädliche Folgen für die Gesundheit von Mensch und Umwelt getestet werden, warnen Industrieverbände stets, es gebe keine Alternative zum Einsatz dieser Gifte, wenn man die Ernten schützen wolle. Am Ende macht man, darauf aufbauend, meist weiter wie bisher, oder die Behörden entscheiden, die Verwendung eines Pestizids ein wenig einzuschränken, um seine

Auswirkungen zu mildern. Nur selten werden Agrargifte verboten, um Mensch und Natur zu schützen.

Billionen Dollar sind in die Erforschung konventioneller Anbaumethoden geflossen, während gleichzeitig seit hundert Jahren die Forschung zur biologischen Landwirtschaft fast völlig vernachlässigt wurde. Der weitaus größte Anteil der Forschungsgelder floss in die Entwicklung und Überprüfung von giftigen synthetischen Chemikalien, die sich als Herbizide, Insektizide und Fungizide nutzen lassen.

Billionen Dollar *sind in die Erforschung konventioneller Anbaumethoden geflossen, während gleichzeitig seit hundert Jahren die Forschung zur biologischen Landwirtschaft fast völlig vernachlässigt wurde.*

Einige Metauntersuchungen, die Vergleichsstudien auswerten, wie sie jüngst in den Zeitschriften *Nature* und *Agricultural Systems* erschienen sind, kommen zu dem Schluss, dass Biobauern im Durchschnitt 80 Prozent der Erträge erzielen, die mit konventionellem Anbau möglich sind.[15] Andererseits geht aus einer Metastudie von Badgley und Kollegen hervor, dass die Erträge aus dem Bioanbau in den Industriestaaten durchschnittlich etwas unter den Erträgen der chemiegestützten Intensivlandwirtschaft liegen, in Entwicklungsländern hingegen Biobauern mehr ernten als ihre konventionell arbeitenden Kollegen.[16] Geht man davon aus, dass die in *Nature* und *Agricultural Systems* genannten Befunde korrekt sind, dann ist ein Ertragsunterschied von einem Fünftel unglaublich gering im Verhältnis zu dem enormen Forschungs- und Finanzaufwand, der betrieben wurde, um ihn zu erreichen.

Der Hauptgrund, warum Biolandbaumethoden teilweise geringere Erträge liefern, ist, dass Forschung und Entwicklung in diesem Bereich grob vernachlässigt wurden. 52 Milliarden Dollar werden jährlich für die landwirtschaftliche Forschung ausgegeben. Weniger als 0,4 Prozent (vier Dollar von tausend) fließen in die Forschung für Lösungen, die eigens auf die biologische Landwirtschaft zugeschnitten sind.[17]

Tatsache ist aber überraschenderweise, dass Millionen Biobauern herausgefunden haben, wie sie vernünftige Erträge erzielen können, und zwar ohne die Hilfe wissenschaftlicher Forschung und landwirtschaftlicher Beratungsdienste, auf die konventionelle Landwirte zurückgreifen. Trotz der ungerechten Verteilung der Forschungsmittel weisen all die Daten aus globalen Metavergleichsstudien auch Beispiele für biologische Anbaumethoden auf, die dieselben oder höhere Erträge liefern als die konventionelle Landwirtschaft.

Beispiele für ertragreiche Bioanbausysteme

Die folgenden Beispiele ertragreicher Bioanbausysteme zeigen, dass der Biolandbau unter den richtigen Bedingungen gleich hohe oder höhere Erträge erzielen kann als die chemieintensive Landwirtschaft – ganz ohne Pestizide.

U. S. Agricultural Research Service (ARS) Pecan Trial – die vom ARS biologisch bewirtschafteten Pekannussbäume erbrachten über einen Zeitraum von fünf Jahren höhere Erträge als die konventionelle, chemisch gedüngte Plantage. Die Ernte der biologischen Testplantage übertraf 2005 die der konventionellen Plantage um 18 Pfund pro Pekannussbaum und 2007 um 12 Pfund pro Baum.[18]

Wisconsin Integrated Cropping Systems Trials – die Tests zu integrierten Anbausystemen in Wisconsin ergaben, dass in Dürrejahren die biologische Bewirtschaftung höhere Erträge erbrachte, während sie in Jahren mit normalem Wetter genauso gut abschnitt wie die konventionellen Verfahren. In Jahren mit feuchtem Frühlingswetter können die biologischen Erträge zurückgehen, weil sich die mechanische Unkrautregulierung verzögert, was in den Tests zur Folge hatte, dass die Ernte um zehn Prozent geringer ausfiel. Dem konnte durch den Einsatz von Dampf oder Essig anstelle des Pflugs zur Unkrautkontrolle vorgebeugt werden. Die höheren Erträge in Trockenjahren führten die Forscher darauf zurück, dass der biologisch bewirtschaftete Boden Regen schneller aufnimmt. Das ist auf den höheren Anteil von organischem Kohlenstoff zurückzuführen, der den Boden krümeliger macht, sodass er Regen besser speichern und erfassen kann.[19]

Rodale Field Study – die wissenschaftliche Prüfung der Rodale Field Study über einen Zeitraum von 22 Jahren durch Professor David

Pimentel von der Cornell University ergab, dass der verbesserte Boden im biologischen Anbau nach fünf Jahren gleich hohe oder höhere Erträge im Vergleich zu konventionellen Kulturen ermöglichte. In Dürrejahren fielen die konventionellen Kulturen aus, während die biologischen Kulturen nur leichte Ertragsschwankungen verzeichneten, weil der angereicherte Boden eine erhöhte Wasserbindung aufwies.[20]

Rodale Organic Low-/No-Till – das Rodale Institute führt Versuche mit diversen biologischen Verfahren mit geringem oder ohne Pflugeinsatz durch. Die Tests von 2006 ergaben biologische Erträge von 100 Doppelzentner pro Hektar im Vergleich zur durchschnittlichen Maisernte in Berks County von 81 Doppelzentner pro Hektar und dem regionalen Durchschnitt von 92 Doppelzentner pro Hektar.

> Die durchschnittliche Maisernte der beiden biologischen Felder ohne Pflugeinsatz lag bei 160 Bushel pro Acre [108 Doppelzentner/ha], während die Forschungsflächen ohne Pflugeinsatz auf 24 Feldern durchschnittlich 146 Bushel pro Acre [98 Doppelzentner/ha] lieferten. Die Bioproduktion mit Pflugeinsatz lieferte auf einem Feld 143 Bushel pro Acre [96 Doppelzentner/ha], während die biologischen Flächen des Farming Systems Trial (FST) mit Pflugeinsatz und Mistdüngung (die Kompost, aber keinen Stickstoff aus Wicken erhielten) 139 Bushel pro Acre [93 Doppelzentner/ha] und mit Gründüngung (auf der Wicken gepflanzt wurden) 132 Bushel pro Acre [89 Doppelzentner/ha] erzeugten. Gleichzeitig erbrachte das nichtbiologische Feld des FST mit Pflugeinsatz 113 Bushel pro Acre [76 Doppelzentner/ha].[21]

Iowa Trials – die Ergebnisse der Long Term Agroecological Research (LTAR), einer zwölfjährigen Zusammenarbeit zwischen Erzeugern und Forschern unter Leitung von Dr. Kathleen Delate von der Iowa State University, zeigen, dass biologische Anbaumethoden im Vergleich zu konventionellen Systemen gleiche bis höhere Erträge liefern. Im Einklang mit mehreren anderen Studien demonstrierten die Daten, dass der Bioanbau zwar am Anfang geringere Erträge erbrachte, ab dem vierten Jahr jedoch besser abschnitt als die konventionellen Kulturen. Unabhängig vom jeweiligen Fruchtwechsel lag die biologische Maisernte im Durchschnitt bei 81 Doppelzentner pro Hektar, während die konventionelle Maisernte 70 Doppelzentner pro Hektar erbrachte. Ähnlich sah es bei den Sojabohnen aus, wo die biologische Ernte im vierten Jahr 30 Doppelzentner pro Hektar, die konventionelle Ernte aber nur 27 Doppelzentner pro Hektar lieferte. Finanziell brachten die biologischen Kulturen doppelt so viel Erlös wie die konventionellen, weil durch den Verzicht auf Kunstdünger und Pestizide nicht nur Geld gespart wurde, sondern die Bioerzeugnisse auch einen besseren Preis erzielten.[22]

MASIPAG Philippines – ein Forschungsprojekt, das von MASIPAG auf den Philippinen durchgeführt wurde, ergab, dass der biologische Reisanbau ähnliche Erträge lieferte wie konventionelle Systeme.[23]

Andere Beispiele – Professor George Monbiot schrieb im Jahr 2000 in der britischen Tageszeitung *The Guardian,* dass bei Versuchen in Großbritannien Weizenanbau mit Mistdüngung in den vergangenen 150 Jahren durchgehend höhere Erträge erbrachte als Weizenanbau mit Kunstdünger.[24]

Eine Studie zum Apfelanbau der Washington State University verglich die wirtschaftliche und ökologische Nachhaltigkeit von konventionellen, biologischen und integrierten Anbausystemen und kam zu ähnlichen Ergebnissen: »Hier berichten wir über die Nachhaltigkeit von biologischen, konventionellen und integrierten Anbausystemen für Äpfel im Bundesstaat Washington von 1994 bis 1999. Alle drei Systeme erbrachten ähnliche Erntemengen.«[25]

In einem Artikel, erschienen in der begutachteten Fachzeitschrift *Nature,* zeigten Laurie Drinkwater und ihre Kollegen vom Rodale Institute, dass die biologische Landwirtschaft besser für die Umwelt ist und gleichzeitig mengenmäßig und finanziell ähnliche Erträge liefert wie die konventionelle Intensivlandwirtschaft.[26]

Dr. Rick Welsh vom Henry A. Wallace Institute begutachtete zahlreiche wissenschaftliche Publikationen, die Bioanbaumethoden mit konventionellen Systemen in den Vereinigten Staaten verglichen. Die

Daten zeigten, dass die biologischen Anbaumethoden profitabler waren. Der finanzielle Gewinn beruhte dabei nicht ausschließlich auf höheren Preisen, sondern auch auf niedrigeren Produktions- und Investitionskosten sowie stabileren Erträgen. Dr. Welsh' Studie zeigte außerdem, dass Biolandwirtschaft bei ungünstigen Wetterereignissen wie Dürren und überdurchschnittlichen Niederschlagsmengen bessere Erträge bringt als die konventionellen Verfahren.[27]

Nicolas Parrott und Terry Marsden von der Cardiff University zeigten in ihrem Bericht mit dem Titel *The Real Green Revolution* anhand von Fallstudien den Erfolg von biologischen und agroökologischen Anbautechniken in Entwicklungsländern. So liegt etwa die durchschnittliche Baumwollernte auf den Farmen, die an dem Maikaal Bio-Cotton Project teilnehmen, um 20 Prozent höher als auf benachbarten konventionellen Betrieben im indischen Bundesstaat Madhya Pradesh. Und das System der systematischen Reisintensivierung steigerte die Erträge in Madagaskar von den üblichen zwei bis drei Tonnen pro Hektar auf sechs, acht oder zehn Tonnen. Der Einsatz von Knochenmehl, Rohphosphat und Zwischenfruchtanbau mit stickstoffbindenden Lupinen hat in Bolivien erheblich zur Steigerung der Kartoffelernte beigetragen.[28]

Zu diesen Beispielen muss weiter geforscht werden, um die Zusammenhänge besser zu verstehen, und vor allem, um sie weltweit nachzuahmen, zu verbessern und auszuweiten. Dies wird die Ertragslücke schließen und besitzt das Potenzial, den konventionellen Durchschnittsertrag mit Biolandwirtschaft zu übertreffen.

Zwei wichtige Bereiche, in denen Biolandbau höhere Erträge erzielt

Es mag sein, dass Bioanbaumethoden teilweise geringere Erträge liefern als die chemiegestützte industrialisierte Landwirtschaft, allerdings gibt es zwei Bereiche, in denen der Bioanbau oft vorne liegt: im Fall von Extremwetterereignissen und bei traditionell arbeitenden Kleinbauern. Beides ist wichtig für die globale Ernährungssicherheit.

Größere Resilienz unter widrigen Bedingungen

Forschungsarbeiten der NASA, der UN-Klimarahmenkonvention und anderer warnen vor zunehmenden Extremwetterereignissen wie Dürren und Starkregen. Selbst wenn wir morgen aufhören würden, den Planeten mit Treibhausgasen zu verseuchen, würde es viele Jahrzehnte dauern, dem Klimawandel Einhalt zu gebieten. Landwirte müssen sich also an die zunehmende Intensität und Häufigkeit von widrigem Wetter anpassen.

Wie veröffentlichte Studien zeigen, sind Bioanbausysteme angesichts der Wetterextreme widerstandsfähiger und können unter Extrembedingungen höhere Erträge liefern als konventionelle Methoden.[29] Zum Beispiel ergaben die Wisconsin Integrated Cropping Systems Trials, dass im Vergleich zu konventionellen Ernteerträgen die biologisch erzeugten Ernten in Dürrejahren höher und in Jahren mit normalem Wetter gleich hoch ausfielen.[30]

Auch das Rodale Farming Systems Trial (FST) zeigte, dass Bioanbau in Dürrejahren mehr Mais erzeugte. Im Durchschnitt lagen die Maiserträge aus den beiden Bioanbaumethoden in Dürrejahren um 28 bis 34 Prozent über der Ernte aus konventionellem Anbau: Die Erträge lagen bei 6.938 und 7.235 Kilogramm pro Hektar mit Mistdüngung beziehungsweise mit Gründüngung im Vergleich zu 5.333 Kilogramm pro Hektar im konventionellen Anbau.[31] Die Forscher führten die höheren Erträge in Trockenjahren darauf zurück, dass der Boden bei biologischer Bewirtschaftung den Regen besser aufnehmen kann. Das liegt daran, dass diese Böden mehr organischen Kohlenstoff enthalten, folglich krümeliger sind und das Wasser besser speichern können, das dann den Pflanzen zur Verfügung steht.[32]

Die Forschung zeigt auch, dass im Bioanbau das Wasser wegen der besseren Bodenstruktur und des höheren Anteils an Humus und anderen organischen Bestandteilen effizienter genutzt wird (siehe Abbildung 28 auf S. 236). D. W. Lotter und Kollegen sammelten im Rodale FST Daten aus einem Zeitraum von zehn Jahren. Ihre Forschung zeigte, dass sich bei Mistdüngung ebenso wie bei Gründüngung mit Leguminosen die Wasserbindung, die Infiltrationsrate und die Effizienz der Wasseraufnahme des Bodens verbesserten. Dort, wo mit

Abbildung 26: Biologischer Mais vs. konventioneller Mais

Der Mais, der im Langzeitversuch des Rodale Farming Systems Trial auf biologisch bewirtschaftetem Boden wächst (links), hatte wegen der besseren Wasserbindung des Bodens eine höhere Dürreresistenz als der konventionell angebaute Mais (rechts).

Quelle: © 2014 Abgedruckt mit freundlicher Genehmigung des Rodale Institute®.

Abbildung 27: Ackerscholle

Diese Gefäße enthalten Bodenproben aus benachbarten Feldern. Der Boden links weist aufgrund langjähriger biologischer Bewirtschaftung einen höheren Anteil an organischem Material auf als der konventionell bearbeitete Boden rechts. Der konventionelle Boden erodiert leicht, und Niederschlag kann ihn fortschwemmen, während der biologische Boden intakt bleibt und der Erosion standhält.

Quelle: © 2014 Abgedruckt mit freundlicher Genehmigung des Rodale Institute®.

Gründüngung Mais angebaut wurde, lag der Wassergehalt des Bodens im selben Entwicklungsstadium um 13 Prozent höher und bei Sojabohnen um 7 Prozent höher als im konventionellen Anbau.[33]

Die porösere Struktur des biologisch bewirtschafteten Bodens führt zu einer rascheren Durchdringung mit Regenwasser und damit zu geringerem Wasserverlust durch Oberflächenabfluss sowie zu einer besseren Wasseraufnahme. Das wurde besonders deutlich bei den sturzflutartigen Regenfällen durch Hurrikan Floyd im September 1999, als im Bioanbau doppelt so viel Wasser gebunden wurde wie in konventionellen Systemen.[34] Die DOK-Langzeitversuche des Forschungsinstituts für biologischen Landbau (FiBL) in der Schweiz, die biologisch-dynamische, organisch-biologische und konventionelle Anbausysteme von Ackerkulturen verglichen, kamen zu ähnlichen Ergebnissen, nämlich dass Bioanbaumethoden den Boden besser gegen Erosion schützen und für eine höhere Wasseraufnahme sorgen.

Dies zu wissen ist besonders wichtig, weil die Mehrzahl der weltweiten Anbauflächen vom Regen abhängig ist. Die Welt besitzt nicht die Ressourcen, um alle Flächen zu bewässern, und sollte dies auch nicht anstreben, weil die Anstauung von Flüssen und Bächen, das Abpumpen des Grundwassers und der Bau von Kanälen über Millionen Kilometer beispiellose Umweltkatastrophen heraufbeschwören würde. Effektiv mit Regen zu bewässern ist also in vieler Hinsicht vorteilhaft.

Die Produktivität von regenabhängigen Ackerflächen durch Bioanbau zu verbessern ist eine hocheffiziente, kostengünstige, umweltfreundliche und praktikable Lösung, um angesichts häufigerer Extremwetterereignisse infolge des Klimawandels Ernährungssicherheit zu schaffen.

Erträge von Kleinbauern

Der zweite zentrale Bereich, in dem die Forschung höhere Erträge für bewährte Bioanbauverfahren nachweist, sind traditionelle kleinbäuerliche Betriebe. Ein Bericht der UN-Welthandels- und Entwicklungskonferenz (UNCTAD) und des UN-Umweltprogramms (UNEP), der 114 Projekte in 24 afrikanischen Ländern mit einer Fläche von 2 Millionen Hektar und 1,9 Millionen Bauern bewertete, kam

Abbildung 29: DOK-Versuche des FiBL: Winterweizen bei konventioneller Bewirtschaftung

Starkregen nach der Anpflanzung beim DOK-Versuch des FiBL führt zu Erosion und Auflösung des Bodens, ein Großteil des Wassers wird nicht vom Boden aufgenommen, die frisch gepflanzte Kultur wird geschädigt, und der Ertrag sinkt.

Quelle: Andreas Fliessbach, FiBL.

Abbildung 30: DOK-Versuche des FiBL: Winterweizen bei biologischer Bewirtschaftung

Derselbe Boden kann, biologisch bewirtschaftet, seine Struktur erhalten, der Erosion widerstehen und auch bei Starkregen große Wassermengen aufnehmen und speichern.

Quelle: Andreas Fliessbach, FiBL.

zu dem Ergebnis, dass der Bioanbau die Erträge im Afrika südlich der Sahara um 116 Prozent steigert. In Ostafrika wurde sogar eine Ertragssteigerung um 128 Prozent verzeichnet. Der Bericht hält fest, dass trotz der Einführung der konventionellen Landwirtschaft in Afrika die Nahrungsmittelproduktion pro Kopf heute um 10 Prozent geringer ist als in den 1960er-Jahren. »Die in dieser Studie präsentierten Befunde belegen, dass biologische Landwirtschaft für die Ernährungssicherheit in Afrika zuträglicher sein kann als die meisten konventionellen Anbausysteme und dass sie wahrscheinlich auf lange Sicht nachhaltiger ist«, stellten Supachai Panitchpakdi, Generalsekretär der UNCTAD, und Achim Steiner, Exekutivdirektor des UNEP, fest.[35]

Der Bericht hält fest, *dass trotz der Einführung der konventionellen Landwirtschaft in Afrika die Nahrungsmittelproduktion pro Kopf heute um 10 Prozent geringer ist als in den 1960er-Jahren.*

Badgley und Kollegen von der University of Michigan verglichen globale Daten von 293 Beispielen biologischer und konventioneller Nahrungsmittelproduktion und erstellten Schätzungen von Erträgen und Rentabilität. Der Vergleich unterschied verschiedene Nahrungsmittelkategorien für Industrie- und Entwicklungsländer. Die Forscher stellten dabei fest, dass für die meisten Kategorien die durchschnittliche Rentabilität von Bioerzeugnissen in Industrieländern etwas unter, in Entwicklungsländern aber über dem Durchschnitt lag. Vor allem zeigte die Studie, dass, verglichen mit konventionellen Betrieben, der Bioanbau pro Farm in Entwicklungsländern bis zu dreimal mehr Lebensmittel erzeugen kann.[36]

Dies ist nicht zuletzt deshalb relevant, weil Daten der UN-Ernährungs- und Landwirtschaftsorganisation (FAO) zeigen, dass 80 Prozent der Lebensmittel in Entwicklungsländern von Kleinbauern erzeugt werden.[37] In ebenjenen Entwicklungsländern leben auch die meisten der 850 Millionen Hungernden der Welt. Mit einer Ertragssteigerung um mehr als 100 Prozent gegenüber traditionellen Anbausystemen liefert der Biolandbau daher eine fundamentale Lösung, um den Hunger zu beenden und für globale Ernährungssicherheit zu sorgen.

Nach Angaben der ETC Group, einer Organisation zur Bewertung der Biowissenschaften, werden 70 Prozent der Nahrungsmittel weltweit von Kleinbauern erzeugt und nur 30 Prozent von der industriellen Landwirtschaft.[38] Der Versuch, die Erträge der 30 Prozent aus der Agrarindustrie zu erhöhen, ist aus zwei Gründen wenig erfolgversprechend. Erstens liefert dieser Sektor bereits hohe Erträge und hat kaum das Potenzial, sie in demselben Umfang zu steigern, wie es der Umstieg auf Bioanbau in der traditionellen kleinbäuerlichen Landwirtschaft erzielt. Zweitens konzentriert sich die Agrarindustrie vor allem auf die Lieferkette für landwirtschaftliche Erzeugnisse. Die großen Überschüsse, die in diesem Sektor produziert werden, haben die Zahl der Hungernden auch bisher nicht verringern können, ungeachtet der Tatsache, dass die Welt derzeit mehr als doppelt so viele Nahrungsmittel produziert, als nötig wären, damit jeder satt wird. Nach Zahlen der FAO ist die Zahl der Hungernden seit 1995 stetig gestiegen. Schlicht gesagt: Die Menschen, die diese Lebensmittel am dringendsten brauchen, können sie nicht bezahlen. Andererseits verbrauchen jene, die sie am wenigstens benötigen, zu viel, was weltweit zu einer Epidemie an Übergewichtigen führt. Eine Produktionssteigerung der Agrarindustrie wird das Hungerproblem künftig ebenso wenig lösen wie heute und höchstwahrscheinlich dazu führen, dass in der reichen Welt noch mehr Menschen an Übergewicht leiden.

Den Ernteertrag von Kleinbauern zu steigern ist der Schlüssel zur Ernährungssicherheit

Rund 50 Prozent der hungernden Menschen weltweit sind Kleinbauern, 20 Prozent sind die landlosen Armen, die auf eine Anstellung bei Kleinbauern angewiesen sind.[39]

Folgerichtig ist der entscheidende Punkt, will man den Hunger beenden und Ernährungssicherheit herstellen, die Erträge der Kleinbauern zu steigern. Biologischer Anbau ist hierfür besonders gut geeignet, weil alles, was man dafür braucht, günstig lokal zu erwerben ist oder vom eigenen Hof stammt und den Landwirt somit nichts kostet. Mit konventionellem Anbau konnte man den ärmsten Bauern auch bisher keine höheren Gewinne bescheren, weil die kostspieligen synthetischen Pestizide zugekauft werden müssen. Den meisten fehlt dafür schlicht das Geld. Das Wirtschaftsmodell konventionellen Anbaus ist für Bauern in dieser Lage also ungeeignet, biologische Landwirtschaft hingegen dürfte ihrer Situation gerecht werden.

Eine Studie, durchgeführt von MASIPAG auf den Philippinen, zeigt auf, welche Bedeutung nachhaltiger Anbau für Kleinbauern haben kann. Der Ertrag bei der Reisernte dort war, biologisch wie konventionell, der gleiche, beim Vergleich des Einkommens aber stellte man fest, dass das durchschnittliche Einkommen der Biobauern 23.599 Pesos betrug, das der konventionellen Landwirte 15.643 Pesos. Bezeichnenderweise konnten die Biobauern nach Abzug der Lebenshaltungskosten ein Plus von 5.967 Pesos erwirtschaften, während die konventionellen Landwirte am Ende des Jahres einen Verlust von 4.546 Pesos zu verzeichnen hatten und weiter in die Verschuldung rutschten.[40]

Einen weiteren Beleg für die Vorteile des Biolandbaus bei Kleinbauern liefert das Tigray Project des International Institute of Sustainable Development (IISD). Tigray ist eine Region in Äthiopien, in der es regelmäßig zu Hungersnöten kam, die vielen Menschen das Leben kosteten. Das IISD arbeitete dort mit den Bauern zusammen, um die Landschaft zu rekultivieren und die heimische Ökologie und Hydrologie wiederherzustellen. Die Vegetation wurde umweltverträglich abgeerntet und zu Kompost verarbeitet oder für Biogasanlagen verwendet. Der Kompost wurde dann auf den Feldern ausgebracht. Das Ergebnis nach ein paar Jahren: über 100 Prozent höhere Erträge, effizientere Wassernutzung und eine höhere Widerstandskraft der Feldfrüchte gegen Krankheiten und Schädlinge (siehe Abbildung 31 auf S. 237).

Die Bauern verwendeten dabei Saatgut ihrer heimischen Landsorten, die im Laufe von Jahrtausenden kultiviert wurden und dem Klima, der Bodenbeschaffenheit und den wichtigsten Schädlingen und Krankheiten gewachsen sind. Einige Farmer züchteten ihre eigenen Sorten, welche sich unter ökologischen Anbaumethoden als besonders ertragreich erwiesen.

Der große Vorteil dieses Systems ist, dass der Kompost und das Saatgut aus lokalen Quellen stammen und die Bauern kaum etwas oder gar nichts kosten, während im konventionellen System das Saatgut und die synthetischen Chemikalien teuer erworben werden müssen. Der ökologische Landbau bescherte den Bauern also nicht nur höhere Ernteerträge, sie konnten durch die geringeren Kosten auch höhere Gewinne verzeichnen.[41] Laut Dr. Sue Edwards, der Hauptautorin des Tigray Project, verdienten die Bauern, die Kompost verwendeten, 2.925 US-Dollar pro Hektar, wohingegen sich die Bauern, die mit Pestiziden arbeiteten, mit einem Gewinn von 1.725 US-Dollar pro Hektar begnügen mussten.[42]

Durch dieses Projekt mit seinen einfachen, zweckmäßigen ökologischen Methoden konnte eine Region, die von so schweren Hungersnöten heimgesucht worden war, durch die viele Menschen den Tod fanden, zu relativem Wohlstand mit einem Nahrungsmittelüberschuss kommen. Die Menschen konnten sich nun Essen, Kleidung und medizinische Versorgung leisten, konnten ihre Kinder zur Schule schicken, in die Stadt fahren und gute Häuser bauen.

1996 startete das Tigray Project, initiiert vom International Institute for Sustainable Development (IISD), in vier Gemeinden im zentralen, östlichen und südlichen Teil der Region. Das Third World Network (TWN) stellte die Erstfinanzierung. Das Projekt läuft immer noch; das IISD arbeitet mit dem äthiopischen Amt für Landwirtschaft und ländliche Entwicklung, mit Experten aus dem Distrikt Woreda und Entwicklungshilfeorganisationen zusammen, die das Tigray Project fortführen sollen. Mithilfe von Spenden versucht man, die Reichweite des Projekts auszudehnen und die Maßnahmen auf weitere Regionen in Äthiopien zu übertragen.[43]

Zurzeit wütet in großen Teilen Ost- und Südafrikas die schlimmste Dürre seit 60 Jahren; mehrere Zehnmillionen Menschen sind aufgrund von Missernten auf Nahrungsmittelhilfen angewiesen. Die Bauern in Tigray, die am IISD-Projekt teilnehmen, sind nicht betroffen. Ihre Ernteerträge bleiben stabil, weil mit Kompost behandelter Boden Wasser besser speichert und ausreichend organische Substanz im Boden vorhanden ist.[44]

Gesundheit pro Hektar

Das Buch *Health Per Acre* von Vandana Shiva und Vaibhav Singh liefert einen guten Ansatz, den in der Landwirtschaft entstandenen Nährwert zu messen. Das Buch vergleicht hierfür den Nährwert pro Morgen Land eines typischen artenreichen biologischen Bauernhofs (mit vielen verschiedenen Nutzpflanzen) in Indien mit dem Nährwert, den ein typischer konventioneller Betrieb mit nur wenigen Feldfrüchten schafft. Einen solch stichhaltigen Vergleich zwischen den beiden Systemen hatte es bis dahin nicht gegeben. Die meisten Studien vergleichen den Ernteertrag im ökologischen Landbau mit dem Ernteertrag im konventionellen Landbau pro Morgen, bezogen auf die Kultur, obwohl die beiden Produktionssysteme in der Realität sehr unterschiedlich sind. Die meisten Biobauern, insbesondere in Entwicklungsländern, nutzen Mischsysteme mit verschiedenen Nutzpflanzen, also zahlreichen Gemüsesorten, Früchten, Getreidesorten und Hülsenfrüchten, und auch tierischen Produkten wie Eiern, Milch und Fleisch. Im konventionellen System hingegen beschränkt man sich überwiegend auf wenige oder eine Feldfrucht, meistens auch auf Cash Crops, also den Anbau für den Export.

Für das Forschungsprojekt, von dem *Health Per Acre* berichtet, analysierte man die Nährstoffe in den Feldfrüchten, anstatt wie im Standardmodell das Bruttoerzeugnis in Kilo pro Hektar zu messen, und kam zu dem Ergebnis, dass das breit gefächerte ökologische System signifikant mehr Vitamine, Mineralstoffe und andere essenzielle Nährstoffe erzeugte als das konventionelle System.

Den genauen Nährwert eines landwirtschaftlichen Systems zu messen ist äußerst wichtig, um den Wert und die Sicherheit von Lebensmitteln abzuschätzen. Im Augenblick messen wir nur die Kalorien. Dabei handelt es sich allerdings häufig um leere Kalorien, die keine Vitamine, Mineralien und anderen Nährstoffe enthalten, welche für die Gesundheit unabdingbar sind.

Die Ernährungslage von über 850 Millionen Menschen gilt als unsicher, das heißt, im Lauf des Jahres kommt es immer wieder vor, dass sie nichts zu essen haben. Hinzu kommen eine Milliarde Menschen, die zwar genügend Kalorien zur Verfügung haben, aber unter Nährstoffmangel leiden. Zum Beispiel sind die meisten Frauen im ländlichen Indien – also mehrere hundert Millionen – von Blutarmut betroffen, weil das Eisen in ihrer Ernährung fehlt. Dies führt wiederum zu diversen Gesundheits- und Fortpflanzungsproblemen. Ihr Eisenmangel ließe sich leicht korrigieren, indem man grünes Blattgemüse anpflanzt und in die tägliche Ernährung integriert. Für Beta-Carotin-Mangel gilt dasselbe: Mit Blattgemüse und gelben Obst- und Gemüsesorten lässt sich das Problem beheben.

Health Per Acre kommt zu dem Schluss, dass man, würde man alle indischen Bauernhöfe auf biologischen Betrieb umstellen, nicht nur derartige Mängel beheben könnte, man hätte auch genügend gesunde, nahrhafte Lebensmittel, um das Zweifache der indischen Bevölkerung ausgewogen zu ernähren.[45]

Die Risiken synthetischer Pestizide reduzieren, indem man sie ersetzt

Ein einfacher Weg, die Risiken zu minimieren, die Pestizide für unsere Gesundheit und Umwelt bedeuten, besteht darin, sie durch chemiefreie Methoden zu ersetzen.

Es kursieren jede Menge Falschinformationen über den Einsatz von Pestiziden in der biologischen Landwirtschaft. Immer wieder wird in Zeitungsartikeln behauptet, die Pestizide, die in der biologischen Landwirtschaft eingesetzt werden, seien genauso giftig wie die synthetischen Chemikalien aus dem konventionellen Anbau. Weiterhin beteuert man, der Großteil der Pestizide, die wir als Konsumenten aufnehmen, seien Schutzstoffe, die die Pflanzen selbst produzieren, um sich gegen Krankheiten und Schädlinge zur Wehr zu setzen. Derlei Unwahrheiten müssen richtiggestellt werden.

In der biologischen Landwirtschaft braucht man weit weniger Pestizide, weil zur Regulierung von Schädlingen, Unkraut und Krankheiten vornehmlich auf ökologische Methoden und Pflanzenzucht zurückgegriffen wird. Zu natürlichen Bioziden mineralischen, pflanzlichen oder biologischen Ursprungs wird nur im äußersten Fall gegriffen.

Pestizide in der biologischen Landwirtschaft sind natürlichen Ursprungs und nur erlaubt, wenn sie sich schnell zersetzen oder ungiftig sind. Das heißt, es gibt keine Rückstände im Produkt, oder die Rückstände sind natürliche Stoffe, die Konsumenten regelmäßig und ohne nachteilige Wirkungen zu sich nehmen können. Wer von vornherein versucht, mit ökologischen Methoden und Pflanzenzucht Schädlingsbefall vorzubeugen, und die Insekten erst im Notfall bekämpft, braucht kaum Pestizide. Im Gegensatz zum konventionellen Anbau, wo Pestizide das Mittel der Wahl sind, um Schädlingen, Krankheiten und Unkraut beizukommen, kommen im Bioanbau natürliche Pestizide nur zum Einsatz, wenn es unumgänglich ist. Forschungen zeigen, dass in der biologischen Landwirtschaft über 90 Prozent weniger Pestizide ausgebracht werden als im konventionellen Anbau.[46]

Forschungen zeigen, dass in der biologischen Landwirtschaft über 90 Prozent weniger Pestizide ausgebracht werden als im konventionellen Anbau.

Falls es Rückstände gibt, sind sie ungiftig, aber sehr leicht nachweisbar, weil biologische Pestizide anders als chemische Pestizide, die meist systemisch wirken und in die Nahrungsmittel eindringen, einfach abwaschbar sind.

Ungiftige Sprühmittel

Mittel wie Pflanzenöl, Seife und Lehm, die in der biologischen Landwirtschaft zur Kontrolle von Schädlingen eingesetzt werden, sind ungiftig. Manche dieser ungiftigen Mittel hinterlassen geringe Rückstände auf der Nahrung. Der Verzehr kleiner Mengen Lehm oder Pflanzenöl kann keine Schäden verursachen. Falls Rückstände von Pflanzenöl auf dem Bioessen sind, wären diese wesentlich geringer als das Öl in einem Salatdressing oder in gekochten Speisen. Auch Seifenrückstände wären wesentlich geringer als die Menge an Seife, die wir beim Händewaschen, beim Duschen oder Baden über die Haut aufnehmen.

Natürliche Mineralstoffe

Mineralstoffe wie Kupfersulfat oder Schwefel werden als natürliche Fungizide oder Insektizide eingesetzt und können geringe Rückstände hinterlassen. Anders als synthetische Fungizide sind Kupfersulfat und Schwefel essenzielle Nährstoffe und wichtig für den menschlichen Körper. Tatsächlich enthalten die meisten Multivitaminpräparate Kupfersulfat, um etwaigen Nährstoffmangel auszugleichen. Auch den Pflanzen kommen diese wichtigen Mineralien zugute, besonders weil die meisten Böden zu wenig davon enthalten – sieht man von einigen wenigen Gegenden ab, wo die Stoffe übermäßig zum Einsatz kamen.

Pflanzliche Sprühmittel

Es gibt auch giftige biologische Pestizide, zum Beispiel natürliches Pyrethrum. Ihre akute Giftwirkung, ihr LD_{50}, ist so toxisch wie der vieler synthetischer Pestizide, allerdings bauen sie sich rasch biologisch ab; normalerweise sind sie vierundzwanzig Stunden nach dem Einsatz nicht mehr nachzuweisen. Ultraviolettes Licht sowie die Körpertemperatur von Säugetieren verursachen den raschen biologischen Abbau. Für Kaltblüter wie Insekten sind sie hochgradig giftig, für Säugetiere hingegen konnte keine Langzeitwirkung nachgewiesen werden. Bei diesen Sprühmitteln ist einzig die akute Giftwirkung bedenklich. Beim Ausbringen dieser Pestizide kann man mit erheblichen Mengen in Kontakt kommen, und es muss auf ausreichende Sicherheitsausrüstung und -kleidung geachtet werden. Verbraucher müssen sich aber keine Sorgen machen. Mir ist keine Studie bekannt, in der ein Rückstand dieser Pestizide in Nahrungsmitteln aufgetaucht wäre.

Biologische Pestizide

Es gibt verschiedene biologische Pestizide, die Biobauern verwenden dürfen. Der Vorteil dieser Mittel ist, dass sie nur die Zielspezies töten und andere Arten wie Nützlinge, Vögel, Wildtiere und Menschen nicht belasten. Hier ist am weitesten verbreitet der *Bacillus Thuringiensis* (Bt). Bt produziert Toxine, die bei bestimmten Schädlingen, zum Beispiel Raupen, Entzündungen und Organschäden verursachen.

Die Gene von Bt wurden in verschiedene genetisch veränderte

Nutzpflanzen eingeschleust, sodass die Pflanze selbst Pestizide produziert. Die dahinterstehende Industrie argumentiert, dabei gebe es keinen Unterschied zu Biobauern, die das Bakterium spritzen, was allerdings eine massive Verdrehung von Tatsachen darstellt. Biobauern sprühen lebende Bakterien auf ihre Felder, keine extrahierten Bt-Toxine. Im Laufe der Nacht bis zum frühen Morgen fressen die Schädlinge die Bakterien, die dann ihr Gift freisetzen und die Schädlinge letztendlich töten. Der *Bacillus Thuringiensis* reagiert wiederum empfindlich auf ultraviolettes Licht und kann folglich kaum länger als ein, zwei Tage überleben. Der Konsument kann also nicht mit Bt-Toxinen in Kontakt kommen.

Auf der anderen Seite produzieren Bt-GVO-Pflanzen in jeder Zelle das Bt-Toxin, sodass Nutztiere und Menschen das Gift aufnehmen. Dies habe ich in Kapitel 1 schon eingehend erläutert.

Und wie schon angesprochen: Falls es Rückstände der biologischen Pflanzenschutzmittel gibt, sind sie nicht nur ungiftig, sie können auch einfach abgewaschen werden.

Schützende sekundäre Pflanzenstoffe?

Einige Meinungsmacher in den Medien behaupten, die meisten Pestizide, die wir als Verbraucher aufnehmen, seien Schutzstoffe von Pflanzen und keine synthetischen Pestizide. Das ist schlicht falsch. Viele Pflanzen produzieren Schutzstoffe gegen Schädlinge und Krankheiten. Diese Schutzstoffe sind zum größten Teil Antioxidantien wie Lycopin in Tomaten, Resveratrol in Weintrauben und Rotwein und Anthocyane in Blaubeeren und anderen Früchten. Wenn wir diese über die Nahrung aufnehmen, profitieren auch wir von ihrer Schutzwirkung.

Andere Pflanzen produzieren hochgiftige Pestizide wie natürliches Pyrethrum, aber die zählen wir für gewöhnlich nicht zu unserem Essen. Den Einsatz von synthetischen Pestiziden in der Nahrungsmittelproduktion damit zu rechtfertigen, dass bereits Pestizide in den Lebensmitteln enthalten seien, ist nicht nur unlogisch, sondern auch gefährlich. Wenn wir unserem Essen weitere Pestizide zufügen, müssen wir auch die möglichen synergetischen Wirkungen dieser Chemiecocktails bedenken. Wir sollten auch die kleinsten Pestizidrückstände in unserem Essen vermeiden, solange ihre Unbedenklichkeit nicht einwandfrei bewiesen ist.

Ökologische Intensivierung

Eine neue Strategie des Bioanbaus will alle Pestizide ersetzen, auch die natürlichen, und setzt dabei auf ökologische Zusammenhänge, die uns nützlich sind, bekämpft also zum Beispiel einen Schädling mit seinem natürlichen Feind. Entscheidend ist, die Zusammenhänge zu erkennen und dann so weit intensiviert in der Landwirtschaft einzusetzen, dass keine Insektizide mehr benötigt werden. Stattdessen versucht man, sich ökologische Prozesse zunutze zu machen. Ein gutes Beispiel sind Insektarien, die die Ackerflächen ergänzen. Ein Insektarium besteht aus einer Pflanzengruppe, die nützliche Arthropoden (z. B. Insekten, Käfer und Spinnen) und auch höhere Tierarten anlocken und ihnen einen Lebensraum bieten. Die Tiere fressen dann die Schädlinge auf Bauernhöfen, auf Obstplantagen und in Gärten. Sie sind als natürliche Fressfeinde oder Nützlinge bekannt.

Viele Nützlinge sind auf eine Reihe von Wirtspflanzen angewiesen. Einige dieser Tierarten – wie Marienkäfer, Grabwespen, Schwebfliegen und Florfliegen – fressen im Larvenstadium Schädlinge; die erwachsenen Tiere aber brauchen Blütennektar und Pollen, um die Geschlechtsreife zu erreichen und sich fortzupflanzen. Blumen bieten den Nützlingen konzentrierte Nahrung (Pollen und Nektar) und fördern ihre Überlebenschancen in einem Gebiet ebenso wie Zuzug und Ansiedlung. Und was genauso wichtig ist, Blumen bieten den nützlichen Insekten Raum zur Paarung und Gelegenheit, sich zu vermehren. Ohne Blumen auf Bauernhöfen sterben nützliche Arten und können sich nicht fortpflanzen. In den meisten landwirtschaftlichen Systemen werden Blumen als Unkräuter vernichtet, demzufolge fehlen ihnen die Nützlinge, um die Schädlinge in Schach zu halten.

Der aktuelle Verlust an Biodiversität auf unserem Planeten verursacht das größte Massensterben seit der Kreidezeit. Die Landwirtschaft hat daran einen großen Anteil; Waldrodungen für Ackerflächen und der damit einhergehende Lebensraumverlust spielen ebenso eine

Rolle wie die durch synthetische Chemikalien verursachten Schäden. Mit dem Konzept der ökologischen Intensivierung trägt die biologische Landwirtschaft dazu bei, die Artenvielfalt zu erhalten, sie aber auch zu erhöhen und sinnvoll zu nutzen.

Bei der ökologischen Intensivierung geht es um angewandte Agrarökologie, mit deren Hilfe man die Biodiversität in landwirtschaftlichen Systemen aktiv erhöht und somit Schädlingsbefall eindämmt. Im Gegensatz dazu setzen konventionelle Systeme auf reduktionistische Monokulturen, die ohne den Einsatz von giftigen synthetischen Pestiziden nicht funktionieren.

Bedenkt man, wie gering die Unterschiede im durchschnittlichen Ernteertrag zwischen der chemikalienintensiven und der biologischen Landwirtschaft sind, wären die gut 50 Milliarden US-Dollar, die jedes Jahr in die Forschung für konventionelle Landwirtschaft fließen, besser in der Forschung zu nichtchemischen, wissenschaftlichen, ökologischen Lösungen aufgehoben – die Gelder würden dadurch gleichzeitig einen entscheidenden Beitrag zum Erhalt der Biodiversität leisten!

Die Push-pull-Technologie

Die Push-pull-Methode liefert im Maisanbau ein exzellentes Beispiel für eine auf wissenschaftlichen Erkenntnissen fußende ökologische Intensivierung, in der verschiedene ökologische Elemente genutzt werden, um einen erheblichen Erntezuwachs zu erreichen. Diese Methode hat ein immenses Potenzial, weil Mais für Kleinbauern in Afrika, Lateinamerika und weiten Teilen Asiens ein Grundnahrungsmittel darstellt.

Eines der Hauptprobleme im Maisanbau ist der Stängelbohrer, ein hochgefährlicher Maisschädling. In der konventionellen Landwirtschaft setzt man auf eine Reihe von giftigen, synthetischen Pestiziden, um den Befall einzudämmen. Seit Kurzem pflanzt man zusätzlich genetisch veränderte Maissorten, die selbst Pestizide produzieren, um den Schädlingen beizukommen.

Als Alternative dazu wurde am International Centre of Insect Physiology and Ecology (ICIPE) in Kenia in Zusammenarbeit mit der

Rothamsted Research, Großbritannien, und anderen Partnern die Push-pull-Technologie entwickelt.

Dabei wird Desmodium (»Bettlerkraut«) auf dem Feld gepflanzt, um Stängelbohrer fernzuhalten und die natürlichen Fressfeinde des Schädlings anzulocken. Desmodium sondert Geruchsstoffe ab, die die Stängelbohrermotte abstoßen. Ausscheidungsprodukte seiner Wurzeln hemmen das Wachstum vieler Unkräuter, einschließlich der Striga, eines für den Maisanbau äußerst schädlichen parasitären Unkrauts. Zusätzlich wird Napiergras, eine Wirtspflanze für die Motte, am Rand des Feldes als Falle für den Stängelbohrer gepflanzt. Das Desmodium wirkt in dieser Methode also abstoßend (Push), das Napiergras anziehend (Pull) auf den Stängelbohrer, der dann seine Eier außerhalb des Felds auf dem Gras ablegt und nicht im Mais. Die scharfen Härchen und klebrigen Ausscheidungen des Napiergrases töten die Stängelbohrerlarven, nachdem sie geschlüpft sind, wodurch der Lebenszyklus unterbrochen wird und die Zahl der Schädlinge abnimmt.

Über 40.000 Kleinbauern in Ostafrika haben das System schon übernommen und konnten erleben, wie ihre Maisernte von einer Tonne pro Hektar auf dreieinhalb Tonnen anstieg. Das ist ein Zuwachs von über 200 Prozent und zeigt, welchen enormen Nutzen es bringen kann, die Forschung stärker auf ökologische Systeme zu konzentrieren als auf toxische Chemikalien.

Über 40.000 Kleinbauern *in Ostafrika haben das System schon übernommen und konnten erleben, wie ihre Maisernte von einer Tonne pro Hektar auf dreieinhalb Tonnen anstieg.*

Doch hohe Erträge sind nicht der einzige Nutzen des Push-pull-Systems. Das System benötigt keinen synthetischen Stickstoff, weil Desmodium ein Hülsenfrüchtler ist und Stickstoff bindet. Der Bodendecker schützt zudem vor Erosion. Bemerkenswert ist außerdem, dass das System hochwertiges Viehfutter liefert: Das Napiergras kann regelmäßig als frisches Viehfutter abgeerntet werden. Das Vieh kann das Feld auch nach der Maisernte direkt abgrasen. Viele Bauern, die auf das Push-pull-System setzen, halten sich eine Kuh; die Milch, die ihre Familie selbst nicht benötigt, kön-

Abbildung 32: Push: Desmodium unterdrückt Unkraut, gibt Stickstoff ab (weswegen man keinen synthetischen Stickstoffdünger benötigt), erhält die Bodenfruchtbarkeit, vertreibt Schädlinge und liefert proteinreiche Tiernahrung.

Abbildung 33: Pull: Das Napiergras lockt mit einem Duftstoff die Motten an, sodass sie ihre Eier dort hinein und nicht in den Mais legen.

nen sie verkaufen, um ihrer Familie ein regelmäßiges Einkommen zu verschaffen. Diese Methode versorgt die Bauernfamilien mit Essen, einem sicheren Einkommen und führt sie von Hunger und bitterer Not in relativen Wohlstand, durch den z. B. auch Schulbesuche finanziert werden können.

Die afrikanischen Landwirte konnten das Push-pull-System auf viele andere Nutzpflanzen wie Tomaten, Chili, Sorghumhirse, Zwerghirse, Hirse und Mangos übertragen. Es gibt viele weitere innovative Beispiele für ökologische Intensivierung, die entwickelt wurden, so das System der Reisintensivierung, biologisch modifizierte Direktsaat (z. B. mit Zwischenfrüchten und Pasture Cropping), Agroforstwirtschaft und ganzheitliches Weidemanagement.

Warum weitere Forschung so wichtig ist

Die Forschung zur biologischen Landwirtschaft ist bis dato chronisch unterfinanziert. Billionen Dollar sind bisher in die Erforschung konventioneller Systeme und GVOs geflossen; die Ökosparte erhält nur einen winzigen Bruchteil dieser Summen. Diese Situation muss korrigiert werden, will man den Bedarf an toxischen, synthetischen Pestiziden reduzieren.

In Afrika erkennt man inzwischen glücklicherweise die zahlreichen Vorteile der biologischen Landwirtschaft – die Kommission der Afrikanischen Union sieht sie als Teil der Lösung, um Ernährungssicherheit zu erreichen.

Bedenkt man, dass die konventionelle Landwirtschaft mit Billionen Dollar und der Arbeit von Tausenden Forschern gefördert wird und dennoch kaum mehr Ernteerträge erwirtschaftet und Biobauern sich im Gegensatz dazu weitgehend selbst überlassen sind, muss man feststellen, dass der beträchtliche Anteil der Fördergelder für die konventionelle Landwirtschaft eine Verschwendung wichtiger Ressourcen darstellt. Bedenkt man weiterhin, welche beachtlichen Erntezuwächse neue Erkenntnisse im ökologischen Landbau hervorgebracht haben, ist die logische Schlussfolgerung, dass Fördergelder in der biologischen Landwirtschaft besser angelegt sind.

Anmerkungen

1 United Nations Millennium Ecosystem Assessment Synthesis Report, März 2005.
2 David Tilman, F. Fargione, B. Wolff, C. D'Antonio, A. Dobson, R. Howarth, D. Schindler, W. Schlesinger, D. Simberloff und D. Swackhamer, »Forecasting Agriculturally Driven Global Environmental Change«, Science 292 (13. 04. 01): 281–84.
3 Ian Scoones, »The Politics of Global Assessments: The Case of the International Assessment of Agricultural Knowledge, Science and Technology for Development (IAASTD)«, Journal of Peasant Studies 36, no. 3 (2009): 547–571; United Nations Millennium Ecosystem Assessment Synthesis Report, March 2005; Tilman et al., »Forecasting Agriculturally Driven Global Environmental Change«.
4 D. G. Hole, A. J. Perkins, J. D. Wilson, I. H. Alexander, P. V. Grice, A. D. Evans, »Does Organic Farming Benefit Biodiversity?«, Biological Conservation 122 (2005): 113–30.
5 Grain (2013), Commentary IV: Food, Climate Change and Healthy Soils: The Forgotten Link, in: UNCTAD Trade and Environment Review 2013, Wake Up Before it is too Late, ed. Ulrich Hoffman, UNCTAD/DITC/TED/2012/3, United Nations Publication.
6 David Pimentel, Paul Hepperly, James Hanson, David Douds und Rita Seidel, »Environmental, Energetic and Economic Comparisons of Organic and Conventional Farming Systems«, Bioscience 55, no. 7 (Juli 2005): 573–82.
7 Timothy LaSalle und Paul Hepperly, »Regenerative Organic Farming: A Solution to Global Warming«, Rodale Institute, 2008.
8 Pimentel et al., »Environmental, Energetic and Economic Comparisons«.
9 John P. Reganold, Jerry D. Glover, Preston K. Andrews und Herbert R. Hinman, »Sustainability of Three Apple Production Systems«, Nature 410 (15. 03. 01): 926–930.
10 S. A. Khan, R. L. Mulvaney, T. R. Ellsworth und C. W. Boast, »The Myth of Nitrogen Fertilization for Soil Carbon Sequestration«, Journal of Environmental Quality 36, no. 6 (24. 10. 07): 1821–32; R. L. Mulvaney, S. A. Khan und T. R. Ellsworth, »Synthetic Nitrogen Fertilizers Deplete Soil Nitrogen: A Global Dilemma for Sustainable Cereal Production«, Journal of Environmental Quality 38 (2009): 2295–2314.
11 Andreas Gattinger, Adrian Muller, Matthias Haenia, Colin Skinner, Andreas Fliessbach, Nina Buchman, Paul Mäder, Matthias Stolze, Pete Smith, Nadia El-Hage Scialabba und Urs Niggli, »Enhanced

Top Soil Carbon Stocks under Organic Farming«, PNAS 109, no. 44 (30. 10. 12): 18 231.

12 Eduardo Aguilera, Luis Lassaletta, Andreas Gattinger, Benjamín S. Gimeno, »Managing Soil Carbon for Climate Change Mitigation and Adaptation in Mediterranean Cropping Systems: A Meta-Analysis«, Agriculture, Ecosystems and Environment 168 (2013): 25–36.

13 LaSalle und Hepperly, »Regenerative Organic Farming«; The Farming Systems Trial: Celebrating 30 Years, Rodale Institute, http://rodaleinstitute.org/our-work/farmingsystems-trial/farming-systems-trial-30-year-report/ (aufgerufen am 22. 10. 13).

14 APVMA, »About the APVMA: Factsheet«.

15 Verena Seufert, Navin Ramankutty und Jonathan A. Foley, »Comparing the Yields of Organic and Conventional Agriculture«, Nature 485 (Mai 2012): 229–32, http://www.nature.com/nature/journal/v485/n7397/full/nature11069.html; Tomek de Ponti, Bert Rijk und Martin van Ittersum, »The Crop Yield Gap between Organic and Conventional Agriculture«, Agricultural Systems 108 (2012): 1–9.

16 Catherine Badgley et al., »Organic Agriculture and the Global Food Supply«, Renewable Agriculture and Food Systems 22, no. 2 (2007): 86–108.

17 Urs Niggli, »Sustainability of Organic Food Production: Challenges and Innovations«, Proceedings of the Nutrition Society, forthcoming.

18 Alfredo Flores, »Organic Pecans: Another Option for Growers«, Agricultural Research magazine, U. S. Agricultural Research Service, November/Dezember 2008, http://www.ars.usda.gov/is/AR/archive/nov08/pecans1108.pdf.

19 Jean-Paul Chavas, Joshua L. Posner, und Janet L. Hedtcke, »Organic and Conventional Production Systems in the Wisconsin Integrated Cropping Systems Trial: II. Economic and Risk Analysis 1993–2006«, Agronomy Journal 101, no. 2 (2009): 253–60, http://wicst.wisc.edu/wp-content/uploads/pages-from-wicst-econ-aj2009.pdf.

20 David Pimentel et al., »Environmental, Energetic and Economic Comparisons of Organic and Conventional Farming Systems«, Bioscience 55, no. 7 (Juli 2005): 573–82, http://www.ce.cmu.edu/~gdrg/readings/2007/02/20/Pimental_EnvironmentalEnergeticAndEconomicComparisonsOfOrganicAndConventionalFarmingSystems.pdf.

21 Rodale Institute, »Organic No-Till«, http://www.rodaleinstitute.org/no-till_revolution (aufgerufen am 01. 01. 14).

22 Bob Turnbull, »Research Shows Organic Corn, Soybean Yields Can

Exceed Conventional«, Organic & Non-GMO Report, Januar 2010, http://www.non-gmoreport.com/articles/feb10/organic_corn_soybean_yields_exceed_conventional.php.
23 Lorenz Bachman, Elizabeth Cruzada und Sarah Wright, »Food Security and Farmer Empowerment: A Study of the Impacts of Farmer-Led Sustainable Agriculture in the Philippines«, MASIPAG, Anos Los Banos, Laguna 4000, Philippines, 2009.
24 George Monbiot, »Organic Farming Will Feed the World«, Guardian, 24. 08. 00.
25 John P. Reganold et al., »Sustainability of Three Apple Production Systems«, Nature 410 (April 2001): 926–30.
26 Laurie E. Drinkwater, Peggy Wagoner und Marianne Sarrantonio, »Legume-Based Cropping Systems Have Reduced Carbon and Nitrogen Losses«, Nature 396 (November 1998): 262–65, http://www.nature.com/nature/journal/v396/n6708/abs/396262a0.html.
27 Rick Welsh, »The Economics of Organic Grain and Soybean Production in the Midwestern United States«, Policy Studies Report No. 13, Henry A. Wallace Institute for Sustainable Agriculture, Mai 1999.
28 Nicholas Parrott und Terry Marsden, The Real Green Revolution: Organic and Agroecological Farming in the South (Canonbury Villas, London: Greenpeace Environmental Trust, 2002).
29 Pimentel et al., »Environmental, Energetic and Economic Comparisons of Organic and Conventional Farming Systems«; Drinkwater, Wagoner und Sarrantonio, »Legume-Based Cropping Systems Have Reduced Carbon and Nitrogen Losses«; Welsh, »The Economics of Organic Grain and Soybean Production«.
30 Chavas, Posner und Hedtcke, »Organic and Conventional Production Systems in the Wisconsin Integrated Cropping Systems«.
31 Pimentel et al., »Environmental, Energetic and Economic Comparisons of Organic and Conventional Farming Systems«.
32 LaSalle und Hepperly, »Regenerative Organic Farming«.
33 D. W. Lotter, R. Seidel und W. Liebhart, »The Performance of Organic and Conventional Cropping Systems in an Extreme Climate Year«, American Journal of Alternative Agriculture 18, no. 3 (2003): 146–54, http://www.donlotter.net/lotter_ajaa_article.pdf.
34 Ebd.
35 Rachel Hine und Jules Pretty, Organic Agriculture and Food Security in Africa, United Nations Environment Programme, United Nations Conference on Trade and Development, September 2008, http://www.unctad.org/en/docs/ditcted200715_en.pdf.
36 Badgley et al., »Organic Agriculture and the Global Food Supply«.

37 Food and Agriculture Organization of the United Nations, »The Challenge«, chapter 1 in Save and Grow, Rom, 2011, http://www.fao.org/ag/save-and-grow/en/1/index.html.

38 ETC Group, »Who Will Feed Us? Questions for the Food and Climate Crises«, 1. November 2009, http://www.etcgroup.org/content/who-will-feed-us.

39 Ebd.

40 Bachman, Cruzada und Wright, »Food Security and Farmer Empowerment«.

41 Sue Edwards, Tewolde Berhan Gebre Egziabher und Hailu Araya, »Successes and Challenges in Ecological Agriculture: In Experiences from Tigray, Ethiopia«, in: Climate Change and Food Systems Resilience in Sub-Saharan Africa, ed. Lim Li Ching, Sue Edwards und Nadia El-Hage Scialabba (Rom: Food and Agriculture Organization of the United Nations, 2011), 231–94. Available online at www.fao.org/docrep/014/i2230e/i2230e09.pdf.

42 Sue Edwards, persönliche Kommunikation.

43 Ebd.

44 http://www.fao.org/emergencies/emergency-types/drought/en/; Sue Edwards, persönliche Kommunikation.

45 Vandana Shiva und Vaibhav Singh, Health Per Acre (Navdanya, Indien: 2011).

46 Paul Maeder et al., »Soil Fertility and Biodiversity in Organic Farming«, Science 296 (Mai 2002): 1694–97, http://www.sciencemag.org/content/296/5573/1694.short.

Was können wir für den Schutz unserer Kinder und unserer Zukunft tun?

Die vorangehenden Kapitel haben gezeigt, dass die Problematiken mit Pestiziden, die in diesem Buch dargestellt wurden, in besonderer Weise ungeborene und heranwachsende Kinder betreffen, da diese Gruppe aus mehreren Gründen am empfindlichsten auf schädliche Chemikalien reagiert: wegen ihres geringeren Körpergewichts, der fehlenden schützenden Serumproteine, ihrer Anfälligkeit für Chemikalien, die Epimutationen hervorrufen, und ihrer Anfälligkeit für endokrine Disruptoren. Der Anstieg von zahlreichen Krankheiten bei Kindern wurde bereits mit vermehrtem Pestizideinsatz in Verbindung gebracht.

Die Aufsichtsbehörden ignorieren ihren besonderen Schutzauftrag gegenüber Kindern schon bei der Festlegung von zugelassenen Höchstwerten. So werden beispielsweise die derzeitigen Pestizidtestmethoden nur an Jungtieren und erwachsenen Tieren durchgeführt. Mit solchen Tests kann man natürlich keine nachteiligen Auswirkungen auf die Gesundheit von ungeborenen und heranwachsenden Kindern feststellen. Auch der Ansatz der US-Umweltschutzbehörde EPA, die Rückstandshöchstmengen für Kinder einfach um den Faktor 10 herunterzurechnen, basiert auf frei schwebenden Vermutungen, zumal die wissenschaftliche Untersuchung hormonaktiver Substanzen und nichtmonotoner Dosen zeigt, dass es in vielen Fällen schlicht keinen Schwellenwert gibt, das heißt, es gibt keine Belastungsgrenze, die unbedenklich wäre.

Wir brauchen begutachtete wissenschaftliche Studien

Um unsere Kinder ausreichend zu schützen, müssen wir umdenken. Es ist essenziell, dass alle Rechtsvorschriften aufgrund fundierter wissenschaftlicher Erkenntnisse getroffen werden, basierend auf Studien, die durch Gutachter aus dem gleichen Fachgebiet einer sogenannten Peer-Review unterzogen wurden. Die Interpretation von wissenschaftlichen Daten ist nicht immer eindeutig, weil es viele Variablen gibt, vor allem wenn die Daten lückenhaft sind. Werden Studien in Fachzeitschriften veröffentlicht, sodass alle Akteuren auf dem Gebiet sie lesen und analysieren können, wird eine breitere und kritischere Debatte über die Daten angeregt, und Ergebnisse kommen vornehmlich anhand von strengen Maßstäben zustande.

Der Verwendung von unveröffentlichten, vertraulich zu behandelnden Studien, die von der Industrie in Auftrag gegeben werden und der kritischen Prüfung durch unabhängige Wissenschaftler, Forscher und die Öffentlichkeit entzogen sind, muss ein Ende gesetzt werden. Diese Studien sind das Ergebnis ungeheuerlicher Interessenkonflikte und nichttransparenter Prozesse. Wir alle und vor allem Eltern haben das Recht zu erfahren, welche Studien den Rechtsvorschriften über giftige Rückstände in unserem Essen zugrunde gelegt werden, und wir haben allen Grund, einen Entscheidungsprozess anzuzweifeln, bei dem Aufsichtsbehörden und Industrie bewusst Fakten verschleiern. Was haben sie zu verbergen, und warum verbergen sie es?

> **Es ist essenziell,** *dass alle Rechtsvorschriften aufgrund fundierter wissenschaftlicher Erkenntnisse getroffen werden.*

Ein zentraler Aspekt in diesem wissenschaftlichen Verfahren besteht darin, dass Studien ganz klar das Material und die Methoden dokumentieren sollten, die bei Forschungsexperimenten verwendet werden.

Gelegentlich versuchen Pestizidindustrie und Aufsichtsbehörden, Studien zu widerlegen und in Verruf zu bringen, die schädliche Auswirkungen von Pestiziden nachweisen, indem sie erklären, von der Industrie durchgeführte Studien könnten solche Auswirkungen nicht feststellen. Dieses Buch führt zahlreiche Beispiele an, dass Studien schädliche Auswirkungen von Pestiziden dokumentieren. Untersuchungen, die zu anderen Ergebnissen kommen, können Studien, die schädliche Auswirkungen nachweisen, nicht einfach so widerlegen. Es ist unwissenschaftlicher Unsinn zu behaupten, nur weil einige Untersuchungen weder Hinweise auf Krebs noch auf Entwicklungsneurotoxizität, Störungen im Hormonsystem oder andere Krankheiten entdecken, seien Studien entkräftet, die diese Folgen feststellen. Es heißt lediglich, dass bei unterschiedlichen Kriterien unterschiedliche Ergebnisse herauskommen können.

Die Studien der Industrie, die benutzt werden, um Untersuchungen anzufechten, die Gesundheitsschäden feststellen, sind zumeist nicht veröffentlicht und wenden andere Kriterien an als die begutachteten Studien, die sie widerlegen wollen. Das gängige Verfahren, um die Glaubwürdigkeit wissenschaftlicher Ergebnisse zu überprüfen, besteht allerdings darin, das Experiment mit denselben Materialien und Methoden zu wiederholen, die in der veröffentlichten Studie verwendet wurden, um zu sehen, ob sie durchweg dieselben Resultate liefern. In den allermeisten Fällen gibt dies Aufschluss darüber, ob die Forschungsergebnisse korrekt sind oder nicht. Forschungsarbeiten, denen andere Kriterien zugrunde liegen, kommen in der Regel natürlich zu anderen Resultaten. Wenn die Ergebnisse dieser »ähnlichen« Studien die Untersuchungen mit den Gesundheitsschäden nicht bestätigen, werden sie von der Pestizidindustrie und den Aufsichtsbehörden sofort benutzt, um die potenziell geschäftsschädigende Studie zu diskreditieren und ihre Ergebnisse in Zweifel zu ziehen.

Das ist so, als würde ein Institut Studien an ausgewählten älteren Menschen durchführen, die Tabak rauchen, und dann verkünden, diese »Studien« lieferten keinen Hinweis darauf, dass Rauchen die Lebenszeit verkürzt, denn die Probanden hätten ja bis ins hohe Alter täglich geraucht. Tabakverfechter könnten dann diese verzerrten Studien als »Beleg« dafür vorlegen, dass Hunderte anderer Studien, die das Rauchen mit zahlreichen Gesundheitsproblemen in Verbindung bringen, außer Acht gelassen werden können, weil ihre Ergebnisse »nicht erwiesen« seien. Die großen Tabakkonzerne sind jahrzehntelang so vorgegangen. Sie präsentierten regelmäßig Studien, die zeigten, dass Tabak keineswegs die viele Krankheiten verursache, die ihm zugeschrieben werden, und argumentieren, dass daher die Studien, die Gesundheitsschäden nachwiesen, falsch, qualitativ schlecht, methodisch oder sonst irgendwie unzulänglich seien.

Wenige Monate nach Erscheinen der umfassenden Metastudie zu hormonaktiven Substanzen von Vandenberg und Kollegen gab Dan Fagin 2012 in einem Kommentar in der Zeitschrift *Nature* folgendes Beispiel: Er erwähnt zwei Studien, die sich mit der hormonaktiven Wirkung des Weichmachers Bisphenol A (BPA) beschäftigen. Eine Studie wurde durch die US-Behörde für Lebens- und Arzneimittel (FDA) durchgeführt, die zweite durch eine von der Industrie beauftragte Firma. Keine von beiden stellte eine hormonaktive Wirkung von Bisphenol A fest, obwohl dies von zahlreichen anderen Studien nachgewiesen worden war.[1] Vandenberg und Kollegen zum Beispiel berichteten, dass »vom Saal und Welshons […] 2006 die Literatur zu niedrigen BPA-Dosen prüften und auf über 100 bis Juli 2005 erschienene Studien stießen, die erhebliche Auswirkungen von BPA unterhalb der gängigen niedrigsten Dosis, bei der noch schädliche Wirkungen beobachtet werden (LOAEL – lowest-observed-adverse-effect level), feststellten; 40 dieser Studien berichteten von Gesundheitsschäden unterhalb einer Dosis von 50 µg/kg, die von der EPA und der U. S. Food and Drug Administration (FDA) als unbedenklich eingestuft worden war«.[2] Seither sind noch erheblich mehr Studien erschienen, die eine hormonaktive Wirkung von Bisphenol A nachweisen. Aufsichtsbehörden in den Vereinigten Staaten und Kanada gehen jedoch nicht nach dem Vorsorgeprinzip vor, sondern nach dem Wissenschaftsprinzip, was bedeutet, dass Substanzen erst dann verboten werden, wenn deren Schädlichkeit einwandfrei nachgewiesen ist. Und das heißt, dass eine einzige Studie, die den Status quo bestätigt, gegenüber vielen Studien, die zu gegenteiligen Ergebnissen kommen, den Vorzug erhält.

Fagin zufolge liegt es hauptsächlich an diesen beiden Studien, dass weder die Food and Drug Administration noch die Umweltschutzbehörde EPA ihre Risikobewertungen für Bisphenol A ändern, obwohl über hundert von Experten begutachtete Studien vorliegen, die seine gesundheitsschädlichen Auswirkungen nachweisen: »Die FDA sagt immer noch, BPA habe in Dosen unter 50 Milligramm pro Kilogramm Körpergewicht pro Tag keine gesundheitsschädlichen Auswirkungen – eine Dosis, die, wie vom Saal erklärt, eigentlich zwei Millionen Mal niedriger liegen müsste, nämlich bei 25 Nanogramm.«[3] Dabei schrieben mehrere Wissenschaftler, dass die beiden Studien von Industrie und FDA Kriterien verwendeten, die für die Erforschung der Auswirkungen von endokriner Disruption ungeeignet sind. Wie vom Saal und andere Forscher auf dem Gebiet feststellten, war das Design der beiden Experimente unsensibel für die Auswirkungen niedriger Konzentrationen, die folglich nicht in den Ergebnissen auftauchen.

Vandenberg und Kollegen nennen zudem zahlreiche Beispiele dafür, wie Unterschiede im Design von Experimenten zu Ergebnissen führen, die keine Bestätigung für frühere Studien liefern. »Tatsächlich hat das Low Dose Panel des NTP [National Toxicology Program] selbst darauf hingewiesen, dass Faktoren wie unterschiedliche Belastung, Ernährung, Bedingungen der Käfighaltung und Unterbringungen sowie jahreszeitliche Schwankungen Einfluss darauf haben können, ob Auswirkungen niedriger Dosen in kontrollierten Studien feststellbar sind.«[4]

Auch im Bereich der Pestizidforschung ist die Vergleichbarkeit von Untersuchungen ein wichtiges Thema. Eine Prüfung der Studien, die herangezogen wurden, um Hayes' Erforschung der toxischen Auswirkungen von Atrazin in niedrigen Dosen zu entkräften, entdeckte zahlreiche Schwachstellen im Design der Experimente. »Hayes äußert sich in seiner Arbeit auch ganz klar zur sogenannten Nichtreproduzierbarkeit dieser Ergebnisse, indem er eine Analyse der Studien vornimmt, die keine Auswirkungen der Pestizide feststellen konnten; er merkte an, dass die negativen Studien zahlreiche experimentelle Mängel aufwiesen, darunter die Kontamination der Kontrollgruppen mit Atrazin, Überbelegung (und daher Unterdosierung) von Versuchstieren und andere Probleme mit der Tierhaltung, die zu Sterblichkeitsraten von über 80 Prozent führten.«[5]

Diese Beispiele verdeutlichen die Notwendigkeit, Material und Methoden der ursprünglichen Studien exakt zu kopieren, wenn man prüft, ob ihre Ergebnisse glaubwürdig sind, statt ähnliche Studien mit abweichenden Methoden und anderem Material durchzuführen. In Wirklichkeit sind diese »ähnlichen« Studien vollkommen neue Studien, weil sie in der Regel ganz andere Kriterien anwenden.

Die Verwendung von Studien, die keine Gesundheitsschäden feststellen, um die Glaubwürdigkeit von Studien zu hinterfragen, die Gesundheitsschädigungen feststellen, ist eine Taktik, auf die Industrie und Aufsichtsbehörden gerne zurückgreifen. Die großen Tabakkonzerne, die Bleiindustrie und die Asbestindustrie haben dies über Jahrzehnte getan, ehe der öffentliche Druck gemeinsam mit besorgten Wissenschaftlern endlich Regierungen und Aufsichtsbehörden zwang, einige notwendige Veränderungen vorzunehmen. Deren Untätigkeit hatte bis dahin dazu geführt, dass Millionen Menschen Schmerzen, unnötige Erkrankungen und einen frühen Tod erlitten. In jüngerer Zeit wurde diese Taktik angewendet, um Zweifel daran zu säen, dass menschengemachte Treibhausgase für den Klimawandel verantwortlich sind und dass Junkfood, bestehend aus leeren Kalorien, eine globale Adipositas-Epidemie auslöst.

Der Pestizidindustrie *ist es immer wieder gelungen, durch Vertuschung von Tatsachen und falsche Vergleiche Menschen von dem Mythos zu überzeugen, ihre Lebensmittel seien unbedenklich.*

Der Pestizidindustrie ist es in ihrer langen Vergangenheit immer wieder gelungen, durch Vertuschung von Tatsachen und falsche Vergleiche Menschen von dem Mythos zu überzeugen, ihre Lebensmittel seien unbedenklich. Auch die systematische Verunglimpfung der Wissenschaftler, die die betreffenden Studien herausgegeben haben, wird immer wieder schamlos angewandt.

Wir brauchen neue Methoden zum Test von Chemikalien

Ein zentrales Thema, das in diesem Buch immer wieder angesprochen wird, sind die notwendigen Veränderungen bei den derzeitigen Ansätzen und Methoden, die Aufsichtsbehörden nutzen, um die Gefährlichkeit von Pestiziden einzuschätzen. Es gilt, die gewaltigen Informationsdefizite aufzuarbeiten, und die überholten Testmethoden müssen durch neu entwickelte wissenschaftliche Techniken ergänzt werden, um die fehlenden Daten zu liefern. Zusätzliche Tests müssen erfolgen für:

- chemische Mixturen und Cocktails;
- die tatsächlichen Produktrezepturen, nicht nur den Wirkstoff;
- die Toxizität von Abbauprodukten, Beistoffen und Verunreinigungen der Pestizide;
- die besonderen Bedürfnisse von Föten, Neugeborenen und heranwachsenden Kindern;
- hormonaktive Substanzen;
- Störungen der Stoffwechselprozesse;
- generationsübergreifende Auswirkungen auf alle Organe und physiologischen Systeme;
- Entwicklung von Neurotoxizität sowie
- epigenetische Schäden.

Bis das geschehen ist, besitzen Aufsichtsbehörden keine stichhaltigen wissenschaftlichen Beweise zur Rechtfertigung von Grenzwerten für Pestizidrückstände, die angeblich für Mensch und Umwelt unbedenklich sind.

Keine frei schwebenden Annahmen als Basis für Pestizidzulassung mehr!

Die wissenschaftliche Glaubwürdigkeit der Aufsichtsbehörden muss ernsthaft hinterfragt werden, wenn sie den Einsatz von Pestiziden aufgrund von Annahmen erlauben, die nicht durch Daten gestützt werden.

Ein gutes Beispiel ist die Zulassung von Pestizidrezepturen, von denen nur ein Wirkstoff, nicht aber die ganze Mixtur getestet wurde. Bedenkt man, dass die anderen Bestandteile chemisch wirksam sind und der Rezeptur eigens zugesetzt wurden, um deren Wirksamkeit zu erhöhen, entbehrt die Annahme, sie seien lediglich Beistoffe ohne Auswirkungen auf die Giftigkeit der Rezeptur, jeder wissenschaftlichen Grundlage. Es gibt bisher keine Vorschriften, die fordern, die Toxizität der gesamten Rezeptur auf chronische Gesundheitsfolgen zu testen, um stichhaltige wissenschaftliche Daten zu erhalten. Das heißt, das derzeitige Zulassungsverfahren basiert auf der vollkommen unlogischen frei schwebenden Annahme, dass die »Beistoffe« die Giftigkeit des Wirkstoffs nicht beeinflussen.

Aufsichtsbehörden lassen zudem immer mehrere unterschiedliche Pestizide für eine Feldfrucht zu – also Herbizide, Fungizide und Insektizide – und gehen davon aus, dass sie alle bei der gängigen Erzeugung der Feldfrucht zum Einsatz kommen. Folglich finden sich diverse Rückstände in der Ernte. Rückstandskontrollen ergaben, dass 47,4 Prozent der Lebensmittel in den Vereinigten Staaten zwei oder mehr Pestizidrückstände enthielten. Das heutige Zulassungsverfahren, bei dem jedes Pestizid einzeln getestet wird, fußt auf der Annahme, wenn jede Chemikalie für sich unbedenklich sei, dann seien sie auch in Kombination unschädlich. Eine Reihe von publizierten Studien zeigt, dass Kombinationen von Pestizidrückständen aufgrund additiver und synergetischer Effekte ernste Gesundheitsschäden auslösen können. Dass Kombinationen zugelassener Pestizide nicht auf potenzielle Gesundheitsrisiken getestet werden, bedeutet, dass die Aufsichtsbehörden keine fundierten Daten an der Hand haben, die beweisen würden, dass die kombinierten Rückstände ungefährlich wären. Diese derzeitigen frei schwebenden Sicherheitsvermutungen der Behörden sind wissenschaftlich unglaubwürdig.

Dass auch Tests für die Abbauprodukte von Pestiziden fehlen, ist eine weitere massive Datenlücke, zumal die wenigen vorliegenden Tests zeigen, dass viele von ihnen giftiger und langlebiger sind als das ursprüngliche Pestizid. Auch hier beruht die Zulassung auf einer nicht fundierten Sicherheitsvermutung.

Ein weiteres Beispiel ist die Festlegung von erlaubten Tagesdosen. Angesichts von Hunderten Studien, die zeigen, dass zahlreiche Chemikalien hormonaktiv wirken und deshalb in geringeren Dosierungen giftiger sind, führt ein Verfahren, bei dem die erlaubte Tagesdosis, ausgehend von Tests mit höherer Dosierung, heruntergerechnet wird, ebenfalls zu frei schwebenden Vermutungen. Die einzige Methode, mit der geprüft werden kann, ob der zugelassene Grenzwert tatsächlich unbedenklich ist, besteht in Tests mit den tatsächlichen Rückstandsmengen, die als erlaubte Tagesdosis festgelegt wurden.

Die besonderen Bedürfnisse von ungeborenen, neugeborenen und heranwachsenden Kindern im Hinblick auf Entwicklungsneurotoxizität unterliegen ebenfalls frei schwebenden Vermutungen. Derzeit sehen die Pestizidtests, die beim Zulassungsverfahren zum Einsatz kommen, keine Prüfung der Risiken vor, die diese Altersgruppen betreffen, und die erlaubte Tagesdosis wird jeweils anhand von Tests an Jungtieren ermittelt. Solange Tests nicht eigens darauf zugeschnitten werden, die Gefahren für ungeborene und kleine Kinder einzuschätzen, liegen keine fundierten Daten für diese Altersgruppen vor. Auch hier werden erlaubte Tagesdosen für Pestizide als unbedenklich für Kinder hingestellt, ohne dass stichhaltige wissenschaftliche Beweise dafür vorliegen.

Dasselbe gilt für generationenübergreifende Auswirkungen. Solange keine Tests erfolgen, die, vor allem im Hinblick auf Organe und physiologische Prozesse, mehrere Generationen erfassen, ist nicht zu beweisen, dass die heutigen erlaubten Tagesdosen keine Gesundheitsfolgen für künftige Generationen haben. Zahlreiche wissenschaftliche Untersuchungen zeigen, dass die Belastung durch Pestizidrückstände bei künftigen Generationen zu Gesundheitsschäden führt, und dieses Problem zu ignorieren könnte sich als fatal erweisen. Dass diese generationenübergreifenden Auswirkungen kein wichtiges Thema seien, ist eine frei schwebende Vermutung, die der Zulassung von Pestiziden zugrunde liegt.

Ebenso fehlen Tests auf Schäden am Epigenom, obwohl zahlreiche Studien zeigen, wie Pestizide Epimutationen auslösen und dass viele von ihnen über mehrere Generationen vererbt werden können.

Ohne Forschung, die fundierte Daten liefert, treffen Aufsichtsbehörden Sicherheitsentscheidungen in einem Wissensvakuum. Die Untätigkeit der Behörden, obgleich publizierte Forschungsarbeiten den Schaden beweisen, den Pestizide anrichten, bereitet große Sorge. Dass Glyphosat von großen Zulassungsbehörden wie der US-amerikanischen EPA und der Europäischen Behörde für Lebensmittelsicherheit (EBL) immer noch nicht verboten wurde und die Zulassung in der EU gerade um weitere fünf Jahre verlängert wurde, ist ein aufschlussreiches Beispiel.

Die positive Alternative für die Zukunft

Selbst wenn die Aufsichtsbehörden morgen damit anfangen würden, es würde Jahrzehnte dauern und viele Milliarden Dollar kosten, sämtliche zugelassenen Pestizidprodukte und Tausende möglicher Kombinationen zu testen, um die Datenlücken für den gefahrlosen Einsatz dieser Gifte zu schließen.

Bis dahin ist die Vermeidung der Pestizide nach dem Vorsorgeprinzip die beste Strategie, denn eine bloße Verringerung der Pestizidbelastung kann ihre Ungefährlichkeit nicht garantieren. Der Übergang zu einer ökologischen Landwirtschaft, die Pestizide durch ungiftige, natürliche Methoden der Schädlingskontrolle ersetzt, wäre eine praktikable und effektive Lösung, um die derzeitigen Unsicherheiten im Zusammenhang mit dem Pestizideinsatz zu vermeiden.

Die Forschung hat klar gezeigt, dass Biolandwirtschaft die Erträge liefern kann, die für die Ernährung der Armen und Hungrigen benötigt werden, und zwar vor allem wenn Kleinbauern – die Mehrheit der Bauern weltweit – ökologisch wirtschaften.

Es ist von größter Bedeutung, dass ein erheblicher Anteil der Milliarden Dollar an Forschungsgeldern, die für eine chemiegestützte Intensivlandwirtschaft ausgegeben werden, in die Erforschung der sich abzeichnenden Möglichkeiten einer ertragreichen Biolandwirtschaft fließt. Verwendet man die Forschungsgelder, um vielversprechende Bioanbausysteme weltweit bekannt zu machen, einzuführen und zu verbessern, kann eine Landwirtschaft ohne giftige Chemikalien durchaus hohe Erträge liefern.

Abschaffung von Pseudolabeln

Es gibt in der Lebensmittelbranche zahlreiche Labels, die sich wegen geringeren Pestizideinsatzes als kontrolliert, natürlich oder nachhaltig ausgeben, womit sie die Legende von den »unbedenklichen Lebensmitteln« weiterspinnen. In der Europäischen Union dürfen nur Produkte, die mindestens die EG-Öko-Verordnung erfüllen, die Begriffe »Bio-«, »Öko-«, »biologisch«, »ökologisch«, »kontrolliert ökologisch«, »kontrolliert biologisch«, »biologischer Landbau«, »ökologischer Landbau«, »biologisch-dynamisch« und »biologisch-organisch« verwenden. Noch strengere Richtlinien als die Mindeststandards der EG-Öko-Verordnung legen einzelne Anbauverbände wie Demeter, Naturland und Bioland an, die eigene Ökosiegel besitzen. Hingegen sind Bezeichnungen wie »natürlich«, »natürliche Inhaltsstoffe«, »naturrein« oder »kontrollierter Anbau« auf Lebensmitteln leere Worthülsen, die nichts über den Pestizideinsatz beim Anbau aussagen. Diese Pseudonachhaltigkeitslabel verwirren Verbraucher, die annehmen, es handle sich um echte Bioware, weil weniger oder keine Pestizide verwendet wurden, während in Wirklichkeit das Gegenteil zutrifft. Solche Pseudolabel lassen Tausende giftige Pestizidrezepturen zu.

Echte Biosiegel

Nur echte Biosiegel können garantieren, dass Lebensmittel tatsächlich ökologisch und ohne Einsatz synthetischer Pestizide erzeugt werden. Die Umsetzung der EG-Öko-Verordnung wird durch unabhängige Kontrollstellen zertifiziert. In einigen Ländern gibt es zusätzlich Partizipative Garantiesysteme (PGS), in denen Bauern und oft auch Verbraucher lokal zusammenarbeiten. PGS sind lokal fokussierte Qualitätssicherungssysteme. Wie die Internationale Vereinigung ökologischer Landbauvereinigungen (IFOAM – Organics International) schreibt, zertifizieren sie »Produzenten auf Basis von aktiver Partizipation der Interessenvertreter und sind auf einem Fundament von Vertrauen, sozialen Netzwerken und Wissensaustausch gebaut«. In einigen Ländern wie Südkorea und Japan gibt es große Erzeuger-Verbraucher-Genossenschaften. Diese Genossenschaften legen ihre Standards und Kontrollen, die einwandfreie, biologisch erzeugte Lebensmittel garantieren, selbst fest. Besonders schnell wächst die Solidarische Landwirtschaft (SoLaWi, auch Community Supported Agriculture). Als SoLaWi-Mitglieder zahlen die Verbraucher ihrem Bauern oder Gärtner im Voraus einen festen Betrag für die Erzeugnisse. Die Solidarische Landwirtschaft bringt Verbraucher und Land-

Abbildung 34: Die Verbraucher können sich an den Biosiegeln der EU, Deutschlands und spezieller Anbauverbände wie demeter, Naturland und Bioland orientierten.

wirte zusammen, die ihre Mitglieder mit frischem, lokalem, hochwertigem, saisonalem Obst und Gemüse versorgen. Weil die Mitglieder Höfe und Gärtnereien regelmäßig besuchen, können sie sich mit eigenen Augen überzeugen, dass chemie- und giftfrei gearbeitet wird. Alternativ können Verbraucher auch auf einem Bauernmarkt einkaufen, der die Produktionsbedingungen seiner Landwirte kontrolliert.

Die kritische Frage ist, wie Behauptungen über Lebensmittel überprüft werden können. Die Mühe lohnt sich, ein wenig Zeit zu investieren und zu sehen, was hinter einem Label wirklich steht, ehe Sie Geld ausgeben.

Gesundheit muss an erster Stelle stehen

Von allen Kriterien, die genutzt werden, um die ökologische Nachhaltigkeit von Anbaumethoden zu bewerten, muss die Gesundheit der Menschen und all der vielfältigen Lebensformen in den Ökosystemen unseres Planeten absoluten Vorrang haben.

Was haben wir davon, wenn wir hohe Recyclingquoten erreichen, unseren CO_2-Fußabdruck verkleinern, wenig Energie verbrauchen, Wasser effizient nutzen, lokal erzeugte Lebensmittel kaufen usw., wenn die Erzeugung dieser Lebensmittel dafür sorgt, dass die Gesundheit unserer Umwelt und der Menschen, die diese Lebensmittel essen, schwer geschädigt wird? Noch größere Sorgen wirft es auf, wenn der genetische Schaden, den Pestizide anrichten, als unheilvolles Erbe an künftige Generationen weitergegeben wird.

Eine weitere Zwickmühle ist die Bezeichnung »regional«: Ist es besser, frische, lokal angebaute Ware zu kaufen, die giftig ist, oder ein giftfreies Erzeugnis, das nicht ganz so frisch ist? Idealerweise bevorzugt man frische, lokal angebaute und giftfreie Produkte, aber wenn das Ideal nicht zu haben ist, greift man am besten stets zu ungiftigen Lebensmitteln. Menschen bekommen keine schweren Krankheiten, weil das Produkt etwas weiter gereist ist, ehe es auf den Markt kam. Andererseits können winzigste chemische Rückstände in den von Müttern verzehrten Lebensmitteln ernste Folgen haben, wenn sie über die Plazenta an den Fötus oder über die Muttermilch an das

Neugeborene weitergegeben werden. Dass die Lebensmittel lokal produziert wurden, hilft hier nichts.

Dasselbe gilt für alle anderen ökologischen Optionen. Im Idealfall wünschen wir uns gute Ergebnisse für alle Umweltkriterien; wenn aber das Ideal nicht erreichbar ist, muss die Gesundheit unserer Nachkommen an erster Stelle stehen. Wie können wir unseren Kindern und Enkeln eine bessere Welt hinterlassen, wenn wir Gesundheitsschäden für die kommenden Generationen weitervererben?

Und der ausschließliche Verzehr von biologisch erzeugtem Essen lässt uns nicht nur die Gefahren der Agrargifte vermeiden, Bioessen ist auch in anderer Hinsicht gesünder. Die größte und umfassendste begutachtete Studie, die Biolebensmittel und konventionelle Produkte vergleicht, ist in der Zeitschrift *British Journal of Nutrition* erschienen. Verfasst wurde sie von einem Team internationaler Experten unter der Schirmherrschaft der Newcastle University in Großbritannien. Sie ergab eindeutig, dass Biolebensmittel reicher an Nährstoffen sind. Es handelt sich um eine Metastudie, die 343 publizierte, begutachtete Studien auswertet. Dabei wurde feststellt, dass Biolebensmitteln im Vergleich zu konventionellen Produkten zwischen 18 und 69 Prozent mehr an Antioxidantien enthalten. Die Studie zeigte, dass die Konzentrationen von giftigen Schwermetallen wie Blei und Cadmium sowie von Nitriten und Nitraten in Bioerzeugnissen bedeutend geringer sind.

Antioxidantien sind deshalb so wichtig, weil sie oxidativen Stress verhindern. Oxidativer Stress begünstigt Krebs und viele andere chronische Krankheiten. Antioxidantien hingegen inaktivieren die Sauerstoffradikale und verhindern weitere Schäden. Zahlreiche wissenschaftliche Untersuchungen zeigen diverse günstige Auswirkungen einer Ernährung, die reich an Antioxidantien ist; sie verhütet oder mildert Herz-Kreislauf-Erkrankungen, neurodegenerative Erkrankungen, Autoimmunstörungen, vorzeitiges Altern, Krebs und zahlreiche andere Leiden.

Das Team der Newcastle University analysierte in seiner Metastudie bedeutend mehr Studien als frühere Untersuchungen, wie sie etwa von der Stanford University und 2009 von der UK Food Standards Agency durchgeführt wurden, die nur 46 Studien berücksichtigten. Beide Vorgängerstudien kamen zu dem Schluss, es gebe keine wesentlichen Nährstoffunterschiede zwischen biologischen und konventionellen Lebensmitteln, obwohl sie wie die Studie aus Newcastle feststellten, dass Biolebensmittel mehr Antioxidantien enthalten. Die umfassende Analyse von 343 Studien, die für die Studie der Newcastle University erfolgte, bewies zweifelsfrei, dass Bioprodukte gesünder und nahrhafter sind.[6]

Schützen wir unsere Kinder und unsere Zukunft

Die einleuchtende Strategie, um die Belastung von Kindern durch Pestizide zu senken, besteht darin, diese Gifte weitestgehend zu meiden. Das ist nicht besonders kompliziert und leicht durchführbar. Der Großteil der Belastung entsteht für die meisten Menschen durch Lebensmittel, gefolgt von Pestiziden, die im Haus, etwa als Insektenspray, und im Garten eingesetzt werden. Es gibt zahlreiche einfache, wirksame und ungiftige Methoden, Schädlinge im Haus zu bekämpfen; auch findet man zu diesem Thema viele gute Bücher. Ebenso wenig benötigt man Pestizide für die Bekämpfung von Schädlingen und Unkraut im Garten – auch dazu gibt es informative Ratgeber.

Beim Essen können Verbraucher diese Gifte weitgehend meiden, wenn sie biologisch angebaute Lebensmittel essen, die durch unabhängige Kontrollstellen, Partizipative Garantiesysteme (PGS), Solidarische Landwirtschaft oder Bauernmärkte zertifiziert wurden, die die Produktionsbedingungen ihrer Landwirte kontrollieren. Diese Systeme garantieren, dass die Lebensmittel ohne Agrargifte erzeugt wurden. Besonders wichtig ist, wie zahlreiche wissenschaftliche Studien zeigen, dass der Verzehr von Biolebensmitteln zu einer deutlich geringeren Belastung durch diese allgegenwärtigen Chemikalien vor allem bei Kindern führt. Neuere Forschungsergebnisse zeigen, dass Frauen die Gesundheit ihrer Kinder schon vor der Geburt schützen können. Eine große epidemiologische Studie, erschienen in der Zeitschrift *Environmental Health Perspectives,* stellte fest, dass der Verzehr von Biolebensmitteln zu geringeren Raten an Missbildungen am Penis (Hypospadie) und Hodenhochstand (Kryptorchismus) bei Neugeborenen führte. Beides sind verbreitete Geburtsfehler bei Jungen. Die Studie, die sich mit mehr als 37.000 Frauen und ihren Kindern beschäftigte, ergab, dass Frauen, die nach eigener Aussage während der Schwangerschaft teilweise Biolebensmittel gegessen hatten, mit geringerer Wahrscheinlichkeit einen Jungen mit Hypospadie zur Welt brachten als Teilnehmerinnen, die angaben, dass sie selten oder nie Bioprodukte konsumierten.

Eine Studie ergab, *dass Mütter, die während der Schwangerschaft teilweise Biolebensmittel gegessen hatten, mit geringerer Wahrscheinlichkeit einen Jungen mit Hypospadie zur Welt brachten als Teilnehmerinnen, die angaben, dass sie selten oder nie Bioprodukte konsumierten.*

Dieses Ergebnis ist bedeutend, weil eine WHO-UNEP-Metastudie über hormonaktive Substanzen eine Zunahme von urogenitalen Geburtsfehlern bei Jungen – wie Hodenhochstand und Missbildungen am Penis – feststellte. Die Studie aus *Environmental Health Perspectives* zeigt, dass der Verzehr von Biolebensmitteln gegen die negativen Auswirkungen hormonaktiver Substanzen schützen kann.[7]

Eine weitere Studie, erschienen in *Environmental Health Perspectives,* ergab, dass sich im Körper von Kindern, die biologisches Obst, Gemüse und Säfte konsumieren, erheblich geringere Konzentrationen an phosphororganischen Pestiziden ansammeln. Die Autoren der Studie von der University of Washington kamen zu dem Schluss: »Die Dosisschätzungen deuten darauf hin, dass der Konsum von biologischem Obst, Gemüse und Säften das Belastungsniveau bei Kindern von oberhalb auf unterhalb der aktuellen Richtlinien der U. S. Environmental Protection Agency senkt und damit die Belastung aus einem Bereich des unsicheren Risikos in einen Bereich des vernachlässigbaren Risikos bringt. Der Konsum von biologischen Produkten ist offenbar für Eltern eine relativ einfache Methode, um die Belastung ihrer Kinder mit OP-[phosphororganischen]Pestiziden zu reduzieren.«[8]

In einer Studie aus dem Jahr 2006 stellten Forscher fest, dass die Konzentrationen bestimmter Abbauprodukte von Malation und

Chlorpyrifos im Urin unmittelbar nach der Umstellung auf eine biologische Ernährung unter die Nachweisgrenze sanken und dort blieben, bis wieder konventionelle Lebensmittel gegessen wurden. Die Wissenschaftler von der Emory University in Atlanta, Georgia, der University of Washington, Seattle, Washington, und der Centers for Disease Control and Prevention, Atlanta, Georgia, erklärten: »Abschließend konnten wir demonstrieren, dass eine biologische Ernährung eine dramatische und unmittelbare Schutzwirkung gegen die Belastung durch phosphororganische Pestizide entfaltet, die üblicherweise in der landwirtschaftlichen Produktion eingesetzt werden. Überdies kamen wir zu dem Schluss, dass die Belastung dieser Kinder durch phosphororganische Pestizide höchstwahrscheinlich ausschließlich über ihre Ernährung erfolgt war.«[9] Zuletzt ist es nun an der Zeit, sich von einem letzten Mythos zu verabschieden: den »zu hohen Kosten« von Biolebensmitteln. Lebensmittel aus einer Landwirtschaft, die synthetische Pestizide nutzt, können nicht gefahrlos verzehrt werden, so viel ist nun klar. Dasselbe gilt für Erzeugnisse aus einer Produktion mit geringem oder reduziertem Pestizideinsatz, weil keine fundierten Untersuchungen vorliegen, die garantieren, dass irgendwelche Schwellenwerte unbedenklich wären. Das Fehlen strenger Tests und die eklatante Missachtung vorliegender Studien durch die Aufsichtsbehörden bedeuten, dass – solange die Datenlücken nicht gefüllt sind – die einzig einleuchtende Option darin besteht, Lebensmittel aus einer Landwirtschaft zu meiden, die auf Agrargifte zurückgreift.

Immer wieder hört man jedoch auf diese Argumentation die Klage, Biolebensmittel seien zu teuer. Wie hoch sind aber umgekehrt die wahren Kosten von konventionell erzeugtem Essen, das giftige Rückstände enthält? Kein Geld der Welt kann den Schaden wiedergutmachen, den Pestizidrückstände bei unseren Kindern anrichten.

Die zentrale Frage lautet also: »Wie viel ist uns die Gesundheit unserer Kinder wert?« Eltern haben die Verpflichtung, ihre Kinder beim Start ins Leben zu unterstützen, und Gesundheit gehört dabei zu den wichtigsten Faktoren. Biolebensmittel zu kaufen und zu essen ist eine preisgünstige und hochwirksame Methode, unseren Kindern zum bestmöglichen Start ins Leben zu verhelfen.

Anmerkungen

1 Dan Fagin, »Toxicology: The Learning Curve«, Nature 490, no. 7421 (Oktober 2012): 462–65.

2 Vandenberg et al., »Hormones and Endocrine-Disrupting Chemicals«.

3 Fagin, »Toxicology«.

4 Vandenberg et al., »Hormones and Endocrine-Disrupting Chemicals«.

5 Ebd.

6 M. Baranski et al., »Higher Antioxidant Concentrations and Less Cadmium and Pesticide Residues in Organically-Grown Crops: A Systematic Literature Review and Meta-Analyses«, British Journal of Nutrition, 15. 07. 14.

7 Anne Lise Brantsæter, Hanne Torjusen, Helle Margrete Meltzer, Eleni Papadopoulou, Jane A. Hoppin, Jan Alexander, Geir Lieblein, Gun Roos, Jon Magne Holten, Jackie Swartz und Margaretha Haugen, »Organic Food Consumption during Pregnancy and Hypospadias and Cryptorchidism at Birth: The Norwegian Mother and Child Cohort Study (MoBa)«, Environmental Health Perspectives, 09. 07. 15, http://dx.doi.org/10.1289/ehp.1409518.

8 Cynthia Curl, Richard A. Fenske und Kai Elgethun, »Organophosphorus Pesticide Exposure of Urban and Suburban Preschool Children with Organic and Conventional Diets«, Environmental Health Perspectives 111, no. 3 (März 2003): 377–82.

9 Chensheng Lu et al., »Organic Diets Significantly Lower Children's Dietary Exposure to Organophosphorus Pesticides«, Environmental Health Perspectives 114, no. 2 (Februar 2006): 260–63.

Anhang

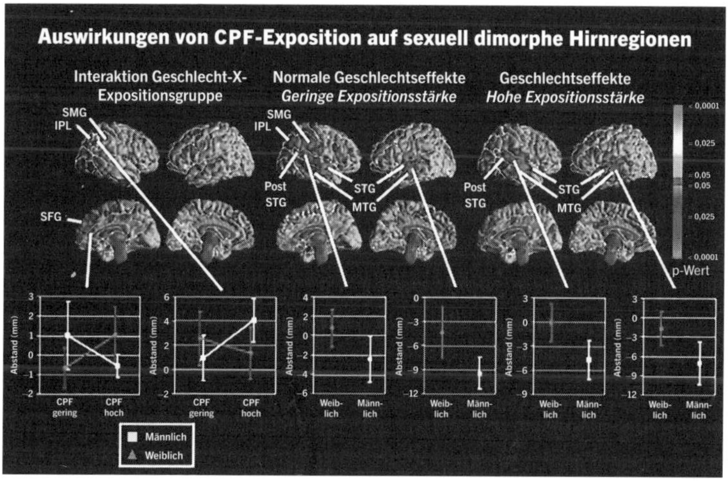

Abbildung 3: Die Studie von Rauh und Kollegen, erschienen in der Zeitschrift *Proceedings of the National Academy of Sciences of the United States of America,* zeigt eine große Bandbreite von Gehirnanomalitäten bei Kindern, die im Mutterleib durch normale, nicht-berufliche Verwendung Chlorpyrifos ausgesetzt waren.

Quelle: Virginia Rauh et al. (2012), Brain Anomalies in Children Exposed Prenatally to a Common Organophosphate Pesticide, Proceedings of the National Academy of Sciences of the United States of America 109, Nr. 20.

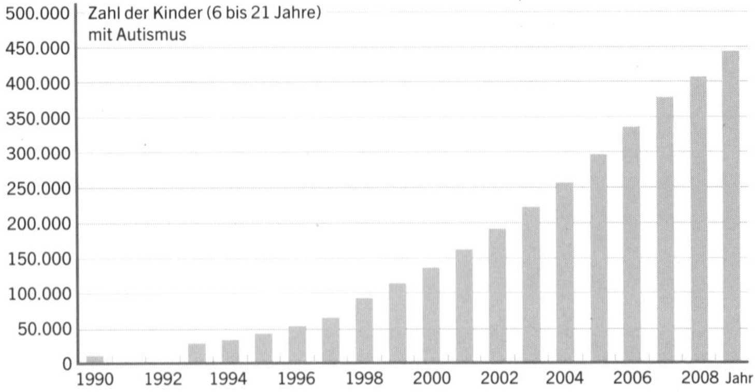

Abbildung 4: Dieses Diagramm zeigt den dramatischen Anstieg von Autismus bei Kindern in den Vereinigten Staaten. Eine Studie, erschienen in der medizinischen Fachzeitschrift *The Lancet Neurology,* brachte die Epidemie neurologischer Entwicklungsstörungen wie Autismus mit neurotoxischen Chemikalien, also auch Pestiziden, in Zusammenhang.

Quelle: USDE: IDEA, mit freundlicher Genehmigung von Dr. Nancy Swanson.

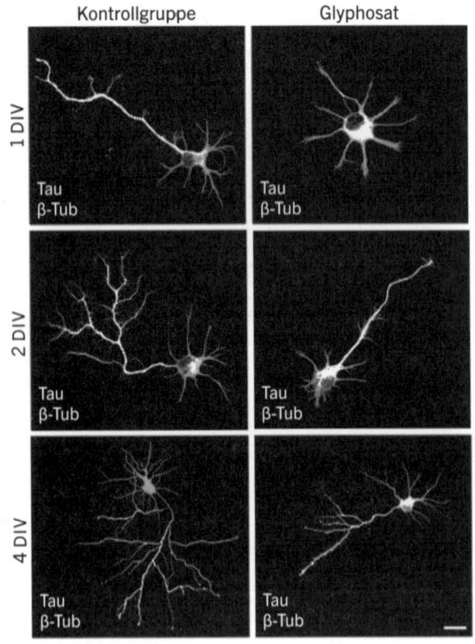

Abbildung 5: Die nicht glyphosatbelasteten Nervenzellen links sind deutlich weiter entwickelt als die glyphosatbelasteten Nervenzellen rechts. Diese Unterentwicklung ist höchst bedenklich vor allem im Hinblick auf das sich entwickelnde Gehirn von ungeborenen, neugeborenen und heranwachsenden Kindern.

Quelle: Romina P. Coullery, María E. Ferrari, Silvana B. Rosso (2016), Neuronal development and axon growth are altered by glyphosate through a WNT non-canonical signaling pathway, NeuroToxicology 52, S. 150–161.

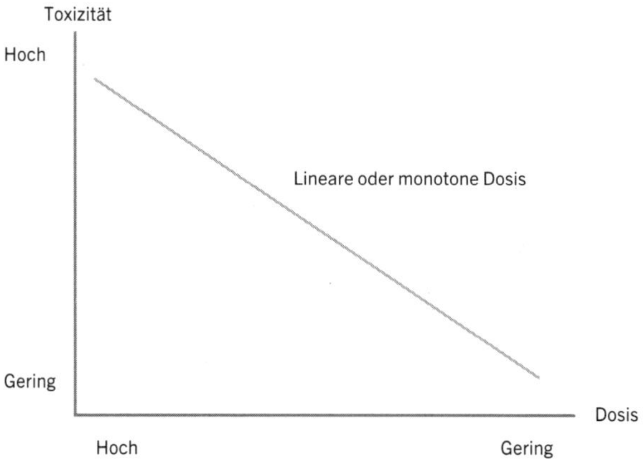

Abbildung 6: Das obige Diagramm zeigt das Standardmodell der Toxizität. Die toxische Wirkung nimmt im Verhältnis zur Dosis linear ab. Die größte Giftwirkung wird mit der höchsten Dosis erreicht, die Wirkung nimmt mit sinkender Dosis ab.

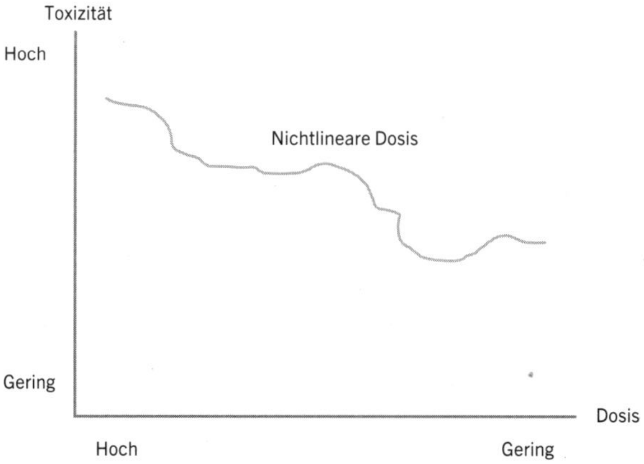

Abbildung 7: Dieses Diagramm zeigt eine nichtlineare Dosis-Wirkungs-Kurve. Anstelle einer vorhersehbaren stetigen Abnahme der Giftigkeit im Verhältnis zur Dosis, wie im linearen Modell, kann es einen unregelmäßigen Abfall geben. Hier bleibt die Giftwirkung teilweise auf dem gleichen Niveau, obwohl die Dosis weiter abnimmt.

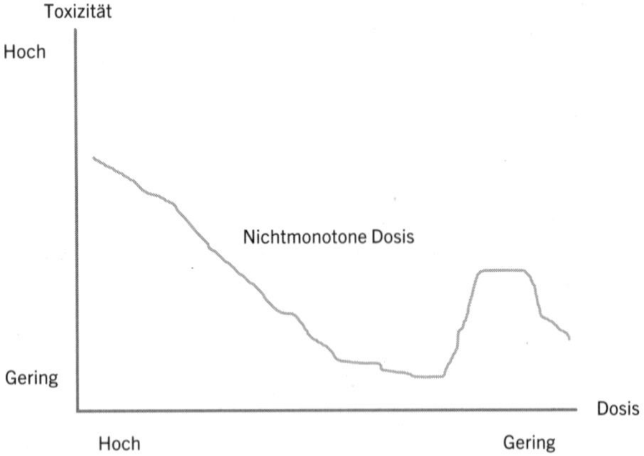

Abbildung 8: Im obigen Diagramm sehen wir eine nichtmonotone Reaktion. Hier nimmt die Giftwirkung zunächst mit sinkender Dosis ab, wie im linearen Modell, allerdings gibt es einen Punkt oder Punkte, an denen die toxische Wirkung zunehmen kann, obwohl die Dosis weiter sinkt.

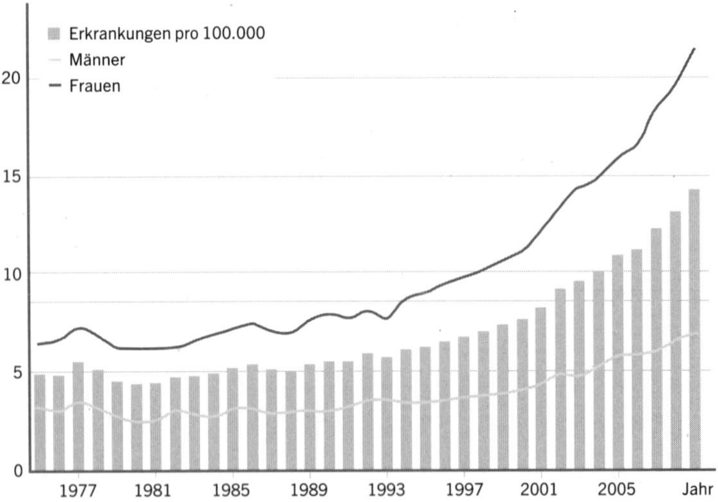

Abbildung 9: Altersangepasstes Aufkommen von Schilddrüsenkrebs

Quelle: NCI: SEER, mit freundlicher Genehmigung von Dr. Nancy Swanson.

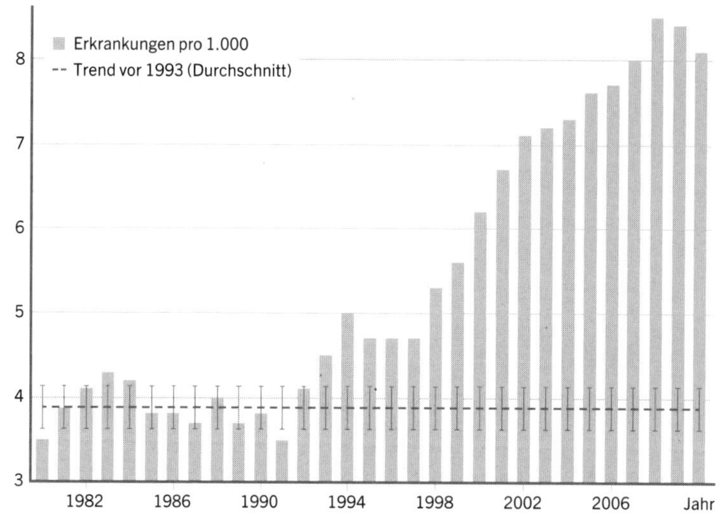

Abbildung 10: Rate der Diabeteserkrankungen pro Jahr (altersangepasst)

Quelle: CDC, mit freundlicher Genehmigung von Dr. Nancy Swanson.

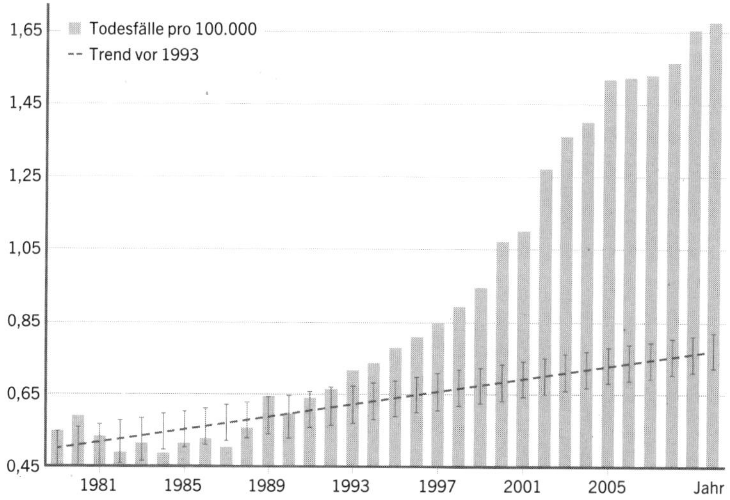

Abbildung 11: Altersangepasste Todesfälle infolge von Adipositas (ICD E66 & 278)

Quelle: CDC, mit freundlicher Genehmigung von Dr. Nancy Swanson.

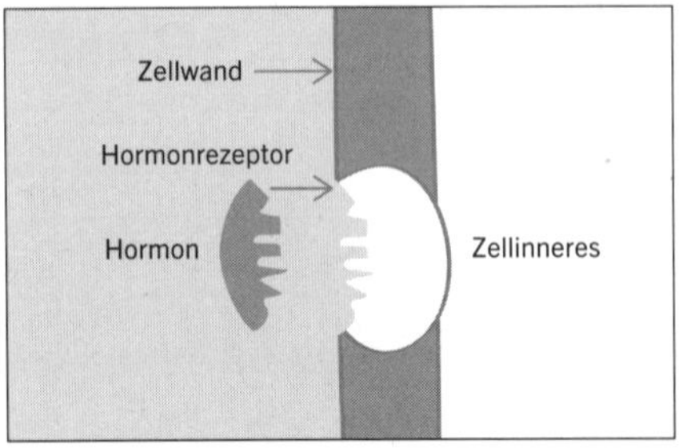

Abbildung 12: Jeder Hormonrezeptor hat eine spezielle Form, in die das Hormon wie ein Schlüssel ins Schloss passt. Diese spezielle Form verhindert, dass andere Hormone oder Chemikalien den Rezeptor besetzen.

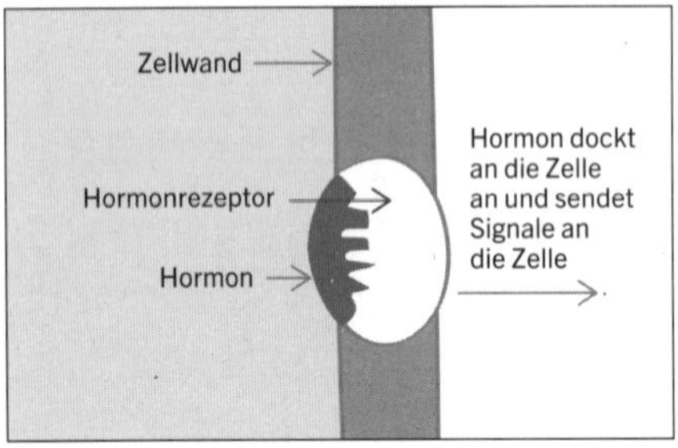

Abbildung 13: Wenn das Hormon am Rezeptor andockt, sendet es Signale an die Zelle, die sie steuern. Hormone oder Chemikalien mit der falschen Form passen nicht in den Rezeptor und können dementsprechend keine Signale an die Zelle weitergeben.

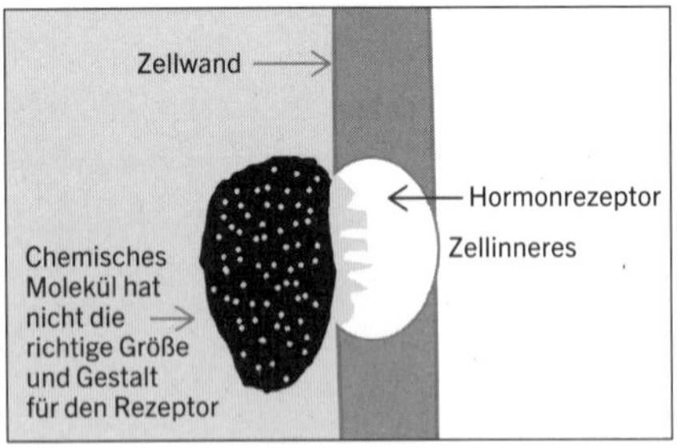

Abbildung 14: Das größere Molekül kann nicht am Rezeptor andocken, also werden keine Hormonsignale an die Zelle gesendet, und sie wird nicht durch falsche Informationen gestört.

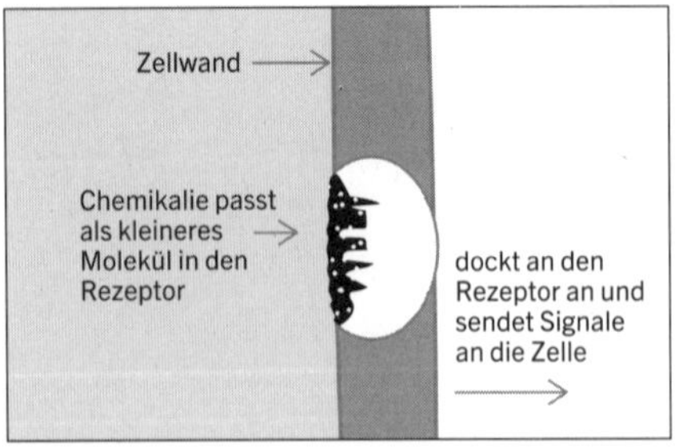

Abbildung 15: Dieselbe Chemikalie kann als kleineres Molekül in den Rezeptor passen und entweder falsche Signale an die Zelle weitergeben oder die normalen Hormonsignale abblocken. Somit ist die normale Funktion der Zelle gestört.

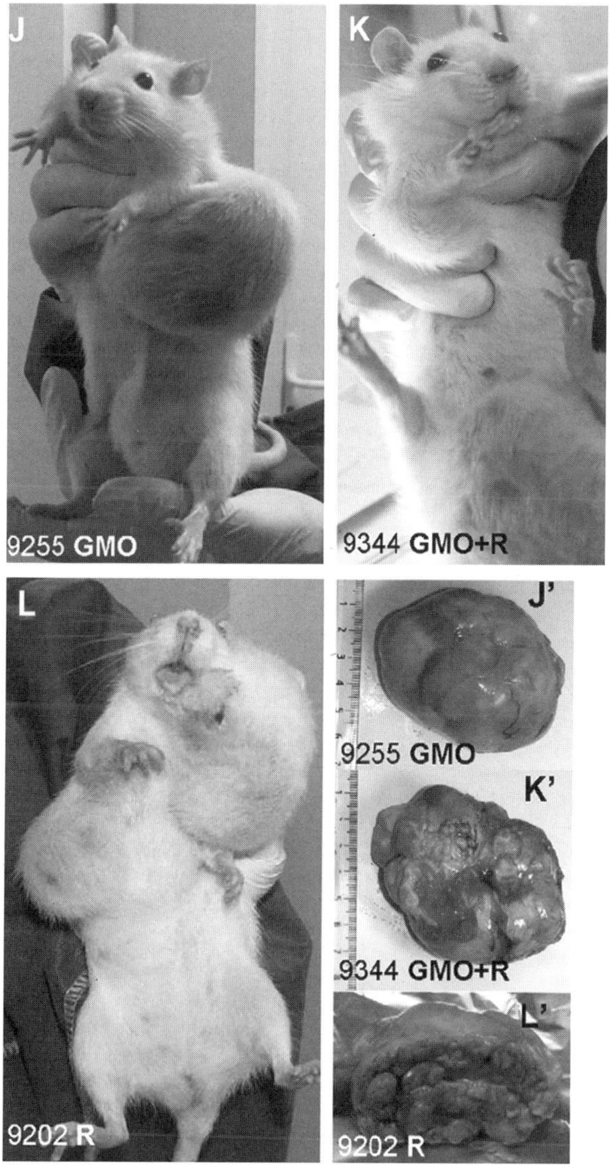

Abbildung 16: Bilder der Gesäugetumore bei Ratten, denen Genmais oder Roundup oder eine Kombination aus Genmais und Roundup gefüttert wurde.

Quelle: Séralini et al.

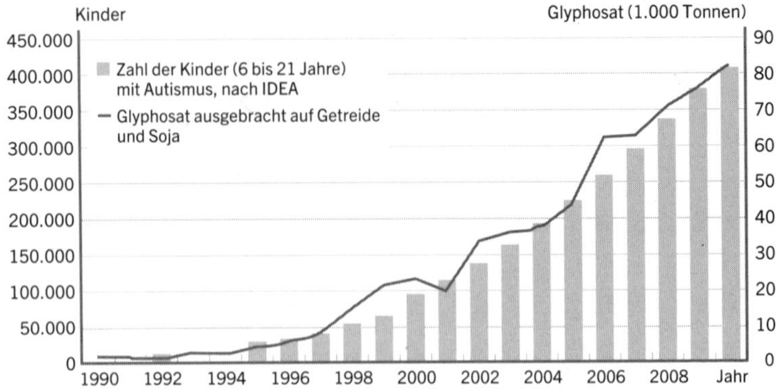

Abbildung 17: Zahl der Kinder (6–21 Jahre) mit Autismus

Quelle: Mit freundlicher Genehmigung von Dr. Nancy Swanson.

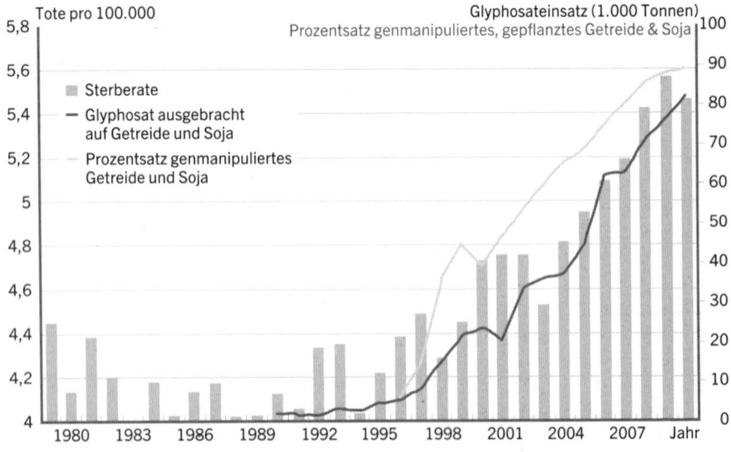

Abbildung 18: Tote durch Schilddrüsenkrebs (ICD C93 & 193)

Aufgetragen gegen den Prozentsatz von genmanipuliertem Getreide & Soja (R = 0,876, p <= 7,947 e–05) und Glyphosat ausgebracht auf Getreide & Soja (R = 0,9583, p <= 2,082 e–08)

Quellen: USDA: NASS; CDC.

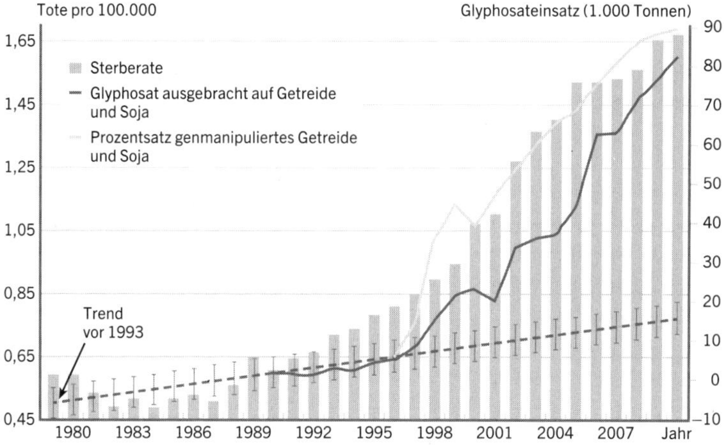

Abbildung 19: Altersangepasste Sterberate aufgrund von Adipositas (ICD E66 & 278)

Aufgetragen gegen den Prozentsatz von genmanipuliertem Getreide & Soja (R = 0,9618, p <= 3,504 e–06) und Glyphosat ausgebracht auf Getreide & Soja (R = 0,9616, p <= 1,695 e–08)

Quellen: USDA: NASS; CDC, mit freundlicher Genehmigung von Dr. Nancy Swanson.

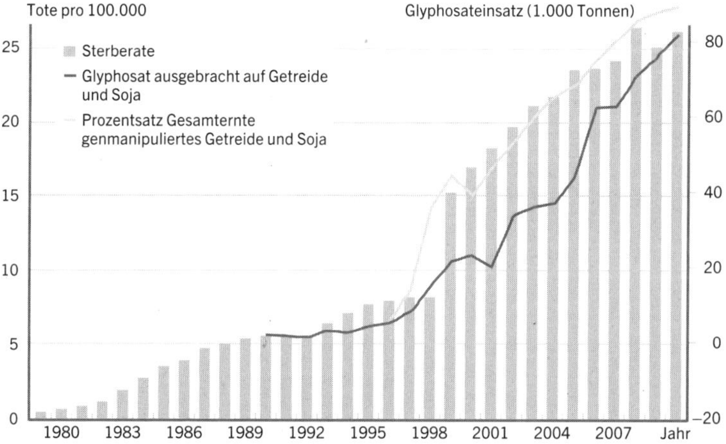

Abbildung 20: Tote durch Alzheimer (ICD G30,9 & 331,0)

Aufgetragen gegen Glyphosateinsatz (R = 0,9319, p <= 9,903 e–08) und Prozentsatz von genmanipuliertem Getreide & Soja (R = 0,9511, p <= 5,51 e–06)

Quellen: USDA: NASS; CDC, mit freundlicher Genehmigung von Dr. Nancy Swanson.

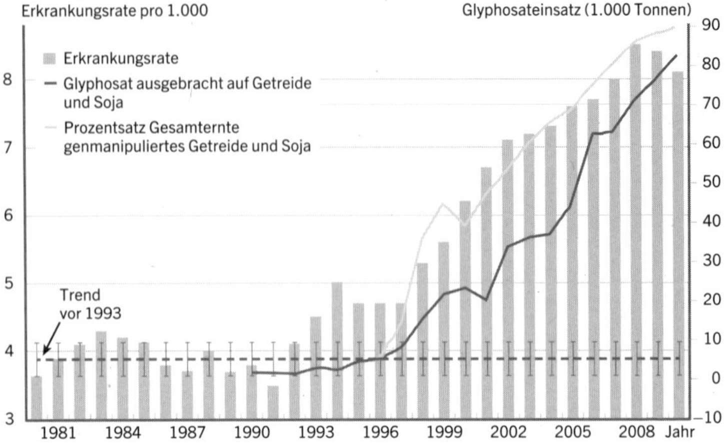

Abbildung 21: Rate der Diabeteserkrankungen pro Jahr (altersangepasst)

Aufgetragen gegen Glyphosateinsatz (R = 0,9547, p <= 1,978 e–06) und Prozentsatz von genmanipuliertem Getreide & Soja (R = 0,935, p <= 8,303 e–08)

Quelle: CDC, mit freundlicher Genehmigung von Dr. Nancy Swanson.

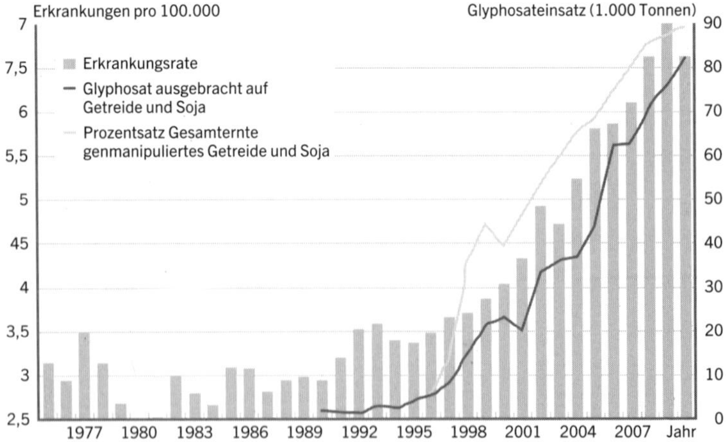

Abbildung 22: Rate der Krebserkrankungen der Blase und Harnwege (altersangepasst)

Aufgetragen gegen Glyphosateinsatz (R = 0,9449, p <= 7,1 e–06) und Prozentsatz von genmanipuliertem Getreide & Soja (R = 0,981, p <= 4,702 e–09)

Quellen: USDA: NASS; SEER, mit freundlicher Genehmigung von Dr. Nancy Swanson.

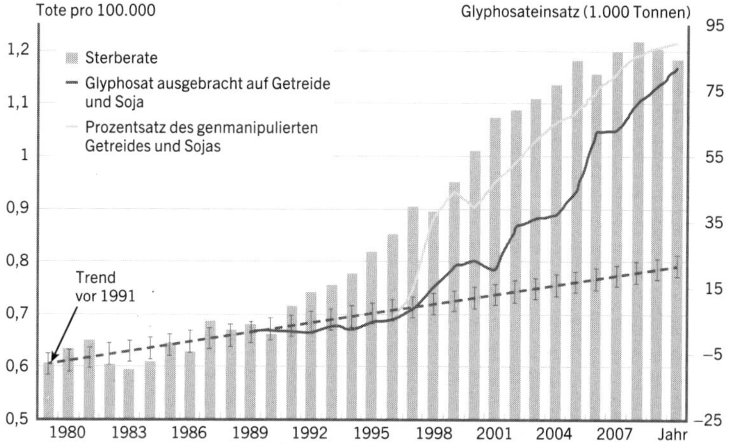

Abbildung 23: Tote durch Multiple Sklerose (ICD G35 & 340)

Aufgetragen gegen den Prozentsatz von genmanipuliertem Getreide und Soja (R = 0,9477, p <= 6,339 e–06) und das auf Soja und Getreide ausgebrachte Glyphosat (R = 0,9005, p <= 5,079 e–07)

Quellen: USDA: NASS; CDC, mit freundlicher Genehmigung von Dr. Nancy Swanson.

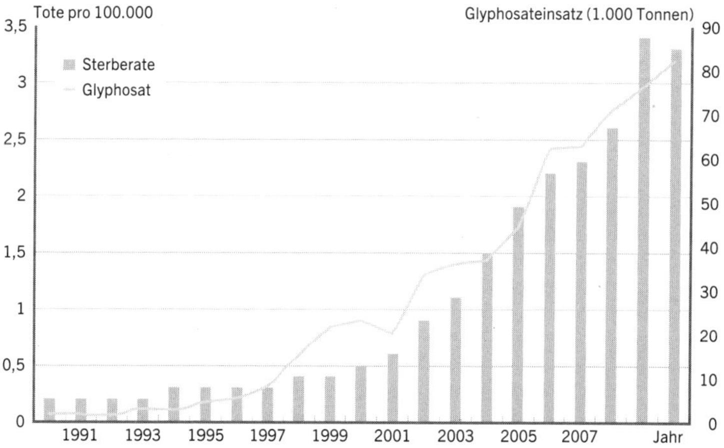

Abbildung 24: Tote durch Darminfektionen (ICD A04, A09; 004, 009)

Aufgetragen gegen das auf Getreide und Soja ausgebrachte Glyphosat (R = 0,9762, p <= 6,494 e–09)

Quellen: USDA: NASS; CDC.

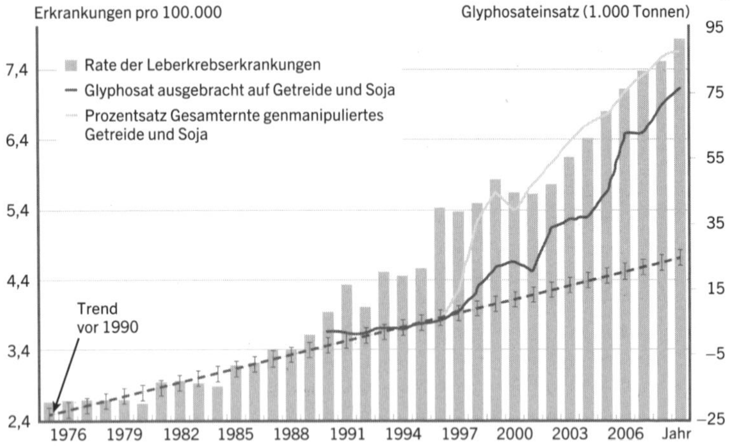

Abbildung 25: Zahl der Krebserkrankungen der Leber und der intraheptischen Gallenwege (altersangepasst)

Aufgetragen gegen Prozentsatz von genmanipuliertem Getreide und Soja in den USA (R = 0,9107, p <= 5,402 e–05) und das auf Soja und Getreide ausgebrachte Glyphosat (R = 0,9596, p <= 4,624 e–08)

Quellen: USDA: NASS; SEER.

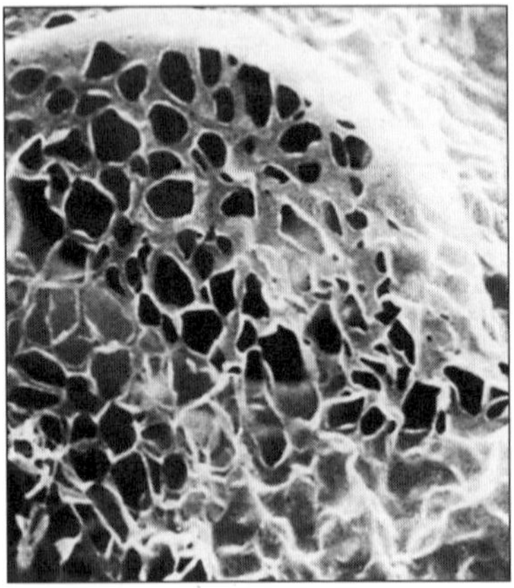

Abbildung 28: Humus spielt als organische Substanz eine essenzielle Rolle für den Boden. Dank seiner schwammartigen Struktur kann er das 30-Fache des Eigengewichts an Wasser speichern. Humusstoffe sind hochpolymer, weswegen die Bodenbestandteile aneinanderhaften und der Boden Stabilität erhält. Zudem birgt Humus zahlreiche Nährstoffe, die Pflanzen für ihr Wachstum benötigen.

Quelle: © 2014 Abgedruckt mit freundlicher Genehmigung des Rodale Institute®.

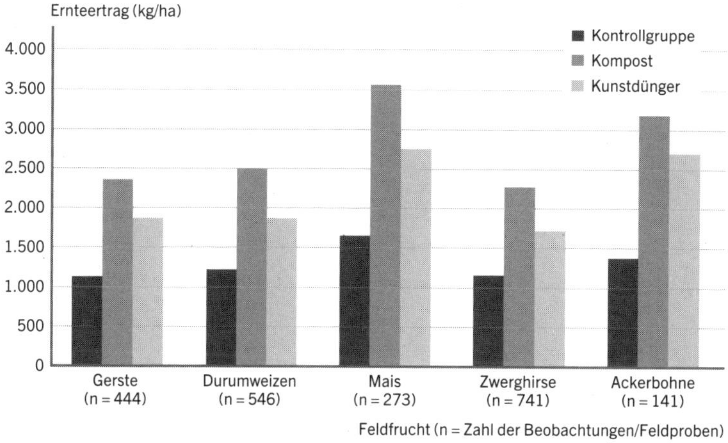

Abbildung 31: Der durchschnittliche Ernteertrag von vier Getreidesorten und einer Hülsenfrucht in Tigray, Nordäthiopien, von 2000 bis einschließlich 2006

In allen Fällen war der Ertrag unter Verwendung von Kompost um über 100 Prozent höher als im traditionellen Anbau (Kontrollgruppe) und höher als unter Einsatz von Kunstdünger.

Quelle: Edwards u. a., »Successes and Challenges in Ecological Agriculture«.

Nachhaltigkeit bei oekom: Wir unternehmen was!

Die Publikationen des oekom verlags ermutigen zu nachhaltigerem Handeln – glaubwürdig und konsequent. Auch als Unternehmen sind wir Vorreiter: Ein umweltbewusster Büroalltag sowie umweltschonende Geschäftsreisen sind für uns ebenso selbstverständlich wie eine nachhaltige Ausstattung und Produktion unserer Publikationen.

Für den Druck unserer Bücher und Zeitschriften verwenden wir fast ausschließlich Recyclingpapiere, überwiegend mit dem Blauen Engel zertifiziert, und drucken wann immer möglich mineralölfrei und lösungsmittelreduziert. Unsere Druckereien und Dienstleister wählen wir im Hinblick auf ihr Umweltmanagement und möglichst kurze Transportwege aus. Dadurch liegen unsere CO_2-Emissionen um 25 Prozent unter denen vergleichbar großer Verlage. Unvermeidbare Emissionen kompensieren wir zudem durch Investitionen in ein Gold-Standard-Projekt zum Schutz des Klimas und zur Förderung der Artenvielfalt.

Als Ideengeber beteiligt sich oekom an zahlreichen Projekten, um in der Branche und darüber hinaus einen hohen ökologischen Standard zu verankern. Über unser Nachhaltigkeitsengagement berichten wir ausführlich im Deutschen Nachhaltigkeitskodex (www.deutscher-nachhaltigkeitskodex.de).

Schritt für Schritt folgen wir so den Ideen unserer Publikationen – für eine nachhaltigere Zukunft.

Jacob Radloff
Verleger

Dr. Christoph Hirsch
Leitung Buch